Neue Perspektiven der Medienästhetik

Herausgegeben von
I. Ritzer, Mainz, Deutschland

Die Reihe „Neue Perspektiven der Medienästhetik" versteht sich als Brückenschlag zwischen Ansätzen von Medientheorie und ästhetischer Theorie. Damit sollen ästhetische Qualitäten weder als determinierende Eigenschaften einer technologisch-apparativen Medialität noch als Effekt dieses medialen Apriori begriffen sein. Stattdessen werden sowohl die Relevanz des Technologisch-Apparativen als auch die im Rahmen der apriorischen Konstellation sich entfaltende Potentialität an ästhetischen Verfahren ernst genommen. Die Frage nach medienästhetischen Qualitäten bedeutet demnach, die einem Medium zur Verfügung stehenden ästhetischen Optionen zu spezifizieren, um ihrer Rolle bei der Konstitution des jeweiligen medialen Ausdrucks nachzuspüren. Dabei projektiert die Reihe insbesondere, entweder bislang vernachlässigte Medienphänomene oder bekannte Phänomene aus einer bislang vernachlässigten Perspektive zu betrachten.

Weitere Bände in dieser Reihe
http://www.springer.com/series/13443

Ivo Ritzer
(Hrsg.)

Classical Hollywood und kontinentale Philosophie

 Springer VS

Herausgeber
Ivo Ritzer
Universität Mainz
Mainz
Deutschland

ISBN 978-3-658-06619-2   ISBN 978-3-658-06620-8 (eBook)
DOI 10.1007/978-3-658-06620-8

Die Deutsche Nationalbibliothek verzeichnet diese Publikation in der Deutschen Nationalbibliografie; detaillierte bibliografische Daten sind im Internet über http://dnb.d-nb.de abrufbar.

Springer VS
© Springer Fachmedien Wiesbaden 2015
Das Werk einschließlich aller seiner Teile ist urheberrechtlich geschützt. Jede Verwertung, die nicht ausdrücklich vom Urheberrechtsgesetz zugelassen ist, bedarf der vorherigen Zustimmung des Verlags. Das gilt insbesondere für Vervielfältigungen, Bearbeitungen, Übersetzungen, Mikroverfilmungen und die Einspeicherung und Verarbeitung in elektronischen Systemen.

Die Wiedergabe von Gebrauchsnamen, Handelsnamen, Warenbezeichnungen usw. in diesem Werk berechtigt auch ohne besondere Kennzeichnung nicht zu der Annahme, dass solche Namen im Sinne der Warenzeichen- und Markenschutz-Gesetzgebung als frei zu betrachten wären und daher von jedermann benutzt werden dürften.

Lektorat: Barbara Emig-Roller, Monika Mülhausen

Gedruckt auf säurefreiem und chlorfrei gebleichtem Papier

Springer VS ist eine Marke von Springer DE. Springer DE ist Teil der Fachverlagsgruppe Springer Science+Business Media
www.springer-vs.de

Inhaltsverzeichnis

Einleitung: Classical Hollywood und kontinentale Philosophie 1
Ivo Ritzer

Teil I Classical Hollywood und kontinentale Methoden

„Hollywood" ignorieren: Ein Selbstversuch 23
Martin Seel

**Panofskys Hollywood: Ein Dialog von Kunstwissenschaft
und kontinentaler Philosophie** 35
Thomas Meder und Ivo Ritzer

**Am Kreuzweg von Magie und Positivismus: Die Hermeneutik
des Verdachts und die „paranoiden" Analysen der 1970er Jahre** 57
Malte Hagener

Der Mensch des (Hollywood-)Kinos: Eine Sichtung mit Edgar Morin .. 73
Lisa Gotto

Teil II Cinéphilie und Politik

Das Zeit-Bild des Classical Hollywood: Dwan und Deleuze 91
Ivo Ritzer

**Die gesprungene Wahrheit: Jacques Lacan, Delmer Daves und das
Happy End** 113
Johannes Binotto

Nonstop Nonsolution: Chaplins Slapstick als Denkbild von
(Nicht)Philosophien politischer Macht bei Kracauer, Žižek,
Badiou und Rancière 133
Drehli Robnik

Teil III Philosophien des Western

Die Seduktionstheorie des Films: John Ford im Spiegel
kontinentaler Philosophie 157
Marcus Stiglegger

Aspekte der Leiblichkeit im klassischen Western: Zur Krise
des Körpers bei Anthony Mann 173
Ines Bayer

Imperium Americanum und der Mythos des Westens 187
Josef Früchtl

Teil IV Ausblick: Zur Persistenz von Hollywood und kontinentaler
Philosophie

Das Außen des Außen: *Life of Pi* und die Film-Philosophie 207
Thomas Elsaesser

Mitarbeiterverzeichnis

Drehli Robnik Wien, Österreich

Ines Bayer Frankfurt am Main, Deutschland

Ivo Ritzer Universität Mainz, Mainz, Deutschland

Johannes Binotto Universität Zürich, Zürich, Schweiz

Josef Früchtl Universität Amsterdam, Amsterdam, Niederlande

Lisa Gotto Internationale Filmschule Köln, Köln, Deutschland

Malte Hagener Philipps-Universität Marburg, Marburg, Deutschland

Marcus Stiglegger Universität Mainz, Mainz, Deutschland

Martin Seel Universität Frankfurt am Main, Frankfurt am Main, Deutschland

Thomas Elsaesser Universität Amsterdam, Amsterdam, Niederlande

Thomas Meder Hochschule Mainz, Mainz, Deutschland

Einleitung: Classical Hollywood und kontinentale Philosophie

Ivo Ritzer

> Naturally, cinema doesn't *think* this; it *shows* it, or even better, it *does* it. It is an artistic practice, an artistic thinking; it is not a philosophy. There is no theory of continuity and discontinuity in cinema but rather the creation of new relationships between continuity and discontinuity.
> Alain Badiou (2013, S. 219)

> [W]e must be careful to distinguish between what someone may tell us about the film and what the films shows.
> Jacques Rancière (2006b, S. 135)

Ein Gespenst geht um in der europäischen Philosophie – das Gespenst des Films. Der vorliegende Band will dieser in den letzten Jahren verstärkt zu konstatierenden Auseinandersetzung kontinentaler Philosophen mit dem Medium Film nachspüren. Dabei liegt der Fokus auf dem US-Kino der klassischen Studio-Ära, das neben kanonischen „Klassikern" des Art Cinema signifikanterweise auch den privilegierten Gegenstand der philosophischen Rezeption bildet. Französische Poststrukturalisten wie Gilles Deleuze, Jacques Rancière, Alain Badiou und Jean-Luc Nancy, slowenische Neo-Lacanianer wie Slavoj Žižek, Jean Copjec und Mladen Dolar, aber auch deutsche Postadorniten wie Martin Seel und Josef Früchtl, sie alle widmen sich intensiv einer Neu-Rezeption des Classical Hollywood. Dabei erschöpft sich ihre Beschäftigung mit dem Untersuchungsobjekt weder in einer reduktiven Ideologiekritik noch in einer abstrakten Arbeit am Begriff. Stattdessen ist ein ernsthaftes In-

I. Ritzer (✉)
Universität Mainz, Mainz, Deutschland
E-Mail: ritzeri@uni-mainz.de

teresse an Ästhetik, Politik und Metaphysik des klassischen Hollywood-Kinos festzustellen. Angesichts dieser Begegnung des Classical Hollywood mit der europäischen Philosophie lassen sich bisherige Forschungsergebnisse zur Geschichte des US-Kinos revidieren und eine der zentralen filmhistorischen Epochen neu lesen. Einen Versuch, diese Re-Lektüre simultan zu bilanzieren wie auch weiter voran zu treiben, stellt der Band „Classical Hollywood und kontinentale Philosophie" dar.

1 Philosophie und Film

Die Frage „Was ist Philosophie?" müsste heute nicht zuletzt angesichts der Begegnung von Classical Hollywood und kontinentaler Philosophie eher in ein „Wo ist Philosophie?" umformuliert werden. Denn Philosophie scheint heute nicht mehr auf eine spezifische akademische Disziplin beschränkt. Eine solche Diffusion der Philosophie betrifft nicht nur andere Philologien, sondern meint auch eine Extension ihres Gegenstandsbereichs, insbesondere auf Phänomene der Alltagskultur[1]. Dort allerdings geht es meistens darum, existente Theoreme zu veranschaulichen. Dieser illustrative Impetus betrifft freilich auch den Film, der allzu oft nur als Demonstrationsgegenstand dient, nicht aber Anlass zur Entwicklung alternativer Konzepte bietet. Auch ist das Erkenntnisinteresse meist auf epistemologische und ethische Fragen zentriert, gerade nicht aber auf ästhetische Probleme[2].

Ein vielleicht nicht aufzulösendes Dilemma der philosophischen Beschäftigung mit Film zeigt sich im Status, der dem Analyseobjekt zugesprochen wird. So wird heute kam mehr negiert, dass dem Medium eine philosophische Ebene inhärent ist. Diese jedoch muss vom Philosophen erst freigelegt werden, und eben jenes Freilegen vollzieht sich auf Grundlage philosophischer Prämissen, die außerhalb des Untersuchungsgegenstands liegen. Unabhängig davon, ob kulturelle, ökonomische, technologische oder audiovisuelle Fragen eine Rolle spielen, erscheint Philosophie lediglich als *Philosophie mittels Film*, dann gilt: Gefunden wird, was gesucht ist. Das Medium figuriert hier lediglich als ein Prätext, von dem möglichst

---

[1] Siehe dazu die vielbändigen Reihen des analytischen Philosophen Willam Irwin, die bei Open Court Publishing und Wiley-Blackwell herausgegeben werden. Irwins Projekt ist dezidiert eines der Demokratisierung von Philosophie, das sich allerdings Vorwürfen von Popularisierung und Trivialisierung nicht immer erwehren kann.

[2] Beispielhaft dafür können etwa stehen: Žižek 2001 sowie Žižek et al. 2002, aber auch die analytischen Ansätze von Litch 2002; Falzon 2005; Rowland 2005; Peters und Rolf 2006 oder Rustemeyer 2013. Letzterer formuliert ohne Umschweife ganz explizit das Programm seiner Monographie: „In diesem Buch *benutze* [Hervorh. I.R.] ich Filme, um aus ihnen philosophische Einsichten zu gewinnen" (S. 17).

rasch zugunsten einer vorgängigen Idee zu abstrahieren ist. Es bleibt sekundär auf ein ihm externes Primärprinzip bezogen. Im besten Falle erscheint Film so als ein Supplement axiomatischer Reflexionen, im schlechtesten Fall als davon losgelöster Stichwortgeber. Der zyklische Schluss des Philosophen muss den Film zum Objekt der philosophischen Betrachtung machen, kann ihn aber nicht zum Subjekt werden lassen, das selbst philosophiert. Auch eine *Philosophie des Films* dringt dazu nicht unbedingt vor, wenn sie explizit den Film zum Gegenstand einer Betrachtung philosophischer Methode macht[3]. Eine Ontologie des Films zu denken, situiert ihn innerhalb Strukturen des Seins, die ihm gegenüber sowohl in Konnexion als aber ebenso gut auch Autonomie gedacht werden können. Ontologien operieren relational und daher notwendigerweise verkürzend. Diese Reduktion des Films freilich verkennt sein großes Potential für die Philosophie: eine *Philosophie als Film* zu denken, die Rechnung gerade der Fähigkeit des Mediums zur audiovisuellen Reflexion tragen kann. Es ist dies ein Denken in Bildern und Tönen, das neben epistemologischen, metaphysischen und ethischen Problemen vor allem die Frage nach einer ihm adäquaten Ästhetik stellt. Es hätte eine Ästhetik zu sein, die erfasst, wie es dem Film stets aufs Neue gelingt, etablierte Denkmodelle zu diskursivieren, zu verwirren, zu brechen. Film ist ein der Philosophie gegenüber resistentes Medium, das seiner eigenen Logik folgt, indem es durch Bilder und Töne philosophierend Philosophie konkretisiert. Und diese lässt sich nicht unter tradierten Theoremen subsumieren. Eine dem Film intrinsische Philosophie hätte weder methodisch noch konzeptionell auf eine dem Medium vorgängige Philosophie zu rekurrieren, sondern müsste stattdessen den Film in seiner ästhetischen Verfasstheit ernst nehmen und Letztere einer kreativen Reflexion unterziehen. Die Frage „Was ist Film?" führt daher schnell zu einer zweiten, die freilich nur heißen kann: „Was ist Philosophie?" Ich versuche eine erste, sehr vorläufige und sehr pragmatische Antwort darauf zu geben: Film und Philosophie sind beides Medien, die Fragen stellen und sich damit Gedanken über Sein und Sinn machen. Das Nachdenken beider Medien aber ist bis zu einem gewissen Punkt letztlich inkommensurabel: Die Reflexion in Bildern und Tönen kann keine in Begriffen sein. Im Kontrast zur Philosophie der Sprache und Konzepte hat sich eine dem filmischen Medium intrinsische Philosophie bisher nicht nachweisen lassen. Dennoch kann der Film dem Philosophen mehr sein als nur Stichwortgeber und Demonstrationsobjekt. Denn er ist eine künstlerische Praxis, die in ihrer Prozessualität an der reflexiven Transformation von Sinnformen arbeiten kann. Als Möglichkeitsraum, d. h. Inspiration und Korrektiv vermag der Film die Philosophie mit ihren theoretischen Prämissen auf die Probe zu stellen. Es ist ihm möglich, Konzepte transparent zu machen, indem er

---

[3] Etwa bei Cavell 1971 und 1981; Deleuze 1989 und 1991 oder Nancy 2005.

potentielle Kategorisierungsordnungen auf eine exemplarische Weise akzentuiert und damit zur Diskussion stellt. Filme zu sehen, das kann für die Philosophie deshalb heißen, ihre eigene Praxis zu reflektieren. Vom Film können die Philosophen lernen, sich einem nicht endenden Prozess der Selbstaufklärung zu unterziehen. Eine Philosophie *des* Films ist vor allem Sache der analytischen Philosophen. Sie ordnen das Philosophieren an sich dem Objektbereich unter. Inspiriert vom britischen Empirismus, dem Wiener Kreis und dem Positivismus Russel'scher Prägung stehen Logik und Begriffsklärung im Zentrum. Entscheidend ist weniger eine kohärente Theorie als der Bezug zum Gegenstand. Kontinentale Philosophie hingegen umfasst Traditionen der Psychoanalyse, des Marxismus, der Kritischen Theorie, des Poststrukturalismus und der Phänomenologie sowie mehr oder weniger hybride Mischformen all dieser Denkschulen. Im Gegensatz zur analytischen Philosophie ist sie damit einerseits stärker politisch motiviert und kulturhistorisch ausgerichtet, andererseits spielen metaphysische Überlegungen zu Prädispositionen und Prinzipien des Seins eine durchaus wichtige Rolle. Wo die analytische Philosophie einen empiristischen Anspruch besitzt und sich als „harte" Wissenschaft begreift, erscheint das Feld der kontinentalen Philosophie weit heterogener. Mit jedem Philosophen, oft idiosynkratische Außenseiter und Querdenker, ist mitunter eine völlig andere Perspektive eingezogen, und diese Perspektiven prägen auch die Beschäftigung mit dem Film und seiner Geschichte. Auch wenn die Ablehnung der analytischen Konzeption vom Film als symbolisch-organisierender Repräsentation eine fast verbindliche Konstante der kontinentalen Tradition bildet, sind Unterschiede oft häufiger als Gemeinsamkeiten. Dennoch: Wo analytische Philosophen eine Präferenz für den Film als narrative Konstruktion besitzen, die quasi syllogistisch ein logisches Argument mit Obersatz (Anfang), Untersatz (Mitte) und Schlussfolgerung (Ende) führt, fokussieren kontinentale Philosophen tendenziell die orthogonal zum Narrativ situierten Parameter, deren Effekt eher in einer Kontradiktion der erzählten Geschichte zu finden und daher nicht auf intrinsische Weise kognitiv besetzt ist. Film erscheint dort weniger als informatorischer Datenstrom, statt einer Qualität als symbolische Form rückt vielmehr seine Beschaffenheit als immediater Konnex zu Welt und Sein ins Zentrum des Interesses: eine Philosophie *als* Film. Ob als industrielles Produkt, ideologisch aufgeladenes Zeichen oder dem Sein immanentes Prinzip, kontinentale Philosophie sieht den Film gerne in einer privilegierten Dimension. Er vermittelt nicht nur Wissen *über* die Welt, er ist immer auch *in* der Welt – materiell, affektiv, kulturell.

Auch Ontologien aber bleiben umstritten. Insbesondere Philosophen der kontinentalen Tradition haben in jüngerer Zeit diese komplexen Potentiale zwischen Film und Philosophie diskutiert. Dabei ist zum Gegenstand der Kritik speziell auch jener essentialisierende Versuch einer metaphysischen Ontologie des Films geworden, die Gilles Deleuze mit seinem monumentalen Theorie-Diptychon von

Einleitung: Classical Hollywood und kontinentale Philosophie 5

Das Bewegungs-Bild: Kino 1 (1989) und *Das Zeit-Bild: Kino 2* (1991) vorgelegt hat[4]. So konstatiert prominent Jacques Rancière nicht nur einen konstitutiven Charakter der Dissonanz im kinematographischen Medium, auch verweist er auf die basale Inkommensurabilität von Philosophie und Film. „[A]ny theory [...] is first and foremost an assemblage of words", hält Rancière fest, Film dagegen ist „first and foremost and assemblage of images" (2006b, S. 146). Konträr zu Deleuze ist es Rancière gerade nicht um eine Ontologie des Films als Philosophie des Films zu tun, die gleichsam mit ihrem Objekt den „Glauben an die Welt" (Deleuze 1991, S. 224) zu restituieren hat[5]. Vielmehr nähert Rancière sich dem Gegenstand auf eine genuin kunstphilosophische Weise. Anstatt eine Theorie des In-der-Welt-Seins zu entwickeln, fragt Rancière nach der politisch-medienkulturellen Distribution des Sinnlichen in historisch differenten Regimen der Kunst[6]. Dabei negiert Rancière jene trennscharfe Differenz von Classical Hollywood und modernem Art Cinema, die Deleuzes binäres Modell von Bewegungs- und Zeitbild postuliert. Für Rancière ist das Kino dagegen immer schon in einem modernen, ästhetischen Regime gegenüber einem klassischen, repräsentierenden Regime der Kunst situiert. Dieses ästhetische Regime aber folgt nicht etwa teleologisch auf das Zeitalter der Repräsentation, wie es eine Progressionslogik der Moderne hypostasieren mag. Ebenso wenig sorgt es für eine Autonomie des Mediums nach dem Vorbild anderer Künste, die in der Hochmoderne allein ihre eigenen Gesetzmäßigkeiten zum Gegenstand der Darstellung erheben. Rancière sieht das Kino vielmehr einer kausalen Logik der repräsentierenden Entsprechung von Handlung und Ausdruck entgegenstehend, weil es im ästhetischen Regime den „imaginäre[n] Kollektivkörper mit Bruchlinien" (2006a, S. 62 f.) durchzieht und die Adäquanz zwischen Poesie und Aisthesie aufhebt. Das ästhetischen Regime der Audiovision setzt neben eine „Innerlichkeit des Denkens" eine unbedingte „Äußerlichkeit der sinnlichen Form" (Rancière 2012, S. 128), es überschreitet die rational nachahmende Repräsentation also sowohl ideell als auch materiell. Seine Bilder sind keinem Imperativ der Intelligibilität und Widererkennbarkeit mehr unterstellt, weshalb diese auch in klassischen Inszenierungsweisen zur Konstitution unkonventioneller Praktiken beitragen können. Weil kein verbindlicher Maßstab des Ästhetischen mehr besteht und die Körper sowohl in sich als auch gegeneinander Alteritäten entwickeln, entstehen Formen

---

[4] Siehe dazu ausführlich den Beitrag von Ivo Ritzer in diesem Band.

[5] Für eine instruktive Position zur Frage von Glauben und Vertrauen an respektive in die Welt, gleichsam mit Bezug zu Deleuze wie Stanley Cavell, siehe die Monografie von Josef Früchtl (2013).

[6] Zu einer stärkeren Emphase von formalanalytischen wie rezeptionsästhetischen Fragen vis-à-vis Rancières politischer Kunsttheorie siehe Martin Seels kunstphilosophische Intervention (2013).

einer Mise-en-scène, die jeweils ihren eigenen Maßstab zwischen Sichtbarem und Sagbarem entwerfen: „Das Vermögen der Worte ist nicht mehr das Modell, das der bildlichen Repräsentation als Norm gelten muß. Es ist das Vermögen, das die Repräsentationsfläche durchbricht, um die piktorale Ausdruckskraft sichtbar zu machen" (Rancière 2005, S. 91). Zwischen Bildlichkeit und Narration, Mise-en-scène und Dramaturgie herrscht ein nicht zu entscheidender Widerspruch, der selbst klassische Inszenierungen modern wendet. Nicht nur, weil das Bewegtbild ein Medium moderner Technologie ist, sondern auch weil es immer die Macht der Repräsentation, d. h. den Imperativ des Moderaten, des Narrativen, des Rationalen zu stören und sinnliche Wahrnehmung stets zu entgrenzen weiß: „[T]he image is no longer the codified expression of a thought or feeling. Nor is it a double or translation. It is a way in which things themselves speak and are silent" (Rancière 2006b, S. 13). Durch die Mise-en-scène werden Körper und Räume in Bildern zu einer Signifikation gebracht, die den Signifikanten unmöglich im Signifikat verschwinden lassen kann. Ihre Sprengkraft lässt das Sichtbare niemals zur Ruhe kommen, sie lässt es stets über die Geschichte hinausweisen. Nie können die Bilder ganz auf ein Narrativ und dessen synthetisierende Kraft reduziert werden, scheinen sie sich doch immer auch selbst zu genügen. Zwischen Inszenierung und Inszeniertem muss immer ein Riss verlaufen: „Even the most classical of cinematographic forms, the ones most faithful to the representative tradition of carefully arranged incidents, clearly defined characters, and neatly composed images, are affected by this gap, evidence enough that the film fable belongs to the aesthetic regime of art" (Rancière 2006b, S. 15). Das System von Classical Hollywood ist mithin in einem permanenten Prozess der Selbstdurchkreuzung begriffen. Bilder und Töne sprengen den Konnex von Figuren und Handlung durchweg auf. Rancière leistet damit eine wichtige philosophische Intervention gegen essentialisierende Positionen. Auch er ist dabei jedoch freilich nicht gegen instrumentelle Zugriffe auf das filmische Medium gefeit. In seiner Philosophie der reziproken Durchkreuzung von Narrativ und Bildlichkeit demonstriert Rancière so nicht zuletzt die zentrale Idee seiner politischen Theorie: den Widerstreit eines unaufhebbaren Dissenses. Politik und Kunst sind in diesem Denkmodell eng miteinander verzahnt, im Sinne einer Politik des Ästhetischen ebenso wie im Sinne einer Ästhetik der Politik. Wo auf der einen Seite stets Wort und Bild antagonistische Konfigurationen ausbilden, geht es auf der anderen Seite um Fragen der Teilnahme an distribuierten Sinnlichkeiten. Dabei kommt dem Film eine Schlüsselstellung zu: Das Medium ist nicht nur eine Massenkunst, durch seine Spaltung zwischen Narrativ und Bildlichkeit bildet es auch eine demokratische Gleichheit des Kontrastiven aus. Rancières Philosophie erzählt uns damit exakt das, was der Film immer wieder neu zur Anschauung bringt.

Wird die Relation von Film und Philosophie bei Rancière eher implizit verhandelt, steht sie im Zentrum der Reflexion bei Alain Badiou. Von allen Denkern, nicht nur der kontinentalen Schule, ist Badiou derjenige, dessen Reflexionen einer Philosophie *als* Film am nächsten kommen. Badiou, ein Neo-Platoniker und wunderlicher Poststrukturalist, für den Wahrheiten nicht konstruiert sind, sondern vielmehr entdeckt werden müssen, weist faktisch sämtliche Einsichten der modernen Filmtheorie im Zuge des Lacan'schen und Althusser'schen Paradigmenwechsels zurück. Analog zu Deleuze negiert er ein Primat des Sprachlichen, nicht aber um daraus das vitalistische Programm einer metaphysischen Film-Ontologie zu entwickeln als vielmehr die besondere Relation von Film und Philosophie zu reflektieren. Film wie Philosophie werden von Badiou gleichermaßen als Medien des Denkens begriffen. Dabei gründen beide für Badiou in Wahrheit. Diese Wahrheit jedoch wird nicht essentialistisch gedacht. Vielmehr adressiert sie eine infinite Möglichkeit, deren radikale Multiplizität nie in einer Gegenwart aufgeht, sondern stattdessen immer auf ein Kommendes verweist. Wahrheit bildet damit den Horizont von Philosophie. Philosophie selbst fällt so nicht mit Wahrheit in Eins, sondern ist verwiesen auf die Wahrheitsproduktion in anderen Feldern: dem Ereignis. Diese Felder nun stellen für Badiou sowohl Kunst als auch Politik, Wissenschaft und Liebe dar. Jedes Feld besitzt dabei seine eigenen Qualitäten: Formen, Inhalte, Potentiale. Das gilt auch für den Subbereich der einzelnen Felder. Die unterschiedlichen Künste besitzen demnach differente Ausdrucksmodi, was für Badiou heißt, dass sie jeweils Wahrheit auf verschiedene Weise denken. Nicht nur werden hier Denken und Wahrheit also aufs Engste miteinander legiert, in der Kunst findet die Philosophie somit auch eine ihrer zentralen Bedingungen. Badiou glaubt nicht an eine der Philosophie eigene Immanenz von Wahrheit und Denken, vielmehr ist es Aufgabe der Philosophie, das durch die Kunst gedachte Denken in seiner Wahrheitsdimension aufzunehmen und in Konzepten produktiv zu machen. Sie hat die vom Ereignis der Kunst hervorgebrachte Wahrheit zu bergen. „[P]hilosophy doesn't have to produce the thinking of the work of art" konstatiert Badiou entschieden, „because art thinks by itself" (2013, S. 18). Das bedeutet nun freilich, dass Kunst der Philosophie nicht notwendigerweise bedarf. Die Philosophie aber ist angewiesen auf das Denken der Kunst. Letztere bildet somit keinen Objektbereich von Erstgenannter, Kunst fungiert vielmehr als Kondition der Philosophie. Philosophie markiert dann jenen Ort, wo das Denken ergriffen wird: „the site of thought at which (non philosophical) truths seize us and are seized as such" (Badiou 2008, S. 1). Philosophie denkt damit den in der Kunst gedachten Gedanken, der eben Kunst als Kunst definiert. Badiou führt für diesen Konnex von Kunst und Philosophie den Begriff der „In-Ästhetik" ein. Damit versucht er, das der Kunst intrinsische Moment philosophischer Effekte zu fassen: „In-ästhetisch", so Badiou, „ist für mich eine Beziehung der Philosophie zur Kunst, der in keiner Weise die Absicht zu Grunde liegt, Kunst, die aus sich selbst heraus Wahrheit hervorbringt, als Objekt für die Philosophie einzusetzen. Entgegen der ästhetischen Spekulation beschreibt die In-Ästhetik allein die aus der unabhängigen Existenz bestimmter Kunstwerke hervorgehenden intraphilosophischen Wirkungen" (2001, S. 6). Kunst und Philosophie treten hier in eine negative Relation, die beide zunächst nur sich selbst relationieren lässt. Badious In-Ästhetik ist daher auch keine Philosophie der Kunst, wie sie etwa Heideggers Ontologie des Kunstwerks als autonomer Grund von Wahrheit hypostasiert. Vielmehr ist es der In-Ästhetik um eine Deskription jener Wahrheit von Kunst zu tun, die sich in der Singularität des einzelnen Kunstwerks manifestiert. Projiziert wird also eine Zirkulation zwischen den Qualitäten eines Kunstwerks und dessen philosophischer Analyse. Wahrheit ist der Kunst mithin inhärent, und zugleich wird diese Wahrheit philosophisch umfasst. Badious In-Ästhetik markiert so ein Konzept der Negativität von Kunst, die positiv gedacht ist. Inästhetisch zu denken, bedeutet deshalb, die Philosophie von der Kunst her zu denken, ebenso aber die Kunst von der Philosophie her neu zu perspektivisieren. Kein Feld darf für Badiou dabei zum bloßen Gegenstand des anderen werden, auch wenn Philosophie ohne Kunst keinen Zugang zur Wahrheit erfährt. So wenig, wie Kunst der Philosophie zu subordinieren ist, so sehr ist die Philosophie doch an die Kunst zu binden.

Jede Kunst denkt Wahrheit für Badiou auf eine spezifische Art und Weise. So auch die Kunst des Kinos. Jeder Film ist für Badiou in diesem Sinne eine Offerte, die sich in der Bewegung von ästhetischem Objekt und rezipierendem Subjekt materialisiert: „What I call my ‚inaesthetics' in philosophy attempts to say that philosophy doesn't have to produce the thinking of the work of art because the work of art thinks all by itself and produces truth. A film is a proposition in thought, a movement of thought, a thought connected, so to speak, to its artistic disposition". Kommuniziert wird dieses Angebot durch einen Akt der Erfahrung, die sich selbst wiederum in Form von Bewegung mitteilt: „through the experience of viewing the film, through its movement" (2013, S. 18). Film ist ein Denken in Bewegung, das sein Gedachtes durch Bewegung erfahrbar macht. Es besitzt hierbei eine Sonderstellung, die den Film als Medium singulär macht. Er wird nämlich einerseits als Kunstform gesehen, von den traditionellen Künsten aber dadurch abgegrenzt, als dass er sein Gedachtes dem Denken der anderen Künste, d. h. von Architektur, Skulptur, Malerei, Musik, Tanz und Dichtung in seiner basalen Multimedialität entlehnt. Film operiert für Badiou immer „parasitär und inkonsistent", indem er sich nicht einfach egalitär zu den anderen Künsten hinzu addiert, sondern vielmehr als ihr „Plus-Eins" figuriert: „Die Filmkunst ist eine unreine Kunst. [...] Aber ihre Stärke als zeitgenössische Kunst liegt genau darin, im Moment des Übergangs die Idee von der Unreinheit jeglicher Idee entstehen zu lassen" (2001, S. 136). Dadurch nimmt das Kino nicht nur einen Zwischenraum inmitten der Künste ein, es evolviert auch zu einem privilegierten Partner der Philosophie. Kino und Philosophie verfügen für Badiou über eine hohe Strukturanalogie, eben durch ihre hybride Stellung gegenüber Denken und Wahrheit. Beide extrapolieren, adaptieren und vermitteln ein Denken, das in Wahrheit außerhalb ihrer selbst lokalisiert liegt. Kino und Philosophie stellen gleichsam wahrheitslose Felder dar, deren basale Unreinheit zu einer Anverwandlung der in differenten Feldern sedimentierten Wahrheitspotentiale führt. Badiou pocht hier aber auf eine Autonomie des Films, die jede Philosophie selbstkritisch zu respektieren hat. Er moniert dann auch jenen instrumentellen Zugriff der Philosophie auf das Kino, wie ihn besonders prominent freilich Gilles Deleuze vorgenommen hat. „[H]is entire enterprise", klagt Badiou, „is proposing a creative repetition of concepts and not an apprehension of the cinematic art as such. [U]nder the constraint of the case of cinema, it is once again, and always, (Deleuze's) philosophy that begins anew and that causes cinema to be there *where it cannot, of itself, be*" (2000, S. 16). Für Badiou behauptet Deleuze zwar ein dem Kino immanentes Feld von Konzepten, leistet damit allerdings lediglich ein Lippenbekenntnis ab. Deleuze evaluiert keine Konzepte im Kino, er re-evaluiert seine eigene Philosophie im Spiegel des Films. Selbst wenn Deleuze am Material arbeitet und dort eine Immanent der Konzepte nachweist, bleibt sein eigentliches Referenzobjekt doch ein Außen des Films, durch das – via Henri Bergsons Vitalismus – seine Philosophie von Bewegung und Zeit erst möglich wird. Bei Deleuze, so Badiou, existieren in letzter Konsequenz nur Konzepte, die der Philosoph zunächst selbst anjustiert und dann in ihrer Passage durch das Kino und seine Geschichte nachverfolgt: „[C]oncepts, which are never ‚concepts-of', are only attached to the initial concrete case in their movement and not in what they give to be thought. This is why, in the volumes on the cinema, what one learns concerns the Deleuzian theory of movement and time, and the cinema gradually becomes neutralized and forgotten" (Badiou 2000, S. 16). Damit verkennt Deleuze aber gerade das besondere Potential des Films, nämlich ein intraphilosophisches Denken zu perpetuieren. Für Badiou geht es nicht darum, philosophische Fragen an das Kino zu stellen. Stattdessen müssen von der Philosophie vielmehr die dem Kino bereits inhärenten Antworten freigelegt werden. Auf diese Weise erst wird möglich, dass der Film die Philosophie ergreift. Indem er sie auf eine Wahrheit außerhalb ihrer selbst hinweist, kann der Film helfen, die Philosophie zu transformieren. Er stellt dann in Frage, was an Konzepten etabliert worden ist und bringt sein eigenes Potential des Denkens in Anschlag. Der Film fungiert damit als ein Falsifizierer der Philosophie. Er tritt in ein synthetisierendes Verhältnis: „[T]he passage between cinema's ideas and philosophy's concepts always poses the question of syntheses. If we are able to create philosophical concepts from cinema, it is by changing the old philosophical syntheses by bringing them into contact with the new cinematic syntheses" (2013, S. 219). Für Badiou kündet der Film stets von einer Ankunft des Neuen. Dieses Neue kann sich auf ganz unterschiedlichen Ebenen ereignen. Ob als Synthese von Bewegung, als Synthese von Zeit, als Synthese ethischer Fragen, als Synthese zwischen anderen Künsten und Nicht-Künsten, das

Kino stellt Verbindungen zwischen Kontinuität und Diskontinuität her. Dabei entwirft es keine Theorie, es transformiert vielmehr die Synthesen der Philosophie, indem jene in Kontakt mit neuen kinematographischen Synthesen kommen. Die Konzepte der Philosophie können sich so an den Ideen des Films entzünden.

Für Badiou vermag die Philosophie mithin vom Film zu lernen. Denn indem der Film an einer Grenze zwischen Kunst und Nicht-Kunst situiert ist, leistet das Medium eine Synthese, die der Philosophie den Glauben an sich selbst zurückgeben kann. Kunst meint hier in einem hochmodernistischen Sinne denjenigen Gegenstandsbereich, der sich allen ihm extern situierten Verpflichtungen entzieht, um eine dem Objekt intrinsische Wahrheit auf artistische Weise zu formulieren. Freilich kommt dem Film aus dieser Perspektive eine ungemein prekäre Position zu. Dies hat bei Badiou damit zu tun, dass der Film, insbesondere der Hollywood-Film, zum einen das Produkt einer Industrie ist, zum anderen aber auch ein artistisches Potential besitzt. So beruht die „Unreinheit" des Films auf voneinander separierten Feldern, die zunächst nur durch Geldflüsse verbunden sind. Von den Gagen der Schauspieler über die Bauten des Sets, das technologische Equipment der Kameras, die Computer-Hardware bis hin zu den Kosten von Distribution und Exhibition, es ist Geld, das sowohl Personal als auch Produktionsschritten als Konnex dient. Kino ist damit zuallererst eine Industrie. Simultan aber zirkulieren neben dem Geld aber auch künstlerische Leistungen. Diese versuchen für Badiou den Film zu „reinigen", indem sie von den kapitalistischen Grundlagen des Mediums abstrahieren. Filmkunst leistet eine Synthese, dadurch dass aus der „unreinen" Infinität der Industrie ein artistisches Potential extrahiert wird: „Art's task is to make a few fragments of purity emerge from that impurity, a purity wrested, as it were, from a fundamental impurity. So I would say that cinema is about purification: it is a work of purification. With only slight exaggeration cinema could be compared to the treatment of waste. You start out with a bunch of different things, a sort of indiscriminate industrial material. And the artist makes selections, works on this material. He'll condense it, he'll eliminate some things, but he'll also gather things together, put different things together, in the hope of producing moments of purity" (Badiou 2013, S. 226). Wo die traditionellen Künste, ob Musik oder Malerei oder Literatur, für Badiou mit der „Reinheit" des artistischen Materials beginnen und eben diese „Reinheit" im Akt der künstlerischen Produktivität konservieren wollen, nimmt der Film also den exakt umgekehrten Weg. Als ein immer schon plurimediales Medium ist seine Aufgabe nicht, die Stille im Klang, die leere Seite im Schreiben, das Unsichtbare im Sichtbare zu erhalten, vielmehr geht er in einem immer unabschließbaren Versuch der Purifikation auf. Filmkunst figuriert für Badiou als eine negative Kunst, die sich an ihrer eigenen Unmöglichkeit entzündet. „This impossibility is the real of cinema", konstatiert Badiou: „a struggle with the infinite, a struggle to purify the infinite. In its very essence, the cinema is this hand-to-hand combat with the infinite, with the infinity of the visible, the infinity of the sensible, the infinity of the other arts, the infinity of musics, the infinity of available texts. It is an art of simplification, whereas all the other arts are arts of complexity. Ideally, cinema involves creating nothing out of complexity, since the ideal of cinema is, at bottom, the purity of the visible, a visible that is transparent, a human body that is like an essential body, a horizon that is a pure horizon, a story that is an exemplary story. To attain that ideal, cinema must pass through impure material, must use everything there is, and must above all find the path to simplicity" (2013, S. 227). Das Kino ist für Badiou also eine radikal „unreine" Kunst, da das System seiner Bedingungen in der „Unreinheit" des Materials begründet liegt. Diese Hybridität konterkariert die artistische Dimension des Films in ihrem Durchspielen der basalen medialen Konditionen, so dass im Spannungsfeld von Kunst und Nicht-Kunst sich eine Nicht-Kunst-Kunst konstituiert. Der Film als, wie Jacques Rancière zu Badious In-Ästhetik ausführt, eine „Art Türsteher/Rausschmeißer/Filter" (2008, S. 97) evolviert so zu einem Probefall der modernistischen Perspektive auf Kunst, die glaubt klar definieren zu können, was Kunst ist und was nicht Kunst ist. Badious Kino wird damit zu jener Kunst, deren Telos es nicht nur ist, die anderen Künste zu hybridisieren, sondern auch und gerade im Hollywood-System artistisches Potential zu realisieren. Die Vielheit Hollywoods fungiert für Badiou als dessen Eigenheit.

Damit kann insbesondere der Hollywood-Film eine Synthese leisten, die das philosophische Denken nicht an seiner eigenen „Unreinheit" verzweifeln lässt. Wo Hollywood eine Ahnung von „Reinheit" schaffen kann, gibt es der Philosophie einen Funken von Hoffnung an die Hand, weiter Synthesen aus dem „unreinen" Material der Welt zu produzieren. „[C]inema is a real piece of luck for us philosophers", so schließt Badiou seinen Aufsatz „Cinema as Philosophical Experimentation" mit einer an Emphase kaum zu überbietenden Conclusio ab: „So let's watch films philosophically, not just because they create new figures of the image but because they tell us something about the world, something as simple as can be: ‚The worst of worlds shouldn't cause despair.' We should not despair. That is what cinema tells us, I think, and that is why we should love it. It can keep us from despair if we know how to look at it, to look at it as a struggle against the impure world, to look at it as a collection of precious victories" (2013, S. 232).

2 Classical Hollywood und kontinentale Methoden

Für analytische Philosophen und die ihnen verbundenen Kognitivisten ist ein klassischer Film unabhängig von seinem kulturellen Kontext zu sehen: Da es sich bei Film um einen „rohen" Datenfluss von Informationen für das Gehirn handelt, besitzt er eine anthropologische, d. h. biologische wie psychologische Konstante. Der Siegeszug von Hollywood auf der ganzen Welt reflektiert aus dieser Perspektive so dessen Leistung, eine filmische „Essenz" zu formulieren, das als „klassisches" Paradigma wirkt. Von kontinentaler Warte aus wäre dem nicht nur politische Naivität und ideologische Blindheit vorzuwerfen, auch ließe sich ein ästhetischer Einwand formulieren: Nicht weil es eine „Essenz" von Film konstituiert, ist Classical Hollywood klassisch, sondern weil es ein bestimmtes Konzept der Welt in Bildern und Tönen entwirft. Diese Weltsicht fußt auf habitualisierten Prinzipien von Kausalität, Kontinuität und Kohärenz, die Raum, Zeit und Handlung zur sinnhaft erscheinenden Einheit verschmelzen. Adressiert ist damit ein inszenatorisches Arrangement, das seine jeweilige fiktionale Welt „als unabhängig von der Beschreibung, die die Kamera von ihr gibt", hinstellt, wie Gilles Deleuze ausführt, zugunsten einer „als präexistent angenommene[n] Wirklichkeit" (1991, S. 198), die den inszenatorischen Charakter der Fiktion eskamotiert. Es wird mithin eine homogene Raum-Zeit-Relation nach dem Prinzip von linearer Kontinuität entworfen; die Aktionen folgen einem Kausalitätsschema von Ursache und Wirkung; die Ontologie der Fiktion ist einer unzweideutigen Definition von Sein und Werden verpflichtet. Transparenz und Präsenz sind so die beim Zuschauer evozierten Rezeptionseindrücke, deren Effekt sich in der Signifikation einer scheinbar kohärent repräsentierten Fiktion als Verdeckung medialer Materialität beschreiben lässt.

Im vorliegenden Band liegt der Fokus hingegen stärker auf den Brüchen, Reibungsflächen und Kontradiktionen, mit Jacques Rancière gesprochen: Selbstdurchkreuzungen des Classical Hollywood. Alle Beiträge des intendierten Bandes nehmen paradigmatische Analysen von spezifischen Produktionen des Classical Hollywood aus genuin philosophischer Perspektive vor. Leitfragen des Bandes perspektivieren sie je nach kulturellen, generischen und/oder autorspezifischen Kontexten, wobei sowohl existentialphilosophische, psychoanalytische, phänomenologische als auch poststrukturalistische Theorien der kontinentalen Philosophie den methodischen Horizont bilden. In dieser Hinsicht wird eine multiperspektivische Situierung der Untersuchungsgegenstände intendiert, um eine differenzierte Betrachtung des Systems von Classical Hollywood zu gewährleisten. Ziel des Bandes ist, eine komparatistische Sicht auf unterschiedliche Genres, Filmemacher und Bildpraktiken zu ermöglichen, so dass die differenten Facetten des Classical Hollywood sichtbar werden. In Dialog gesetzt zu diesen werden politische Philosophien von Theodor W. Adorno bis zu Siegfried Kracauer (in den Beiträgen von Martin Seel, Drehli Robnik und Josef Früchtl), psychoanalytische Lektüren von Jacques Lacan bis zu Slavoj Žižek (in den Beiträgen von Malte Hagener, Drehli Robnik und Johannes Binotto) sowie phänomenologisch-lebensphilosophische Ansätze von Maurice Merleau-Ponty bis zu Gilles Deleuze (in den Beiträgen von Ivo Ritzer, Ines Bayer und Marcus Stigleger). Ergänzt werden diese Investigationen durch Untersuchungen, die Classical Hollywood aus einer kunsthistorischen und medienanthropologischen Perspektive fokussieren, die sich beide für kontinentale Philosophen als wichtige Denkanstöße erwiesen haben (in den Beiträgen von Martin Seel, Thomas Meder, Ivo Ritzer und Lisa Gotto). Die Publikation der Aufsätze im vorliegenden Sammelband leistet damit am Beispiel von Classical Hollywood in einer bisher nicht vorliegenden Breite einen Beitrag zur medienwissenschaftlichen Verschränkung von Filmtheorie und kontinentaler Philosophie.

Der Band wird eröffnet mit einem Beitrag des Frankfurter Philosophen Martin Seel, der sich der Frage stellt, wieso der Terminus „Hollywood" in seiner vielbeachteten Studie *Die Künste des Kinos* (2013) nicht fällt. Seel versucht zu eruieren, in welchem Sinn eine Philosophie des Films „Hollywood" ignorieren kann, dies evtl. sogar tun muss. Seine zentrale These geht davon aus, dass Theorien des Films fehlgehen, wenn sie „Hollywood", und ganz besonders das Hollywood der klassischen Periode als den Normfall des Kinos begreifen. Seel sieht hierin einen methodologischen Makel, der Classical Hollywood als Fixstern begreift, an dem sich eine Philosophie des Films auszurichten hätte, auch wenn Hollywood in seiner klassischen Phase für die künstlerische wie ökonomische Entwicklung des Kinos und mithin auch für eine Historiographie und Soziologie dieser Kunstform eine zentrale Stellung einnimmt. Seel fordert stattdessen ein, die theoretische Privilegierung von Hollywood zu vermeiden, um so einen klareren Blick für dessen ästhetische Qualität zu erhalten. Mit Erwin Panofsky, André Bazin und Theodor W. Adorno demonstriert Seel, wie die Stärken von Classical Hollywood unterschätzt werden, gerade dann, wenn dessen Rolle methodisch überschätzt wird.

Thomas Meder und Ivo Ritzer greifen Seels Plädoyer auf, Erwin Panofsky als maßgeblichen Impulsgeber für das kontinentale Denken über Hollywood zu begreifen. Obwohl kein Philosoph, hat der Kunsthistoriker Panofsky entscheidenden Einfluss auf Philosophien von Classical Hollywood genommen, sowohl in den USA (Stanley Cavell) als auch in Europa (Siegfried Kracauer). Panofskys dichter Aufsatz zu *Style and Medium in the Motion Pictures*, 1946 im amerikanischen Exil publiziert, fragt danach, wie die technologisch produzierten Bilder des Films sich in den Kanon der älteren Künste einordnen. Meder und Ritzer verfolgen Panofskys Überlegungen entlang zentraler Thesen, um deren Stellenwert in Verbindung zu

Classical Hollywood zu bestimmen. Besondere Aufmerksamkeit lassen sie einerseits dem historischen Kontext von Panofskys Gedanken zukommen, andererseits fokussieren sie einen bislang marginalisierten Aspekt des Aufsatzes: Panofskys Filmbeispiele, primär Produktionen aus Hollywoods klassischer Periode. Dabei zeigen Meder und Ritzer, wie die gegen Panofsky oft erhobenen Vorwürfe von idealistischem Anti-Modernismus zu kurz greifen und den Blick auf Denkfiguren versperren, die Panofsky mit bedeutenden Traditionen der kontinentalen Theoriebildung verbinden.

Von Malte Hagener wird das Problem eines methodologischen Zugriffs auf Classical Hollywood aus diskursanalytischer Perspektive angegangen. Hagener spürt der Frage nach, wie Bedeutung im System von Classical Hollywood entsteht, ob diese als fest fixiert oder frei flottierend zu betrachten ist. Seine historische Analyse von Zuschreibungen an das klassische Hollywood fokussiert dabei jene „paranoiden" Analysen der 1970er Jahre, die, ausgehend von einer enttäuschten Cinéphilie, hinter der putativen Selbstevidenz von Classical Hollywood nach semantischen Exzessen wie Bedeutungsüberschüssen suchen und in ihren gleichsam ambitionierten wie ausufernden Analysen die Grenzen der Interpretation ausloten. Mit Respekt vor den durch Jacques Lacans Psychoanalyse und Louis Althussers Marxismus inspirierten Lektüren des Classical Hollywood weist Hagener eine genaue Beobachtungsgabe mit Blick auf das Material ebenso nach wie eine diskursive Dichte in den radikal zu Ende gedachten Prämissen der theoretischen Horizonte. Von den 1970er Jahren richtet Hagener schließlich den Blick auf die rezente Relevanz „paranoider" Analysen im Zeitalter von digitalen Heimmedien wie DVD und internetbasierten Plattformen, um die Symptomatologie der 1970er Jahre mit zeitgenössischen Lesarten zu relationieren, die heute durch das World Wide Web verbreitet, bisweilen gar erst hervorgebracht werden. Hagener konzediert den „paranoiden" Analysen der 1970er somit nicht nur eine historische Signifikanz, vielmehr zeigt er ihre Bedeutung für eine Medienkultur des Postkinematographischen auf.

Lisa Gotto greift in ihrem Beitrag die medienanthropologische Position des Philosophen und Soziologen Edgar Morin auf, um mit ihr eine sowohl filmwissenschaftlich wie filmphilosophisch bislang vernachlässigte methodologische Perspektive auf Classical Hollywood stark zu machen. Mit Morin versteht Gotto die Kategorie des Fluiden als zentrale Medienspezifik des Films. Dieses Flüssige, im Sinne von Flüchtigem, leitet sie zunächst aus jener transformatorischen Loslösung des Filmbildes aus der statischen Photographie ab, die neue raumzeitliche Bewegungen möglich macht. Gotto legt dar, wie Morin die Fluidität des Bildes mit einer Affizierung des Menschen zusammen denkt, gleichsam als Mensch im Kino wie als Mensch des Kinos. Am Beispiel von David Wark Griffiths *Way Down East* (1920), einem der frühesten Paradigmen von Classical Hollywood, kann sie zeigen, wie sich eine integrative Wechsel- und Austauschbeziehung zwischen Menschen und Anderem konstituiert, zu Dingen, Bewegungen, Formen und Elementen. Diese reflexive Figur denkt Gotto an Billy Wilders spätem Film noir *Sunset Boulevard* (1950) weiter, um dann das Verhältnis von Menschen auf der Leinwand und vor der Leinwand zu konturieren. Beide begreift sie als Strömungen, die im Licht des Projektionsstrahls zusammenkommen und das Kino mithin erst in ihrer Kopräsenz konstituieren. Schließlich leistet Gotto noch einen filmhistorischen Ausblick, um nach der die Anschlussfähigkeit von Morins Filmanthropologie auch über den Zeitpunkt seines Entstehens – die Ära von Classical Hollywood – hinaus zu fragen. Insbesondere Entwicklungen der Stereoskopie erscheinen ihr als signifikant für ein Weiterdenken der Morin'schen Philosophie: Stereoskopische Filme adressieren für Gotto das Sehen explizit als flüssigen Prozess, der einer Philosophie des Films entscheidend dabei helfen kann, ihr eigenes imaginatives Potential als permanente Transitionszustände zu konzipieren.

3 Cinéphilie und Politik

Ivo Ritzer beschäftigt sich in seinem Beitrag mit der enorm einflussreichen Film-Philosophie von Gilles Deleuze, um deren methodologische Basis, medienästhetische Zuschreibungen sowie theoretische Konsequenzen kritisch zu diskutieren. Dazu führt er den Filmemacher Allan Dwan, in cinéphilen Zirkeln als klassischster aller klassischen Regisseure bekannt, als einen „Fälscher" gegen Deleuze ins Feld, in eben jenem Sinne, in dem Deleuze selbst seine Kooperation mit Félix Guattari verstanden hat[7]. Dieser Fälscher ist eine vermittelnde Instanz, die zwischen den Diskursen steht und deren Konzepte überprüft. Als ein Denker des Bildes entwirft Dwan für Ritzer kinematographische Zeit-Bilder, die bei Deleuze ansonsten für kanonisierte „Meisterregisseure" des internationalen Art Cinema, gerade aber nicht für Akteure von Classical Hollywood reserviert sind. Unter Rekurs auf Jacques Rancières kritische Deleuze-Lektüre weist Ritzer nach, wie Bewegungs-Bild und Zeit-Bild bei Deleuze als metaphysisch-teleologische Konzepte gefasst sind, die historischen Performanzen nicht adäquat Rechnung tragen können. Classical Hollywood wie das filmische Medium per se werden von Ritzer als essenzlose Materialitäten gefasst, die je nach Perspektive differente Qualitäten aufweisen. Wenn demnach Bewegungs-Bilder als Zeit-Bilder und Zeit-Bilder als Bewegungs-Bilder

---

[7] Es geht hier mithin nicht um einen cinéphilen Diskurs, der Dwans Arbeiten im Sinne eines Genre-Auteurismus perspektiviert. Zur Theorie von Genre wie Auteur sowie deren cinéphile Aufhebung siehe in extenso Ritzer 2009.

gelesen werden können, dann, so folgert Ritzer, handelt es sich jeweils um synchrone Bildmodi, deren Virtualitäten in verschiedenen Perioden der Filmgeschichte eine Aktualisierung durchlaufen können. Das Zeit-Bild des Classical Hollywood demonstriert damit, wie allein Potentiale der Veränderung dem Filmmedium auf grundlos grundlegende Weise inhärent sind.

Steht bei Ritzer das Paar Dwan-Deleuze im Zentrum, situiert Johannes Binotto den klassischen Hollywood-Filmemacher Delmer Daves an der Seite von Jacques Lacan. Binottos cinéphile Ambition ist es, Daves als ambitionierten Film-Philosoph anzuerkennen, dessen Bild-Denken auf derselben Komplexitätsstufe steht wie die psychoanalytische Theorie von Lacan. Dazu aber werden Daves' Filme von Binotto nicht etwa – wie in einer konventionellen deduktiven Analyse – theoretisch unterfüttert, stattdessen geht es dem Autor vielmehr umgekehrt darum, wie Daves' Arbeiten auf unbewusste, d. h. besonders produktive Weise an Lacans theoretischen Überlegungen arbeiten, sie mithin gar weiter denken und radikalisieren. Speziell Daves' Rekurs auf das konventionalisierte Happy End des klassischen Hollywood steht dabei im Fokus von Binottos Betrachtung, die sich dafür ausspricht, das Happy End bei Daves gerade nicht als naive Lösung einer krisenhaften Konstellation zu lesen, sondern als dialektische Aufhebung unlösbarer Konflikte neu zu denken. Daves' Happy Endings demonstrieren für Binotto dadurch, dass ein restloses Zeigen von Wahrheit unmöglich ist, eben weil diese stets nur in sich selbst gespalten existiert. Was bei Daves auf diese Weise inszeniert wird, ist ein wahrhaftes Halb-Sagen, dessen offenkundige Lüge als aufrichtigste aller denkbaren Lösungen der philosophischen Wahrheitsproblematik ausfällt.

Drehli Robnik widmet sich mit Charlie Chaplin ebenfalls einem zentralen Protagonisten des Classical Hollywood. Er wählt dazu jedoch gerade keinen cinéphilen Ansatz, wie er sich in der französischen Tradition bis zu Gilles Deleuze nachverfolgen lässt. Weder wird Chaplin von Robnik als „Meisterregisseur" angerufen noch dessen Werk einer stil- oder themenfokussierten Analyse unterzogen. Stattdessen löst Robnik spezifische signifikante Bilder aus Chaplins wohl prominentestem Film *The Great Dictator* (1942) heraus, um sie als Denkorte zu perspektivieren, die auch von kontinentalen Philosophen wie Siegfried Kracauer, Slavoj Žižek, Alain Badiou oder Jacques Rancière bereits aufgesucht worden sind. Politische Theorien von Kracauer, Žižek, Badiou und Rancière dienen Robnik so als Diskursräume, die er mit Chaplins Slapstick durchschreitet und dabei Denkbilder von Philosophien politischer Macht offen legt. Dieses Durchschreiten begreift Robnik selbst als eine nicht-endende Nicht-Lösung politischer Fragen, die mit Brüchen und Unvollständigkeiten leben kann, ohne das negierende Pathos von Kunst und Konzept für sich zu reservieren. Damit wahrt er auch Distanz zum Anspruch akademischer Philosophie, Classical Hollywood und politische Theorie ethisch-puristisch in einer dialektischen Synthese aufheben zu wollen.

4 Philosophien des Western

Der dritte thematische Teil des Bandes widmet sich einem, wenn nicht dem zentralen Genre des Classical Hollywood. Als das, wie André Bazin schon einst schrieb, „amerikanische Kino par excellence" (1975, S. 111 ff.), war der Western maßgeblich daran beteiligt, den USA im Kino einen mythischen Denk-Raum zur Verfügung zu stellen. Mit John Ford widmet sich Marcus Stiglegger einem wichtigen Western-Regisseur, der das Classical Hollywood seit der Stummfilmzeit mit seinen Arbeiten geprägt hat. Er skizziert zunächst Fords Rezeption im Kontext der kontinentalen Philosophie, speziell bei den beiden deutschen Postadorniten Josef Früchtl und Martin Seel. Anschließend stellt er, aufbauend auf Überlegungen des Soziologen und Philosophen Jean Baudrillard, das Modell einer seduktionstheoretischen Filmperspektive vor, um schließlich anhand einer analytischen Betrachtung von Fords klassischem Western *Stagecoach* (1939) zu zeigen, wie eine Seduktionstheorie des Films Impulse zum Diskurs des Western als zentralem Genre von Classical Hollywood beitragen kann. *Stagecoach* ist dabei primär auf seine körperbezogenen Affektmomente hin befragt, die in ihrer Integration von Bewegung, Raumbildung und Sensation als seduktive Strategie lesbar werden.

Zusammen mit den Arbeiten von Anthony Mann fokussiert auch der Beitrag von Ines Bayer das Genre des Westernfilms. Den in seiner Bedeutung für Classical Hollywood kaum zu überschätzenden und daher filmwissenschaftlich bereits vielerorts intensiv rezipierten Western perspektiviert Bayer aus einer innovativen Warte: Sie nimmt Bezug auf den Leib-/Körper-Begriff und stellt dem Genre somit ein zweites Paradigma gegenüber, das insbesondere für Diskurse der jüngeren kontinentalen Philosophie zentral ist. Unter Rekurs auf die phänomenologische Tradition nach Edmund Husserl und Maurice Merleau-Ponty einerseits sowie die genealogisch-machtanalytische Position Michel Foucaults andererseits befragt sie Anthony Manns Western auf ihre korporalphilosophische Signifikanz. Bayer zeigt, dass Mann anstelle der Externalisierung innerer Zustände eine somatische Resonanz sucht, die äußere Impulse im Körper der Figuren findet. Dabei gelingt es ihr, die Western von Mann zugleich als Kerninstanzen wie als Randphänomene von Classical Hollywood zu charakterisieren: Während Manns Narrative bisweilen an die Grenzen des Genres gehen, diese aber nie transgredieren, lässt sich mit der Mann'schen Inszenierung von Körperlichkeit eine Dekonstruktion klassischer Konventionen ausmachen, die sich speziell in einer Absage an den tradierten Anspruch an den überlegenen Körper des Westernhelden realisieren. Bayer liest diese inszenatorische Strategie als Symptom einer nationalen Traumatisierung, welche das Selbstverständnis der USA bis heute als Urtext prägt und bei Anthony Mann auf besonders signifikante Weise als Körperdiskurs thematisch wird.

Der Amsterdamer Philosoph Josef Früchtl, geschult in Tradition der Kritischen Theorie, konzipiert den Western als eine symbolische Form, die über Prozesse der Mythenbildung signifikant an der Konstitution der Idee eines „Imperium Americanum" mitgearbeitet hat. Diese Idee eines US-amerikanischen Imperiums besitzt für Früchtl eine kontradiktorische Dimension, weist es doch untrennbar zwei diskursive Seiten auf, mithin einen republikanischen und einen imperialistischen, einen freiheitlich-demokratischen und einen gewaltsamen Aspekt. In ihrer Ambivalenz zentral für das US-amerikanische Selbstverständnis, schlägt sich das Konzept des US-Imperiums auch in der Populärkultur des 20. Jahrhunderts nieder, und ganz besonders im Western von Classical Hollywood, der den Mythos der *frontier* in eben dieses Jahrhundert weiterträgt und dabei simultan neu erfindet. An Sam Peckinpahs epochalem Film *The Wild Bunch* (1969) – der mit einigem Recht zugleich als letzter klassischer und erster postklassischer Western gelten kann – forscht Früchtl nach der mehrdimensionalen Überlagerung von imperialer Idee und Western-Mythos. Dabei demonstriert er anschaulich am Material, wie Peckinpah, analog zu seinen Stars William Holden, Robert Ryan und Ernest Borgnine selbst noch ausgebildet und sozialisiert im „alten" Hollywood-System der klassischen Periode, die tradierten Mythen des Western aufgreift, im selben Atemzug aber auch bereits ihre obsolete Funktionalität emphasiert. Peckinpahs Selbstreflexivität wertet Früchtl als „Rettung" des Western in einem doppelten Sinn: Eben weil *The Wild Bunch* zum einen keine aufklärerische Negation des Genres perpetuiert und zum anderen nie im Status der reflexiven Abstraktion aufgeht, lokalisiert Peckinpah den Western in einer genuin mythischen Qualität zwischen Stasis und Mobilität.

5 Ausblick: Zur Persistenz von Hollywood und kontinentaler Philosophie

Der Band wird beschlossen mit einem Beitrag von Thomas Elsaesser, der eine Perspektive auf aktuelle Entwicklungen sowohl in der erstarkten Union von Filmwissenschaft und universitärer Philosophie wie auch in der Praxis von Hollywood selbst wirft. Elsaesser, nicht nur Filmwissenschaftler der ersten Generation, nicht nur cinéphiler Kenner des Hollywood-Kinos, sondern seit Jahrzehnten auch innovativ an einer engen Verzahnung von Filmwissenschaft und kontinentaler Philosophie interessiert, geht zunächst den symptomatischen Eigenschaften der philosophischen Wende in der Filmwissenschaft nach. Im zweiten Teil seiner Ausführungen stellt er vor, welche Thesen kontinentale Philosophen zum Film aufgestellt und im Rahmen einer spezifischen Problematik ausgearbeitet haben, die den Film als zentrale Herausforderung für die Philosophie begreift. Mit Blick auf Gilles Deleuze, Alain Badiou, Jacques Rancière, Jean-Luc Nancy und Friedrich Kittler rückt

Einleitung: Classical Hollywood und kontinentale Philosophie

Elsaesser dabei das Verhältnis des Films zu Fragen von Bewegung, Wiederholung, Animation und Automatismus ins Zentrum seiner Überlegungen. Im dritten Teil schließlich untersucht Elsaesser am Beispiel des rezenten Hollywood-Films *Life of Pi* (2012), inwieweit Hollywood heute seine Produktion als mögliches Feld für Gedankenexperimente versteht. Elsaesser befragt den Film auf seine möglichen Implikationen für eine Praxis von „Film als Philosophie", die er dem Ansatz der nordamerikanisch geprägten „Philosophie des Films" bei Noël Carroll, David Bordwell oder Murray Smith gegenüberstellt. Mit seinem Konzept des Gedankenexperiments sucht Elsaesser hier jedoch explizit einen Kompromiss zwischen jenem Versuch, Film in den Status einer eigenen Form von Philosophie zu erheben, und jener Position, die den Film als Diskursivierung wichtiger philosophischer Probleme sieht. Zum anderen begreift er das Gedankenexperiments des Films auch als Antwort auf die Frage nach der Ontologie des Films: Film nicht als Form der Kunst, sondern als Form des Lebens. Fern davon, sich wie manche Kritiker über *Life of Pi* als „Glückskeks-Philosophie" lustig zu machen, nimmt Elsaesser den Film ernst und versucht an seinem Beispiel, die Ontologie des digitalen Films neu zu denken. Aus Elsaessers Perspektive fungiert das digitale Kino zum einen als nahtlose Fortsetzung des klassischen Paradigmas im Sinne einer „Persistence of Hollywood" (Elsaesser 2012), zum anderen aber markiert es auch einen signifikanten Bruch: nicht nur mit den technologischen Prämissen der Bild und Töne, sondern gerade auch mit der basalen Orientierung unserer Beziehung zu und unserem Sein in der Welt. Der in *Life of Pi* und anderen aktuellen Hollywood-Produktionen entworfene Raum erscheint als Welt ohne Horizont, die an einer spatialen Desorientierung der Zuschauersubjekte arbeitet. Dadurch entsteht für Elsaesser ein filmisches „Außen" (der Reflexion), von dem aus wiederum ein „Innen" (der Erzählung) refiguriert ist. Elsaesser postuliert somit eine neue Ontologie des Hollywood-Films, der nun nicht mehr mit den klassischen Metaphern der Filmtheorie zu fassen ist. Weder das metaphorische Fenster zur Welt noch der Spiegel des Selbst können noch Orientierung für ein digitales Hollywood bieten, das sich nach Elsaesser mutmaßlich nur noch dadurch definieren lässt, was es nicht ist. Als Konsequenz seiner Überlegungen warnt Elsaesser schließlich davor, die nachgerade programmatisch antihumanistischen Ontologien kontinentaler Philosophen kritiklos den Gedankenexperimenten des aktuellen Hollywood-Kinos überzustülpen. Für Elsaesser sind es hingegen ganz besonders Definitionen von „Leben", die durch Kategorien des Tierischen, Mineralischen, Vorstellbaren und Darstellbaren wieder von Relevanz werden. In der Distribution von Kategorien des Seins entsteht eine neue Ontologie des Digitalen, für deren Verständnis eine reflexive Durchdringung von Classical Hollywood die notwendige Prädisposition darstellt.

Literatur

Badiou, Alain. 2000. *Deleuze: The clamor of being*. Minneapolis: University of Minnesota Press.
Badiou, Alain. 2001. *Kleines Handbuch zur In-Ästhetik*. Wien: Thuria & Kant.
Badiou, Alain. 2008. *Conditions*. London: Continuum.
Badiou, Alain. 2013. *Cinema*. Cambridge: Polity.
Bazin, André. 1975. *Was ist Kino? Bausteine zur Theorie des Films*. Köln: DuMont Schauberg.
Cavell, Stanley. 1971. *The world viewed: Reflections on the ontology of film*. New York: Viking.
Cavell, Stanley. 1981. *Pursuits of happiness: The Hollywood comedy of remarriage*. Cambrige: Harvard University Press.
Deleuze, Gilles. 1989. *Das Bewegungs-Bild: Kino 1*. Frankfurt a. M.: Suhrkamp.
Deleuze, Gilles. 1991. *Das Zeit-Bild: Kino 2*. Frankfurt a. M.: Suhrkamp.
Elsaesser, Thomas. 2012. *The persistence of Hollywood*. London: Routledge.
Falzon, Christopher. 2002. *Philosophy goes to the movies: An introduction to philosophy*. London: Routledge.
Früchtl, Josef. 2013. *Vertrauen in die Welt: Eine Philosophie des Films*. Paderborn: Fink.
Litch, Mary M. 2002. *Philosophy through film*. London: Routledge.
Nancy, Jean-Luc. 2005. *Evidenz des Films: Abbas Kiarostami*. Berlin: Brinkmann und Bose.
Peters, Jörg, und Bernd Rolf. 2006. *Philosophie im Film*. Bamberg: Buchner.
Rancière, Jacques. 2005. *Politik der Bilder*. Zürich: Diaphanes.
Rancière, Jacques. 2006a. *Die Aufteilung des Sinnlichen: Die Politik der Kunst und ihre Paradoxien*. Berlin: bbooks.
Rancière, Jacques. 2006b. *Film fables*. Oxford: Berg.
Rancière, Jacques. 2008. *Das Unbehagen in der Ästhetik*. Wien: Passagen.
Rancière, Jacques. 2012. *Und das Kino geht weiter: Schriften zum Film*. Berlin: August.
Ritzer, Ivo. 2009. *Walter Hill: Welt in Flammen*. Berlin: Bertz + Fischer.
Rowland, Mark. 2005. *The philosopher at the end of the universe*. London: Ebury.
Rustemeyer, Dirk. 2013. *Darstellung: Philosophie des Kinos*. Weilerswist: Velbrück Verlag.
Seel, Martin. 2013. *Die Künste des Kinos*. Frankfurt a. M.: Fischer.
Žižek, Slavoj. 2001. *The fright of real tears: Krzysztof Kieślowski between theory and post-theory*. London: BFI.
Žižek, Slavoj, et al. 2002. *Was Sie immer schon über Lacan wissen wollten und Hitchcock nie zu fragen wagten*. Frankfurt a. M.: Suhrkamp.

Ivo Ritzer Lehrkraft für besondere Aufgaben am Medienwissenschaftlichen Seminar der Universität Siegen; Wissenschaftlicher Mitarbeiter der Mediendramaturgie/Filmwissenschaft an der Universität Mainz; Lehrbeauftragter für Medien-, Bild- und Kulturtheorie an der Hochschule Mainz. Promotion zur Dialektik von Genre- und Autorentheorie. Externer Gutachter für Theatre, Film and Television Studies an der University of Glasgow. Gründer und Sprecher der AG Genre Studies der Gesellschaft für Medienwissenschaft (GfM). Herausgeber der Schriftenreihe *Neue Perspektiven der Medienästhetik* im Verlag Springer VS. Zahlreiche Buchpublikationen, u. a. zur Medientheorie des Körpers, zur Serialität des Fernsehens und zur Frage der kulturellen Globalisierung in audiovisuellen Medien.

Teil I
Classical Hollywood und kontinentale Methoden

„Hollywood" ignorieren: Ein Selbstversuch

Martin Seel

Die wichtigste Markierung in dem etwas seltsamen Titel dieses Beitrags sind die Anführungszeichen, in die ich den Namen „Hollywood" gesetzt habe. Ohne diesen Wink wäre die Botschaft meines Titels eine ganz andere – und außerdem eine völlig verfehlte. Meine Empfehlung lautet keineswegs, man sollte beim theoretischen Nachdenken über den Film einen Bogen um Hollywood*filme* machen. Dies wäre einigermaßen abenteuerlich, um das Mindeste zu sagen. Ich möchte vielmehr nahe legen, dass man innerhalb der Theorie des Films die *Kategorie* „Hollywood" mit Vorsicht gebrauchen sollte. Dies gilt insbesondere dann, wenn darunter die Stilepoche des Classical Hollywood verstanden wird.

Bevor ich erläutere, was es damit auf sich hat, noch ein Wort zu meinem Untertitel. Als ich im Frühjahr 2013 eingeladen wurde, etwas zum Thema dieses Bandes beizusteuern, war ich gerade dabei, das Manuskript meines im Herbst desselben Jahres erschienenen Buches über *Die Künste des Kinos* (Seel 2013) abzuschließen. In diesem Buch kommt das Wort „Hollywood" außer in einem Hinweis auf Robert Pippins Buch über *Hollywood Westerns and American Myth* (2010) überhaupt nicht vor. Das, so dachte ich mir, kann kein Zufall sein in einer Abhandlung, in der etwa die Hälfte der besichtigten oder erwähnten Filme US-amerikanischer Herkunft sind, wovon bei weitem die meisten in Hollywood produziert wurden. Um einen „Selbstversuch" handelt es sich bei meinen Überlegungen also insofern, als

M. Seel (✉)
Universität Frankfurt am Main, Frankfurt am Main, Deutschland
E-Mail: seel@em.uni-frankfurt.de

jene Einladung mir die Gelegenheit verschaffte, mir darüber klar zu werden, was ich im damaligen Frühjahr eigentlich getan habe.

Hieraus ergibt sich, was ich im Folgenden darlegen werde. Ich werde zu erläutern versuchen, in welchem Sinn eine Philosophie des Films „Hollywood" ignorieren kann, darf und vielleicht sogar muss. Theorien des Films, so lautet meine These, geraten auf eine schiefe Bahn, wenn sie die Stile des Hollywoodfilms – und erst recht, wenn sie den Stil seiner klassischen Periode – in *methodischer* Hinsicht als *einen* oder gar *den* paradigmatischen Fall des Kinos behandeln. Nach einer Vorüberlegung zum Status einer Ästhetik des Kinos werde ich meinen methodischen Vorbehalt gegenüber einer theoretischen Fixierung auf das Hollywoodkino ausführlicher formulieren. Abschließend werde ich drei kontinentale Kronzeugen für meine Auffassung aufrufen, von denen zumindest einer überraschend sein dürfte.

1 Der Sinn einer Theorie des Films

Ich beginne mit einer knappen Verständigung über den Sinn und die Reichweite einer Theorie des Films sowie über ihren primären Gegenstand. Wie in dem erwähnten Buch, werde ich unter „Film" im Folgenden stets den für das *Kino* produzierten und dort erscheinenden *Spielfilm* verstehen, also die vielen anderen Formen der Verwendung filmischer Bilder vernachlässigen. Darin liegt mehr als nur eine pragmatische Beschränkung auf ein bestimmtes Großgenre des Films und einen bestimmten Ort seiner Darbietung. Denn eine generelle ästhetische Theorie des *Mediums* Bewegtbild dürfte zumal unter den heutigen Bedingungen vergeblich sein, da es sich hierbei gar nicht um ein einheitliches Phänomen handelt[1]. Die Art der Theorie, auf die es den meisten Autoren in diesem Feld ankommt, betrifft vielmehr das ästhetische Potential des Kinofilms – seine besondere Disposition über Zeit und Raum, Bild und Klang, Narration und Attraktion, Fiktion und Exploration, Imagination und Emotion. Eine solche Theorie widmet sich der spannungsreichen Verwandtschaft des Films mit vielen anderen Künsten, etwa der Architektur, der Musik, dem Theater, der Literatur, der Fotografie, der Malerei, der Plastik, der Installation – und nicht zuletzt auch der Philosophie. Eine Philosophie des Films, wie ich sie verstehe, handelt von der Stellung des Films unter den Künsten – und damit zugleich von *seiner* Stellung zu der Stellung, die *diese* zur condition humaine einnehmen.

---

[1] Um ein einheitliches Phänomen handelt es sich höchstens in einem *technischen*, nicht aber in einem *ästhetischen*, die Form jeweiliger (Klang-)Bildverläufe sowie die hierdurch ermöglichte Art ihrer Wahrnehmbarkeit betreffenden Sinn.

Analoges gilt auch im Bezug auf einzelne Film*genres*. Man kann die Grundoperationen des Spielfilms nur aus seiner Position zu anderen filmischen Gattungen und deren Anleihen sowohl untereinander als auch bei außerfilmischen Verfahren der Darbietung erkennen.[2] Wenn man dabei der vielen Hybridformen künstlerischer Objekte innerhalb und außerhalb des Kinos eingedenk bleibt, wird ersichtlich, wie nahe selbst das bescheidene Unternehmen einer Theorie bloß des Spielfilms einer intellektuellen Hybris kommt. Aber das ist ganz in Ordnung so, solange man sich dessen bewusst bleibt, worin letztlich die Mission einer Theorie des Kinos besteht: nämlich Begriffe bereitzustellen und Zugänge zu entwerfen, die geeignet sind, sich auf das, was das Kino – und nur das Kino – kann, intensiver einzulassen als es andernfalls möglich wäre.

Freilich ist das künstlerische Potential des Films nicht vom Himmel gefallen. Im Zuge technischer Erfindungen hat es sich historisch entwickelt und entwickelt sich weiterhin, ohne dass ein Ende abzusehen wäre, wie sehr auch das Kino als institutioneller Ort des Erscheinens von Filmen marginalisiert worden ist und weiter marginalisiert werden mag. Die technischen Innovationen jedoch, durch die das Kino zur Welt gekommen ist und dank derer es sich immer wieder verändert hat, dürfen nicht mit seinen ästhetischen Verfahren gleichgesetzt werden. Denn diese haben ihren Ursprung in der Genese einer vielfältigen kulturellen Praxis der Herstellung und Wahrnehmung von Filmen – in den einander überlagernden, mit einander im Widerstreit liegenden, von Brüchen und Umschwüngen gekennzeichneten, keiner geraden Linie folgenden und jederzeit auf Abruf geltenden Konventionen der produktiven wie rezeptiven Möglichkeiten des Mediums (vgl. Rodowick 2007, S. 41 ff.). Auf diese Geschichte des Kinos muss eine Philosophie des Films notwendigerweise Bezug nehmen. Die Frage ist nur, wie dies am besten geschieht. Meine Antwort lautet: Dies sollte in einer exemplarischen Form geschehen, die von vornherein für die heterogenen Möglichkeiten der filmischen Gestaltung offen ist. Die Plausibilität einer Theorie des Films, mit anderen Worten, steht und fällt mit einer einsichtigen Kombination ihrer begrifflichen Analyse mit einer variantenreichen Phänomenologie.

Das heißt natürlich, dass hierbei unter anderem dem Hollywoodfilm vor, nach und während seiner klassischen Periode eine signifikante Rolle zukommt. Im Unterschied zu einer Geschichte des Kinos oder auch nur bestimmter Epochen und Regionen seiner Entwicklung geht eine komparativ angelegte Ästhetik des Kinos

---

[2] Anders als es in der Tradition der Philosophie der Kunst (einschließlich des Kinos) häufig gang und gäbe war, können – und sollten – komparativen Analysen dieser Art auf normative Hierarchien unter den Künsten verzichten, denn diese lassen sich nicht plausibel begründen. Jede Kunstform hat ihre Stärken im Kontrast zu den anderen gerade dadurch, wie sie ihre Affären mit ihnen austrägt.

dabei ein besonderes Risiko ein. Denn jeder Versuch über die Kunst des Kinos enthält eine Wette darauf, was sich als das Arsenal seiner basalen Formen nicht allein erwiesen hat, sondern weiterhin erweisen wird.

2 Der methodische Einwand

Jetzt bin ich soweit, meinen methodischen Einwand gegen eine Fixierung auf die Kategorie „Hollywood" innerhalb der Theorie des Films begründen zu können. Dass der Verdacht, dass sich hier eine schiefe Bahn auftut oder doch auftun kann, nicht aus der Luft gegriffen ist, lässt sich am einfachsten durch einen Blick auf die angelsächsische Diskussion belegen. Bei philosophischen Autoren wie Stanley Cavell, Noël Carroll, George Wilson, Tom Wartenberg, Richard Allen, James Conant, Robert Pippin, Berys Gaut und etlichen anderen, die aus einer systematischen Perspektive über den Film schreiben, spielt das Hollywoodkino eine paradigmatische Rolle. Es wird primär eine Theorie des narrativen Spielfilms *made in Hollywood* vor allem in dessen klassischer Periode entwickelt, verbunden mit dem sei es expliziten, sei es impliziten Anspruch, auf der so gewonnenen Basis auch den anderen Formen des Kinos gerecht werden zu können. Weniger in einem normativen, sondern vorwiegend in einem methodischen Sinn wird „Hollywood" gleichsam als der Standardfall des Kinos behandelt, dem gegenüber seine Frühphase, das Autorenkino oder die mit digitaler Technik produzierten Filme als instruktive Abweichungen verstanden werden, wenn diese Formen des Films nicht (wie z. B. bei Cavell der Animationsfilm) gleich ganz aus dem Spektrum der Künste des Kinos ausgeschlossen werden[3]. Für die genannten Spielarten müssen dann allerlei Zusatzdeutungen und Sondertheorien bemüht werden, wodurch entscheidende Formaspekte gerade *des* Filmtypus aus dem Blick geraten, der das einseitige *sample* dieses theoretischen Zugangs bildet. Ein solches Vorgehen nämlich muss vor der Aufgabe versagen, die mal ostentative, mal latente, oft subkutane, stets aber potentielle Kommunikation unter den verschiedenen Stilen und Ökonomien des Kinos zu erkennen. Eine Konzentration auf die narrative Welterzeugung des klassischen Hollywoodkinos beispielsweise verleitet dazu, die Dimension des von Tom Gunning so genannten „cinema of attractions" zu vernachlässigen, die das experimentelle wie das populäre Kino bis zum heutigen Tag prägt. Zudem schleicht sich bei einer theoretischen Orientierung am Paradigma des klassischen Hollywood vielfach der irreführende Glaube an einen konstitutiven *Illusionismus* des Kinos ein. Dieser betet das auch aus der Theorie anderer Künste geläufige Mantra nach, jede

---

[3] Zu den Ausnahmen gehören Sinnerbrink 2011 und Mullarkey 2009.

Form der *medium awareness*, also der Aufmerksamkeit für das Schauspiel ihrer Inszenierung, sei störend für eine intensive und erst recht immersive Wahrnehmung der „Welt eines Films".

Auf diese Irrwege aber werde ich an dieser Stelle nicht weiter eingehen[4]. Denn die Gegenseite einer Fixierung auf Hollywood und alles, was damit vermeintlich zusammenhängt, ist für mein Argument nicht minder aufschlussreich. Hüben wie drüben – diesseits und auch jenseits des großen Teichs – nämlich finden sich zahlreiche Theoretiker des Kinos, die das Autorenkino (was immer darunter jeweils im Einzelnen verstanden wird) als paradigmatisch für die *Kunst* des Kinos behandeln, wobei freilich auch in Hollywood tätige Regisseure (wie Howard Hawks, John Ford, Anthony Mann, Alfred Hitchcock, Nicholas Ray usw.) fast nach Belieben eingemeindet werden können, indem sie in den Adelsstand echter, wenngleich manchmal verkannter „auteurs" erhoben werden. Höchst respektable Blockbuster mit ihren erheblichen attraktionistischen Qualitäten, die wir Regisseuren wie Cecil B. DeMille, George Lucas, James Cameron, Paul Greengrass oder Peter Jackson verdanken, werden hier allenfalls mit der Feuerzange angefasst. Man hält die Fahne einer fetischisierten „Filmkunst" oder schlimmer noch des „Kunstfilms" hoch und redet damit wiederum daran vorbei, was das Kino in seinen heterogenen Formen vermag.

Diese Tendenz sehe ich beispielsweise bei kontinentalen – nicht zufälligerweise französischen – Philosophen wie Jacques Rancière oder Jean-Luc Nancy. Der interessantere Fall freilich ist Gilles Deleuze. Im ersten seiner beiden Kinobücher spielt die narrative Dynamik des klassischen Hollywoodkinos eine zentrale Rolle. Das zweite hingegen ist den Choreografien oder besser noch Chronotopien vor allem des europäischen Autorenkinos gewidmet (wobei die „mentalen Bilder" Hitchcocks als ein transformierendes Gelenk fungieren). Es ist jedoch mehrfach beobachtet worden (unter anderem von Rancière), dass eine erhebliche Spannung zwischen der von Deleuze postulierten historischen Ordnung und der systematischen Kraft seiner Taxonomien besteht (vgl. Sinnerbrink 2011, S. 94 ff.). Die Produktivität der Analysen Deleuzes liegt mit ihren historischen Zuordnungen im Widerstreit. Insbesondere die Grundunterscheidung (*l'image-mouvement* vs. *l'image-temps*), die den beiden Büchern ihren Titel gibt, verweist weniger auf Stadien der Entwicklung bestimmter filmischer Verfahren als vielmehr auf das wechselvolle *Verhältnis* ihrer unterschiedlichen Relationen und Dominanzen. So gelesen, behandelt Deleuze grundsätzliche, teilweise schon früh koexistierende und auf vielfache Weise kombinierbare Möglichkeiten des Kinos. Er erkundet das sich ausdehnende

---

[4] Vgl. hierzu Seel 2013, bes. Kap. 7 und 8.

Universum seiner formalen Dispositionen. Er geht dem künstlerischen Potential des Spielfilms nach, wie man es von einer Philosophie des Kinos erwarten darf. Die Schizophrenie einer Orientierung *entweder* am klassischen Hollywood *oder* dem Rest der Geschichte, und ebenso derjenigen *einerseits* an Hollywood und *andererseits* an der übrigen Filmwelt ist dabei nur hinderlich. So wichtig Hollywood zumal in seiner klassischen Periode für die künstlerische und ökonomische Entwicklung des Kinos war und deshalb nicht nur für eine Historiographie und Soziologie dieser Kunstform, sondern ebenso für die Theorie ihrer Stellung unter den Künsten ist, so irreführend wäre es, seine Stilformen als den Fixstern zu behandeln, an dem sich eine Philosophie dieser Kunst positiv oder negativ auszurichten hätte. So wie keine Theorie des künstlerischen Bildes, die bei Sinnen ist, auf den Gedanken kommen wird, Delacroix gegen Ingres, Mondrian gegen Newman, Pollock gegen Lichtenstein, den Kubismus gegen den Dadaismus, die Pop Art gegen die Concept Art usw. auszuspielen, so wird keine Philosophie des Films, die seine Sphären mit offenen Augen erkundet, Godard gegen Greengrass, Kiarostami gegen Kitano, das vergleichsweise elitäre gegen das überaus populäre, also Haneke gegen Hollywood – oder umgekehrt – ausspielen wollen. Wer es theoretisch mit der Vielfalt des Spielfilms gestern wie heute aufnehmen will, muss sich von vornherein an Vieles halten.

Meine Empfehlung, „Hollywood" zu ignorieren, läuft darum nicht darauf hinaus, einen Bogen um diese oder eine andere der Traditionen und Epochen des Kinos zu machen. Sie läuft im Gegenteil darauf hinaus, Classical Hollywood und jeder anderen Stilart und Stilepoche des Films gerechter zu werden, als es in einer methodischen Isolierung oder Separierung möglich wäre. Eine theoretische Privilegierung oder Sonderbehandlung des Hollywoodfilms trübt den Blick für seine ästhetische Position. Denn man unterschätzt seine Stärken, wenn man seine Rolle methodisch überschätzt.

3 Drei Kronzeugen

Für die Unbefangenheit, mit der eine Theorie des Films ihrem Gegenstand begegnen sollte, gibt es in der Geschichte des Nachdenkens über das Kino zahlreiche Beispiele, von denen ich hier nur drei – dem Thema dieses Bandes entsprechend: kontinentale – Vertreter ins Feld führen möchte. Der erste ist Erwin Panofsky, der zwar kein Philosoph war, aber mit seiner epochalen, im amerikanischen Exil geschriebenen und 1946 publizierten Abhandlung über *Style and Medium in the Motion Pictures* erheblichen Einfluss auf philosophische Geister wie Kracauer und

Cavell ausgeübt hat (vgl. Panofsky 1993, S. 17 ff.)[5]. Zudem wurde ihre erste Fassung zur selben Zeit wie die großen Kunstwerkaufsätze Benjamins und Heideggers (um 1936) geschrieben, worin man einen historischen Wink mit dem Zaunpfahl sehen könnte (der daran erinnert, dass wenigstens einer der drei von der neuen Kunstform etwas verstanden hat). Panofsky hatte einen klaren Blick für das besondere raumzeitliche Regime des Kinos, das seinen Zuschauern erlaubt, sich als ästhetische Subjekte inmitten der imaginativen Landschaften seiner Filme aufzuhalten. Der filmische Raum ist nicht allein – und nicht so sehr – ein Raum, *in dem* Bewegung stattfindet, sondern vor allem ein sich in seinem eigenen Rhythmus *bewegender* Raum, den das Publikum sehend und hörend exploriert. Diese Phänomenologie der Kinosituation und vieles, was aus ihr folgt, entwickelt Panofsky ohne jede Berührungsangst vor den diversen filmischen Genres, was sich vor allem daran zeigt, dass er wie selbstverständlich die damals verfügbaren „special effects" mit einbezieht und dem „trick film" ebenso wie dem „animated cartoon" die Ehre erweist. Dies hat unter anderem zur Folge, dass er einen deutlichen Abstand zu den realistischen Dogmen seines Freundes Kracauer hält, der diese aus *Style and Medium in the Motion Pictures* glaubte herauslesen zu können. Bei Panofsky wird sichtbar, dass und wie eine bei seinen formalen Grunddispositionen ansetzende normativ undogmatische und dennoch einheitliche Theorie des Films möglich ist.

Ein zweiter großer Eisbrecher in dieser Sache (von Edgar Morin, einem anderen dieser Pioniere, handelt der Beitrag von Lisa Gotto in diesem Band) ist natürlich André Bazin. Durch die Art seines Wirkens hat er auf einzigartige Weise nicht nur den Blick für die künstlerische Vielfalt des Kinos geöffnet, sondern diese auch erheblich gefördert. Wie Panofsky verfährt er in seinen Studien und Kritiken immer wieder komparativ, beleuchtet also die spannungsreichen Affären des Films mit der Malerei, dem Theater, der Literatur und der Fotografie, die seine Entwicklung geprägt haben und weiterhin prägen. Seine stereoskopische Auffassungsgabe ist dabei den offenen und verdeckten Korrespondenzen zwischen dem europäischen und dem amerikanischen Kino gewidmet. So soll es sein. Das Kompliment, das Dudley Andrew im Vorwort seines Buches *What Cinema Is!* seinem Helden macht, ist darum völlig verdient: „The idea of cinema best articulated by Bazin applies to all sorts of films, genres and modes, and in all its periods" (2010, S. xix). Zwar steht dieser Satz ironischerweise in einem Buch, in dem – mit starkem normativen Akzent – fast ausschließlich das europäische und zumal das französische Autorenkino eine Rolle spielt, jedoch ändert das aus meiner Sicht nicht das Geringste an der Plausibilität der Direktive, die in ihm ausgegeben wird.

---

[5] Siehe dazu ausführlich den Text von Thomas Meder und Ivo Ritzer in diesem Band.

Nun aber wird es Zeit für mein *surprise item* in Gestalt des dritten Kronzeugen, den ich aufrufen möchte. Bei allem Misstrauen gegen die von ihr verbreitete Ideologie zollt Adorno – um ihn handelt es sich (vgl. Seel 2004, S. 77 ff.) – der Kunstfertigkeit der amerikanischen Filmproduktion beinahe das höchste Lob, das er zu vergeben hat – und zwar bereits im Kulturindustrie-Kapitel der *Dialektik der Aufklärung*, wo dem Film ansonsten scheinbar alles erdenkliche Üble nachgesagt wird: „Der Zwang des technisch bedingten Idioms, das die Stars und Direktoren als Natur produzieren müssen, auf daß die Nation es zur ihrigen mache, bezieht sich auf so feine Nuancen, daß sie fast die Subtilität der Mittel eines Werks der Avantgarde erreichen, durch die es im Gegensatz zu jenen der Wahrheit dient" (Adorno und Horkheimer 1986, S. 137). Bemerkenswert ist dieser Satz allein deshalb, weil hierin die Anerkennung des Films als eines mit den anderen Künsten konkurrenzfähigen Mediums liegt. Das ist selbst dann so, wenn Horkheimer und Adorno den Film für den Zwangscharakter des kapitalistischen Systems verantwortlich machen, ihn also, mit Deleuze gesprochen, zu einem Eckpfeiler der modernen „Kontrollgesellschaft" erklären: „Autos, Bomben und Film halten so lange das Ganze zusammen, bis ihr nivellierendes Element am Unrecht selbst, dem es diente, seine Kraft erweist" (Adorno und Horkheimer 1986, S. 129). Die zweite Hälfte dieses rabiaten Satzes immerhin enthält die Annahme, dass selbst in der manipulativen Macht des kommerziellen Filmschaffens eine subversive Energie am Werk ist. An der ästhetischen Produktion eines Scheins sozialer Freiheit nämlich scheint auf, wie es um diese tatsächlich steht. In der hochartifiziellen Verschleierungskunst des Films liegt somit zugleich ein Keim der Möglichkeit, den Bann gesellschaftlicher Repression zu unterbrechen.

Von hier aus wird auch die Maxime verständlich, die Adorno in der Einleitung seines gemeinsam mit Hanns Eisler geschriebenen Buches *Komposition für den Film* niedergelegt hat. Obwohl das Filmbuch in den vierziger Jahren während der Arbeit an der *Dialektik der Aufklärung* geschrieben wurde, liegt ihm eine weit offenere Einstellung zugrunde. Die Autoren erheben es zu ihrer Methode, für das künstlerische Potential gerade der filmischen Konfektionsware aufmerksam zu sein: „Die Möglichkeiten, welche die technische Apparatur für Kunst in der Zukunft bietet, sind unabsehbar, und noch im verkommensten Film sind Augenblicke, wo diese Möglichkeiten sichtbar aufblitzen. Aber das gleiche Prinzip, das diese Möglichkeiten entfesselt hat, fesselt sie zugleich an den Betrieb des big business. Die Auseinandersetzung mit Massenkultur muß es sich zur Aufgabe setzen, die Verschränkung beider Elemente, der ästhetischen Potentialitäten der Massenkunst in einer freien Gesellschaft und ihres ideologischen Charakters in der gegenwärtigen, sichtbar zu machen" (Adorno und Eisler 1971, S. 12 f.).

So eindeutig aber ist diese Trennung gar nicht vorzunehmen. Denn Adorno, der Musiker und Musiktheoretiker, und sein Kompagnon Eisler, der Komponist, beweisen hier ein Auge – und Ohr – für etwas, woran die Philosophie des Films bis heute mit wenigen Ausnahmen achtlos vorbeigegangenen ist: für die spezifische Musikalität des Films. Ausgehend von der „Vieldeutigkeit des Bewegungsbegriffs" im Film stellen die Autoren den „Großrhythmus" des Films demjenigen der Musik gegenüber. „Großrhythmus" meint weder die messbare Zählzeit im Fall der Musik oder die messbaren Einstellungslängen im Fall des filmischen Bildes, sondern die komplexe zeitliche Choreografie von Musikstücken oder Filmen als Ganzen. „Der „Großrhythmus", heißt es in dem Filmbuch, „ergibt sich aus der Zusammensetzung und Proportion der Formelemente, nicht ganz unähnlich musikalischen Verhältnissen" (Adorno und Eisler 1971, S. 69). Das Besondere dieser Musikalität der filmischen Bewegung liegt jedoch nach Eislers und Adornos Einsicht gerade in ihrer Differenz zu derjenigen der Musik. Denn die „großrhythmische Struktur von Filmen ist weder komplementär zur musikalischen noch ihr parallel: sie läßt als solche sich überhaupt nicht in eine musikalische umsetzen" (Adorno und Eisler 1971, S. 70). Diese Beobachtung führt zu einem komplexen Begriff der filmischen Bewegung, die ja schon zur Zeit des Stummfilms häufig eine visuelle *und* eine akustische gewesen ist. Die klangbildliche Einheit des filmischen Prozesses, so machen die Autoren geltend, muss aus der Ungleichartigkeit des visuellen und des akustischen Rhythmus verstanden werden: aus der Interferenz dieser differenten Bewegungen erst ergibt sich der Rhythmus eines gesamten Films. Darum schlagen sie vor, den Begriff der Montage über den Bereich des Bildes hinaus zu erweitern: „Wenn irgend dem von Eisenstein so emphatisch vertretenen Begriff der Montage sein Recht zukommt, dann in der Beziehung zwischen Bild und Musik. […] Die Divergenz der Medien ebenso wie ihre konkrete Beschaffenheit schreibt diesen Montagecharakter vor" (Adorno und Eisler 1971, S. 71). In seiner Abhandlung *Über einige Relationen zwischen Musik und Malerei* aus dem Jahr 1965, die nach einer Ergänzung im Blick auf den Film förmlich schreit, führt Adorno zudem aus, dass „räumliche Verhältnisse ins musikalische Phänomen selber fallen" (1978, S. 628 ff.). Diese Beobachtung rückt die Klangwelt eines Films in eine komplexe Beziehung zu den räumlichen Verhältnissen, in denen sich das Geschehen auf der Leinwand vollzieht. Aus der Interaktion seiner mal eher konsonanten, mal eher dissonanten auditiven und visuellen Räume ergibt sich die bewegte Zeit eines Films, in der sich im Kino ein virtueller Wahrnehmungsraum öffnet. Dabei dürfen natürlich auch die übrigen akustischen Dimensionen des Filmbildes nicht vernachlässigt werden. Auch Wort und Geräusch schließlich tragen wesentlich zu der Rhythmik filmischer Prozesse bei. Diese Rhythmik, also die Interferenz der beiden „Großrhythmen" des Bildes und der Tonspur, ist ausschlaggebend für das, was Filme eigentlich sind. Über den Gehalt von Filmen, heißt das, darf analytisch nur sprechen, wer auf die gesamte Organisation ihrer visuellen und akustischen „Formelemente" Rücksicht nimmt. An diese Einsicht freilich hat sich Adorno allerdings nicht immer gehalten. Sonst hätte er sich nicht so oft mit der Oberfläche eines oberflächlich gesehen konventionellen Plots begnügt. Er hätte sich nicht – wie in der *Dialektik der Aufklärung* (vgl. Adorno und Horkheimer 1986, S. 163) – über den „Lubitsch-touch" mokiert, sondern gesehen, dass Komödien von Lubitsch oder Capra filmische Bewegungen erzeugen, die ihresgleichen suchen. Er hätte vielleicht auch bemerken können, was für uns heute selbstverständlich ist, dass Actionfilme in erster Linie Musik fürs Auge sind, was immer die privaten und politischen Verwicklungen sein mögen, die in ihnen einer fiktiven Lösung zugeführt werden (vgl. Morin 1958, S. 12, 95). Dass Adorno durchaus einen Sinn für die Bewegungsform des Kinos hatte, beweist sein Faible für „Revuefilme", die, wenn man von der kitschigen Handlung einmal absehe, wie es wiederum in dem zusammen mit Eisler geschriebenen Filmbuch heißt, „dem Ideal der Montage am nächsten kommen und in denen darum die Musik am präzisesten ihre Funktion erfüllt" (Adorno und Eisler 1971, S. 74).

Diese für Adorno typische Rhetorik der Übertreibung sollte einen nicht übersehen lassen, wie ernst es ihm mit seinem Faible für das Musical ist. In seiner Ästhetik-Vorlesung im Wintersemester 1958/1959 erörtert Adorno unter anderem die Frage, inwieweit ein Kunstwerk „seiner selbst mächtig" sein könne und dürfe. „Ein Kunstwerk, das der Versuchung nicht nachgibt", bemerkt er dort, „in dem das Potential des Kitsches als ein Aufgehobenes nicht enthalten ist", sei „wahrscheinlich selbst überhaupt kein Kunstwerk." An dieser Stelle kommt ihm das Kino in den Sinn: „Also etwa in bestimmten Revuen oder Filmrevuen, in denen die Präsentation eines Sinnzusammenhanges schon fast gar nicht mehr erhoben wird, sondern wo das Kunstwerk ganz vorbehaltlos diesen sensuellen Momenten sich ausliefert, kann gerade aus diesen der Fessel ledigen sensuellen Elementen etwas wie ein zweiter geistiger Zusammenhang sich komponieren, während dort – sagen wir in der Musik von Tschaikowskij oder anderen großen schlechten Komponisten –, wo der Anspruch des Kunstwerks erhoben wird, aber man gleichwohl merkt, daß es in Wirklichkeit nur darauf ankommt, Themen miteinander zu verbinden, die die Herrschaften, wenn sie nach Hause gehen, gut behalten können, derartige Momente unendlich viel weniger erträglich sind, als dort, wo sie mit einer gewissen Art, ich würde sagen: von Schamlosigkeit hervortreten" (Adorno 2009, S. 183 f.).

Um es kurz zu machen: Etwas von dieser Schamlosigkeit des populären Kinos und damit zugleich: etwas von der exemplarischen Promiskuität oder normativen Unbefangenheit, mit der Adorno in seinen lichten Momenten das klassische Hollywoodkino behandelt, so möchte ich mein methodisches Credo resümieren, sollte sich die Philosophie des Films auch in unseren Tagen bei ihrem Blick auf die Landschaften des Kinos bewahren.

Literatur

Adorno, Theodor W. 1978. Über einige Relationen zwischen Musik und Malerei. In *Gesammelte Schriften,* Hrsg. Rolf Tiedemann, Bd. 16. Frankfurt a. M.: Suhrkamp.
Adorno, Theodor W. 2009. *Ästhetik (1958/59).* Frankfurt a. M.: Suhrkamp.
Adorno, Theodor W., und Hanns Eisler. 1971. Komposition für den Film. In *Gesammelte Schriften,* Hrsg. Rolf Tiedemann, Bd. 15. Frankfurt a. M.: Suhrkamp.
Adorno, Theodor W., und Max Horkheimer. 1986. *Dialektik der Aufklärung: Philosophische Fragmente.* Frankfurt a. M.: Fischer.
Andrew, Dudley. 2010. *What cinema is!* Chichester: Wiley.
Morin, Edgar. 1958. *Der Mensch und das Kino: Eine anthropologische Untersuchung.* Stuttgart: Klett.
Mullarkey, John. 2009. *Refractions of reality: Philosophy and the moving image.* Basingstoke: Palgrave Macmillan.
Panofsky, Erwin. 1993. *Die ideologischen Vorläufer des Rolls-Royce-Kühlers & Stil und Medium im Film.* Frankfurt a. M.: Campus.
Pippin, Robert B. 2010. *Hollywood westerns and american myth: The importance of Howard Hawks and John Ford for political philosophy.* New Haven: Yale University Press.
Rodowick, David Norman. 2007. *The virtual life of film.* Cambridge: Harvard University Press.
Seel, Martin. 2004. Adornos Apologie des Kinos. In *Adornos Philosophie der Kontemplation.* Frankfurt a. M.: Suhrkamp.
Seel, Martin. 2013. *Die Künste des Kinos.* Frankfurt a. M.: Fischer.
Sinnerbrink, Robert. 2011. *New philosophies of film: Thinking images.* London: Continuum.

Martin Seel Professor für Philosophie an der Johann Wolfgang Goethe-Universität Frankfurt am Main. Studium der Germanistik, Philosophie und Geschichte in Marburg und Konstanz; Promotion 1984, Habilitation 1990 in Konstanz; von 1992 bis 1995 Professor für Philosophie an der Universität Hamburg; von 1995 bis 2004 Professor für Philosophie an der Justus-Liebig-Universität Gießen; seit 2004 Professor in Frankfurt. Forschungsschwerpunkte: Erkenntnistheorie, Sprachphilosophie, Ethik und Theorie der Künste (insbesondere der Fotografie und des Films). Zahlreiche Buchpublikationen, u. a. *Die Künste des Kinos* (2013) sowie *Aktive Passivität* (2014).

Panofskys Hollywood: Ein Dialog von Kunstwissenschaft und kontinentaler Philosophie

Thomas Meder und Ivo Ritzer

Obwohl kein Philosoph, darf der Einfluss Erwin Panofskys auf kontinentale wie nordamerikanische Philosophien des Kinos, und insbesondere Philosophien des Kinos von Classical Hollywood, nicht unterschätzt werden. Der Kunsthistoriker Panofsky, seit Anfang der 1930er Jahre im amerikanischen Exil forschend und lehrend, legte mit seinem 1947 publizierten Essay zu *Style and Medium in the Motion Pictures* einen bemerkenswerten Aufsatz vor, der nicht nur nachhaltigen Einfluss auf Stanley Cavell, sondern auch auf die *Theory of Film* (1960) von Siegfried Kracauer genommen hat. Der inzwischen dokumentierte Briefwechsel Panofskys mit Kracauer situiert die filmtheoretischen Horizonte dieser beiden – persönlich äußerst unterschiedlichen – Exilanten in unmittelbare Nähe zueinander, als einen wechselseitig sich inspirierenden Dialog zur Einordnung technologisch produzierter Bilder in den Kanon der älteren Künste. Kracauer erkennt dies in einer Problematisierung an, die er in seiner *Theory of Film* dann später radikalisieren sollte, als er im November 1949 an Panofsky schrieb: „Im allgemeinen herrscht weit und breit die traditionelle Ästhetik vor, mit ihrer Unterordnung der Elemente unter das Ganze, und ihrem Nachdruck auf einem Organisationsprinzip, das weitgehend modifiziert werden muss, um auf den Film, und wahrscheinlich noch andere gegen-

---

T. Meder (✉)
Fachhochschule Mainz, Mainz, Deutschland
E-Mail: thomas.meder@img.fh-mainz.de

I. Ritzer
Universität Mainz, Mainz, Deutschland
E-Mail: ritzeri@uni-mainz.de

© Springer Fachmedien Wiesbaden 2015
I. Ritzer (Hrsg.), *Classical Hollywood und kontinentale Philosophie*,
Neue Perspektiven der Medienästhetik, DOI 10.1007/978-3-658-06620-8_3

wärtige Ausdrucksmittel, zu passen. Eine falsche Voreingenommenheit für ‚Kunst' verdeckt die ästhetische Wirklichkeit. Ich habe mit der Analyse der Photographie, dem Hauptteil meines ersten Kapitels, begonnen. [...] Dabei zeigt sich ein schwieriges methodologisches Problem. Ich habe es mit historischen Phänomenen zu tun und muss doch die ihnen innewohnenden Tendenzen systematisch herausstellen. All das, worum es hier geht, sind keine Naturdinge, sondern historische Dinge. Die große Unterlassungssünde der Phänomenologie ist es über den zeitlosen ‚Wesenheiten' deren geschichtliche Qualität zu vergessen. Und der Historiker seinerseits kommt nicht zur systematischen Gestaltung der *essentials*, die in meinem Falle notwendig ist. So muss ich, um es schlagwortartig anzudeuten, versuchen, die ‚historical approach' mit der ‚phenomenological approach' zu verschmelzen. Diese Art der Konstruktion des Materials ist ungewohnt und wird nicht leicht durchzuhalten sein" (zit. nach Breidecker 1996, S. 55). Die historisierende Einstellung im Verbund mit einer phänomenologischen Nah-Sicht zum Gegenstand der Forschung verbindet die beiden Ikonologen Panofsky und Kracauer – wenn man des letzteren *Frankfurter* Provenienz mitsamt der von ihm betriebenen mentalitätshistorisch orientierten Bilder-Ursachenforschung v. a. des sogenannten *Caligari*-Buchs (1947/1984) einmal so nennen will – und distanziert sie vom dritten ex-deutschen Filmtheoretiker, Rudolf Arnheim, der sich ebenfalls im amerikanischen Exil befand, dort engen Kontakt insbesondere zu Kracauer pflegte und diesen, kaum in New York angekommen, mit Panofsky zusammenführte[1]. Eine historisierende Tendenz leitete auch die jüngsten Exegeten der Thesen Panofskys zum Film an, dem aus der Vogelschau des heutigen Theorieverständnisses dabei wechselweise eine anti-modernistische, anti-materialistische, idealistische oder auch anti-aufklärerische Haltung zum Vorwurf gemacht wird[2]. Von der jeweils gewählten Methode abgesehen, scheint der gegenwärtige Run auf die „Neuen Medien" auch mit dem schlechten Gewissen zu tun zu haben, eine der wenigen „lebendigen Künste"[3] des 20. Jahrhunderts bislang vernachlässigt zu haben.

Von Panofskys Essay zum Film sind insgesamt vier Fassungen zu unterscheiden, die allesamt miteinander verbunden sind, jedoch ebenso bemerkenswerte Unterschiede aufweisen. Als erste Version hat eine – vermutlich bereits 1934 – vor den Honoratioren des MoMA-Förderkreises vorgetragene *speech* zu gelten. Von dieser Ansprache ist kein Typoskript erhalten, doch ist hinter ihr, wie hinter allen

---

[1] Vgl. hierzu Bredekamp 2006.

[2] Siehe Prange 1994 und Levin 1995; siehe auch die marxistische Lesart von Wuss 1990, S. 248–254.

[3] Eine polemische Zuspitzung Panofskys; vgl. 1937, S. 121 und 1993, S. 20. Nachfolgend wird aus den beiden signifikant unterschiedlichen Fassungen des Filmaufsatzes zitiert, der von 1937 und der von 1947 in der dt. Übersetzung von 1993.

folgenden mündlichen Vorträgen, ein anderer Wortlaut zu vermuten als der zwei Jahre später erstmals schriftlich publizierte Text. Für diese These spricht neben Panofskys oft gerühmtem Wortwitz die Entwicklung, die Sprachlichkeit und Methode im neuen amerikanischen Idiom nahmen, gemäß dem Motto, mit dem Willibald Sauerländer Panofsky eben darin zitiert: „The discussion of methods spoils their application" (1993, S. 713). An den schriftlichen Fassungen ist im Einzelnen abzusehen, wie ihr Verfasser gerade in der Wahl der Filmbeispiele bemüht war, seinen Text zu aktualisieren. In späteren Jahren sollte sich Panofsky einen Spaß daraus machen, einen seiner Lieblingsstummfilme öffentlich mit „ungemein witzigen Kommentaren" zu begleiten (Heckscher, in: Panofsky 1993, S. 118); er revitalisierte damit die mittlerweile ausgestorbenen „Filmerklärer", die er selbst bei seinen ersten Kinobesuchen als Berliner Schüler noch erlebt hatte. Nicht zuletzt in solchen autobiographischen Reflexen liegt der Wert seiner Äußerung zum Film insgesamt, die im Jahr 1934, als Panofsky noch in Hamburg prüfen durfte, in ganz anderer Kolorierung vermutet werden darf als 1947 – auch deshalb, weil sich Charakter und Funktion des Films in der amerikanischen Gesellschaft in der Zwischenzeit gründlich verändert hatten.

1935 wurde Panofsky zum Mitglied auf Lebenszeit des *Institute for Advanced Studies* der Princeton University ernannt. Er beeilte sich, seine im Jahr zuvor erstmals vorgetragenen Gedanken, zunächst noch mit dem lapidaren Titel „On Movies", in einem Organ der Universität publizieren zu lassen[4], gleichzeitig hielt er eine Art Filmseminar ab. Die dritte Version erschien wiederum ein Jahr später, bis auf die Änderung des Titels zu „Style and Medium in the Moving Pictures" in kaum überarbeiteter Version, jedoch in einem ganz neuen Kontext: Das Forum eines Journals der europäischen Avantgarde, *Transition*, in Paris (auf Englisch) herausgegeben von Eugene Jolas, sicherte dem Aufsatz Panofskys sofort eine breite internationale Öffentlichkeit unter Intellektuellen und Künstlern und widerlegt endgültig die lange vorherrschende Einschätzung des Textes als einer „eher feuilletonistischen Gelegenheitsarbeit"[5]. Zehn Jahre später folgte mit einer gründlichen Überarbeitung und Aktualisierung die vierte und letzte Fassung in der amerikanischen Kunstzeitschrift *Critique*, der alle weiteren amerikanischen Abdrucke und die drei deutschen Übersetzungen folgen.

Von philologischen Editionsproblemen abgesehen, möchten wir im Folgenden den Stellenwert von Panofskys Gedanken zum Film im Kontext von Classical

---

[4] Dem *Bulletin des Department of Arts and Archeology* der Princeton University (1936), S. 5–15. Das Erscheinen dieses Textes wird in der Literatur bisweilen auf 1934 vorverlegt, das Jahr der mündlichen Premiere.

[5] Prange 1994, S. 171. Zu *Transition* siehe Breidecker 1994 sowie Levin 1995, S. 314.

Hollywood bestimmen. Das Gewicht wird dabei auf einzelnen sentenzenhaften „Merksätzen" liegen, weiter auf dem historischen Kontext ihrer Entstehung und nicht zuletzt auf jenen Bestandteilen der Texte, die auch von den jüngsten Kommentaren in bemerkenswerter Weise vernachlässigt worden sind: Panofskys Filmbeispiele, die fast vollständig dem Fundus der Produktion von Classical Hollywood entstammen.

1 Film als lebendige Kunst

> Heute ist offensichtlich, daß Spielfilme [...] außer der Architektur, der Karikatur und der Gebrauchsgraphik [...] die einzige bildende Kunst [sind], die wirklich lebt. (1993, S. 20)

In der früheren Fassung wird neben dem Film sogar nur die Architektur genannt (1937, S. 121). Panofskys Text ist schon deshalb bemerkenswert, weil er parallel zur Hoch-Zeit von Classical Hollywood entstand und genau dieses wohlwollend als „Volkskunst" apostrophiert – gerade weil sein Autor sah, wie sich diese amerikanische Domäne unter dem Einfluss aus Europa stammender Künstler spürbar veränderte. Panofsky deshalb eine anti-modernistische und anti-materialistische Haltung vorzuwerfen, wirkt unglücklich, wenn man sich in diesem Punkt mit ihm auf die Seite des *amerikanischen Publikums* gesellt. Dem „ins Paradies Vertriebenen" dürfte zumindest bei der frühen Äußerung noch im Gedächtnis gewesen sein, welchen Irrwegen in Deutschland auch fortschrittliche Kräfte mit ihrer Verteidigung volkstümlicher und populärer Kunst um 1930 den Boden bereitet hatten. Umso höher ist die Provokation zu werten, die eine Äußerung des anerkannten Professors zum Film per se mit sich brachte. Panofsky war ursprünglich zur Betonung der Seriosität des Filme-Sammelns in einem *Kunstmuseum* aus Princeton nach New York herübergebeten worden; es ging zunächst um eine wirkungsvolle personelle Allianz zugunsten der Dignität, um Lob und Legitimation der „neuen" Kunstform. In der frühen Fassung ist bis auf wenige Ausnahmen von Stummfilmen die Rede, ohne dass der Tonfilm abgelehnt wird. Beinahe alle von Panofsky frühen Beispielen finden sich in den von Iris Barry kompilierten Programmen wieder, die so oft wie möglich an Universitäten, Colleges und Museen verschickt wurden (den Eindruck eines solchen Standardprogramms samt Einführungen John E. Abbotts und eines Hollywood-Veteranen sowie der entsprechenden Filme hat im übrigen Klaus Mann festgehalten[6]). Stärker als vom Budget – das *Film Department* begann mit 120.000 $ pro Jahr – wurde diese Palette vom persönlichen Geschmack der

---

[6] Vgl. Mann 1993, S. 31–35. Das Programm enthielt u. a. die frühen US-Produktionen *The Execution of Queen Mary of the Scots* (1895) und *The Great Train Robbery* (1903). Diese Filme erwähnt auch Panofsky.

Donatoren und Museumsfachleute beeinflusst, gemessen zumal an der Zahl der bereits produzierten Gesamtmenge an Filmen. Man kann daher von einer Kanonbildung ausgehen, die durch das MoMA in Gang gesetzt wurde und auf die seine Klienten vertrauten. Die *Museum of Modern Art Film Library* wurde zur ersten Adresse für alle Filmhistoriographen der Vereinigten Staaten, und damit diejenige Institution, die nicht allein die Vorzüge, sondern auch die Nachteile einer philologischen „Standardversion" der frühen Filmgeschichte präjudizierte[7].

2 Film als Bewegungs-Bild

> Statt Theateraufführungen nachzuahmen, die schon ein gewisses Maß an Bewegung enthielten, fügten die frühesten Filme den Werken einer ursprünglich bewegungslosen Kunst die Bewegung hinzu, auf dass die faszinierende technische Kunst durch sich selbst erstrahle, ohne sich in die Sphäre höherer Kultur zu drängen. (1993, S. 21)

Panofsky behandelt den Film als Kunst sui generis, jedoch mit dem Erfahrungsschatz desjenigen, der zu lange Bilder untersucht hat, als sich mit gattungstheoretischen Abgrenzungen aufzuhalten. Er macht deutlich, dass der Film für ihn zu den sich visuell artikulierenden Künsten gehört, wie das Wort von der „ursprünglich bewegungslosen Kunst" in Form schlechter Gemälde, Postkarten, Wachsfiguren oder Comic Strips unterstreicht. Die Freude am Film kommt für Panofsky von dieser (anfänglich) neuen Qualität der Bewegung und nicht von der Fähigkeit, eine Geschichte zu erzählen. Vielmehr betont Panofsky nachdrücklich, wie sehr kinetische Energie als elementares Konstitutiv des Films fungiert. Sie affiziert jenseits jeder Narration: „[D]er Ursprung der Freude am Film war nicht ein objektives Interesse an bestimmten Inhalten, viel weniger ein ästhetisches Interesse an der Form der Darstellung von Inhalten, sondern ganz einfach die Freude an etwas, das sich zu bewegen schien, ganz gleich, was es sein mochte" (1993, S. 19). Insofern ist der frühe Film, von dem die erste Fassung des Aufsatzes handelt, nicht die Kinderstube einer neuen Kunst, sondern die Weiterentwicklung bereits bestehender Künste, und zwar, in der früheren Fassung, *of the lowest possible order* – um ihn nur ja nicht mit Gewalt, so die Warnung von Anfang an, in die Sphäre der Hochkultur zu drängen. Allein die Qualität der Bewegung ist nicht mehr nur auf der Zuschauerseite wirksam, sondern liegt an der Fähigkeit des Projektionsapparates, statische Bilder zu bewegen. Um diese Sichtweise prominenter zu machen, wurde der Aufsatztitel von 1937, „Style and medium in the *moving* pictures" zu „*motion* pictures" in der

---

[7] Vgl. David Bordwells Kritik an der Auswahl des MoMA, in: Bordwell 1997, S. 24 f.; zur *standard version* generell S. 43.

endgültigen Fassung geändert. Das Filmbild wird von einem *picture that moves* im transitiven Sinn zu einem technisch-kalten Bild. Kritik hat sich an der Frage entzündet, was sich an den hieraus abzuleitenden Gedanken einer natürlichen Fortentwicklung der spezifischen Möglichkeiten des Films anzuschließen hätte (vgl. Bordwell 1997, S. 31, 43). Hat der Film insgesamt eine Essenz, erfüllt er neben der spezifischen Sorte Wissen, die von Historikern angehäuft wird, gar eine demiurgische Funktion? In jedem Fall wäre eine solche nicht in der alten Dichotomisierung von die Wirklichkeit überformenden Möglichkeiten vs. fotografisch reproduzierenden Tendenzen zu suchen[8], denn zumindest der klassische Hollywoodfilm profitiert in wechselndem Maß von beiden Eigenschaften.

Panofskys Thesen zur Bewegung stehen in einer zentralen Tradition kontinentaler Film-Philosophie. Schon anno 1913 konstatiert Georg Lukács, dass das Wesen des Kinos für ihn nur, „die Bewegung an sich, die ewige Veränderlichkeit, der nie ruhende Wechsel der Dinge" (1962, S. 144) sein kann. Jean Epstein teilt diese Meinung, spitzt sie gar noch zu. Das Photogene als „Essenz" des Kinos basiert für ihn auf unablässiger Dynamik. Bildhaft proklamiert Epstein: „Cinema is all movement without any need for stability or equilibrium. Of all the sensory logarithms of reality the photogenic is based on movement. Derived from time, it is acceleration. It opposes the event to stasis, relationship to dimension. Gearing up and gearing down. This new beauty is as sinuous as the curve of the stock market index. It is no longer the function of a variable but a variable itself" (1993, S. 236). Edgar Morin hat dies später noch zugespitzt: „Die Bewegung ist die Seele des Kinos, sie ist seine Subjektivität und seine Objektivität" (1958, S. 148). Die „Seele" des Kinos, will man Morin in der Terminologie folgen, legt der Film durch Bewegungen als Ausdruck in das Sichtbare. So entsteht ein paradoxer Effekt, die Bewegung auf der Leinwand bewegt auch das Publikum, das innerlich bewegt wird, ohne sich äußerlich zu bewegen: eine Erfahrung der Osmose, ein Konzentrationsausgleich zwischen Bild und Blick.

In diesem Sinne evolviert die Bewegung auch zum privilegierten Phänomen der poststrukturalistischen Film-Philosophie. Jean-François Lyotard wird dementsprechend vom „Schriftwerden von Bewegung" (2005, S. 85) sprechen, das den Film auszeichnet: zum einen mit der Bewegung vor der Kamera als Objektbewegung, die den filmischen Raum durchmisst und durch ihren zurückgelegten Weg definiert. Die filmische Inszenierung lässt die Relation von Objekt und Raum alternieren, wodurch das Verhältnis von Objekt und Publikum ebenfalls modifiziert wird. Sie schreibt aber auch mit der Bewegung der Kamera selbst, die dem Zuschauersubjekt erneut permanent wechselnde Perspektiven offeriert. Und sie schreibt später außerdem mit der Bewegung, die durch den Schnitt hineinkommt

---

[8] Diese Position vertritt noch Levin 1995, S. 315 f.

in das Sichtbare, sowohl den dargestellten Raum als auch die dargestellte Zeit mit jeder neuen Einstellung different definierend. Perspektivwechsel und alternierende Fluchtpunkte schaffen im Mobilen eine Raumillusion, ein Gefühl von Distanz und Tempo, bis hin zum Eindruck von Schweben und Schwindeln. Das mobile Bild fordert mithin einen mobilen Blick. Durch ihn vermag auch Classical Hollywood, nicht weniger als das experimentelle Kino, jene Qualität freizusetzen, die Lyotard aus poststrukturalistischer Perspektive fixiert. Bewegung wird hier zur performativen Kategorie. Ihre aus dem Unbewussten resultierende Energie transgrediert dann die symbolische Ordnung der Repräsentation, macht Geschichte und Dramaturgie sekundär. Zur Matrix wird das Adiskursive hinter den Zeichen, ein vorbegrifflicher Eigensinn, der irreduzible Intensitäten schafft. Dem Film obliegt es nach Lyotard so, „nutzlose Simulakren und Intensitäten der Lust" zu schaffen „anstelle von konsumierbaren und produktiven Objekten" (2005, S. 88).

Gilles Deleuze freilich hat später die narrative Struktur eines Films per se der Bild-Bewegung untergeordnet: „Sie ist ein sehr indirektes Resultat, das sich aus der Bewegung und der Zeit ergibt, nicht umgekehrt. Der Film wird immer nur das erzählen, was die Bewegungen und die Zeit ihn erzählen lassen" (2005, S. 152). Denn die Geschwindigkeit zerstört das Latente und feiert das Manifeste. Sie ist, so formuliert Jean Baudrillard, „der Triumph der Wirkung über die Ursache, der Triumph des Augenblicks über die Zeit als Tiefe, der Triumph der Oberfläche und der reinen Gegenständlichkeit über die Tiefe des Begehrens" (2004, S. 16). Mit der Geschwindigkeit dominiert das Dromologische im Film: jene Dynamik an sich, jener ständige Wandel, jene nie ruhende Erscheinung von Mensch und Ding, die bereits bei Panofsky anklingt.

3 Film als Raum- und Zeit-Kunst

Die spezifischen Möglichkeiten des Films lassen sich definieren als Dynamisierung des Raumes und entsprechend als Verräumlichung der Zeit. (1937, S. 124; 1993, S. 22)

Panofsky selbst hielt diese Korrelation „evident bis zur Selbstverständlichkeit"; dies war freilich kein Hinderungsgrund, den Satz zum meistzitierten des ganzen Textes werden zu lassen. Was meint Panofsky nun mit seiner These? Er geht davon aus, dass, indem durch den Film ein einheitlicher Bildraum aufgehoben ist, das Zuschauersubjekt immer wieder neu zum spatial Sichtbaren positioniert wird, welches entlang einer temporalen Achse sich entfaltet und dadurch lesbar wird. Der Film schafft einen virtuellen Raum, der autonom vom aktuellen Raum und von der aktuellen Mobilität des Zuschauersubjekts temporal mobilisiert ist.

Der erste Teil von Panofskys These ist leichter nachzuvollziehen als der zweite: Eine Kamera ist mobil durch alle natürlichen Räume hinweg und übertrifft damit

Abb. 1 *The Searchers*, John Ford, USA 1956

jedes statische Bild, das ein Betrachter lediglich durch eine psychologische „Bewegung" erkunden kann; und die synthetische Montage lässt plausibel werden, dass John Wayne in John Fords *The Searchers* (1956) ein Geschehen „sieht", obwohl es sich vierzig Meilen weit entfernt abspielt und unwegsames Gelände dazwischen liegt (Abb. 1).

Der zweite Teil des Satzes ist schwieriger, impliziert er doch eine Materialisierung, die nicht sichtbar, sondern nur kognitiv verständlich wird: Das Publikum befindet sich gegenüber einer zweidimensionalen Leinwand, auf der sich anschaulich diverse Räume in die dritte Dimension „öffnen". Die „vierte" Dimension, zu messen nur auf einer abstrakten Skala, ist real da, vor allem aber *symbolisch* auf den Bildern enthalten. Beide Zeitarten, die Darstellung in der realen Zeit und die dargestellte Zeit, haben nur bedingt miteinander zu tun: Jede Symbolisierung von Zeit verändert die reale und normale Zeiterfahrung, beide werden im räumlichen Modus aber in eigenartiger Weise erfahrbar[9]. Unter allen Bemerkungen des Filmessays hat allein der Satz von der reziproken Beziehung zwischen Zeit und Raum einen gesetzhaften, „grundbegrifflichen" Gestus.

---

[9] „Time, the medium of space, has to be integrated with space, or ceases to be anything" (1937, S. 126). Levin behauptet, Panofsky wiederhole einen „wichtigen Topos der frühen Filmtheorie" und ließe ihn komplett unentwickelt, verweist aber selbst (nur) auf den Komparatisten Elie Faure (vgl. 1995, S. 316). Prange verkennt, dass bereits in jede Kamerabewegung Zeiterfahrung eingeschrieben ist und zieht sich auf eine Verortung des zweiten Teils in Panofskys „grundbegriffliche" Phase sowie die Diskussion seines Vergleichs mit dem raumzeitlichen Erlebnis im Theater zurück (1994, S. 175 ff.); wesentlich erscheint jedoch das Zeit-*transformierende* Potential des Films, das in gelungenen Momenten, und seien es die zerplatzenden Seifenblasen bei Disney, nicht auf eine ikonographische Deutung zu reduzieren ist (vgl. Levin 1995, S. 180 f.). Zur Überwindung des Theaters durch den Film vgl. Susan Sontags Lesart der Thesen Panofskys (1989, S. 86–107).

4 Film als Bild- und Ton-Kunst

Im Film bleibt, im guten wie im schlechten, das Gehörte unlösbar gebunden an das Gesehene; der Ton, artikuliert oder nicht, kann nicht mehr ausdrücken als die gleichzeitig sichtbare Bewegung. Ein guter Film versucht das auch gar nicht. Kurz, das Stück, oder wie es richtig heißt, das Skript eines Films unterliegt dem, wie man sagen könnte, Prinzip des kombinierten Ausdrucks (princible of coexpressibility). (1993, S. 24)

Wenn sich Rudolf Arnheim noch 1938 für die Reinheit der Kunstmittel aussprach – gegen die „Verschmutzung" des Bildmediums Film durch den Ton[10], so hält Panofsky sein „Prinzip des kombinierten Ausdrucks" dagegen, das dem Ton nicht mehr Aussagekraft zutraut als das sichtbare Bild selbst erzeugt. Misst man hieran das Gros der Filme der klassischen Produktion, neigt sich die Waage zwischen Bild und Ton immer zugunsten des gesprochenen Worts. Andererseits existieren bereits Filme, in denen asynchroner Ton den Bildraum erweitert[11], oder in denen synchroner Originalton eine naturalistische Qualität des Filmbildes bewirkt.

Aus Perspektive der psychosemiotischen *Screen Theory* freilich liegt gerade in der Disruption synchroner Bild-Ton-, v. a. Bild-Sprache-Relationen das Potential eines „modernen" Kinos: „Synchronous sound", so etwa Mary Ann Doane, „masks the problem and this at least partially explains its dominance. [...] There is always something uncanny about a voice which emanates from a source outside the frame" (1980, S. 40). Strebt Classical Hollywood nach Synchronizität von Bild und Ton, mobilisiert der „moderne" Film das „unheimliche" Potential ihrer Trennung. Das Kontinuitätsprinzip von Classical Hollywood verlangt mithin nach einem Ton, der sowohl mikrofunktionell einzelne Aufnahmen als auch makrofunktionell narrative Komplexe verbinden kann. Er tritt dann dem entgegen, was Roland Barthes als „Schrecken der ungewissen Zeichen" (1990, S. 34) bezeichnet hat, als Schock unsicherer Signifikation. Ton im Classical Hollywood soll die fluktuierende Kette der Bedeutungen, die durch ihre Differenzen Sinn generieren, fixieren, was bedeutet, das Flüchtige, also hier: den szenischen Raum, fassbar machen.

Doch ist Panofskys Satz letztlich weniger deduktiv zu nehmen denn als theoretische Positionsbestimmung im Gefüge der eigenen Methode: Hier spricht noch die Stimme des „klassischen" Ikonologen, der dem literarischen Vorwurf eines Drehbuchs mehr vertrauen möchte als einer jederzeit möglichen Verunklärung im

---

[10] Dt. (erstmals) „Neuer Laookon. Die Verkoppelung der künstlerischen Mittel, untersucht anlässlich des Sprechfilms" [1938], in: Arnheim 1979, S. 81–112.

[11] Levin 1995 weist auf die zeitgleich veröffentlichte Theorie der Kontrapunktik von Hanns Eisler und Theodor W. Adorno hin. Generell sollte immer die untermalende, rhythmisierende oder auch kontrapunktische Wirkung (der Musik) und das – schnell dominierende – gesprochene Wort auseinandergehalten werden, vor dem Panofsky ausdrücklich warnt.

Visuellen. Siegfried Kracauer wiederum musste diese Stelle auffallen, sein Kommentar zur Umarbeitung Panofskys galt zuerst ihr: „If I am not mistaken you are now devoting more space to the relation of dialogue to the visual part" (zit. nach Breidecker 1996: 44, Brief vom 4. Februar 1947). Kracauer erweiterte und präzisierte die Passage, wie seine ausführliche Beschreibung des sich vom Bild entfernenden Tons in Fritz Langs *M* (1931) im *Caligari*-Buch beweist (vgl. 1984, S. 230 f.).

5 Film als visuelle Kunst

> Wie die Bedeutung einer gotischen Pfeilerfigur nicht nur von ihrer Qualität als Plastik abhängt, sondern ebenso, ja noch mehr davon, wie sie in den architektonischen Zusammenhang des Portals integrierbar ist, so hängt die Bedeutung eines Filmskripts, ähnlich der eines Opernlibrettos, nicht nur von der literarischen Qualität ab, sondern ebenso, ja noch mehr davon, wie das Skript den Ereignissen auf der Leinwand integrierbar ist. (1993, S. 26)

Panofsky betont hier erneut die Dominanz des Bildes gegenüber dem Drehbuch. Ein noch so gutes Skript muss nicht unbedingt für einen Film geeignet sein – dieser Fall tritt immer dann ein, wenn es die Ereignisse auf der Leinwand voraussehbar präformiert. Das bedeutet, dass das Geschehen auf der Leinwand eine eigene (ästhetische) Existenz besitzt, die im Skript nicht unbedingt eine synchrone Entsprechung erfährt. Dies bedeutet auch, dass Panofsky die vorfilmische Sinngebung für nicht entscheidend erachtet, und folglich eine gewisse Absage an eine Forschung, die „vor" den Film geht. Und schließlich: Die Ikonographie des Tonfilms ist noch viel weniger festgelegt als Panofsky dies für den stummen Film beschreibt[12]. Jeder Film übernimmt von anderen Filmen eingeführte Topoi, doch viel lieber definiert er seine visuellen Bedeutungsebenen *selbst und immer wieder neu*. Hier sind gerade Hollywood-Produkte dem europäischen Film voraus, was noch an den neuesten Bildfindungen zu *sehen* ist; Panofskys engere Ikonologie wird hier, wegen ihrer Fixierung an einen literarischen Vorwurf, problematisch. Das Richtige der Bemerkung im Filmaufsatz bleibt davon unberührt: „Die Möglichkeiten des Tonfilms unterscheiden sich von denen des Stummfilms dadurch, dass der sichtbaren Bewegung der Dialog integriert wird, der deshalb besser nicht Poesie sein sollte" (1993, S. 24).

---

[12] Vgl. Jean-Loup Bourgets Kritik an Panofskys Beispielen, der dessen *disguised symbolism* als Klischees bezeichnet: 1982, S. 38–43.

6   Film als repräsentierende Kunst

Ein Mann, den man filmte, während er, ganz normal gekleidet, eine Gangway herunterging, war plötzlich alles andere als ein Mann, der eine Gangway heruntergeht, sobald das Resultat auf der Leinwand erschien. (1937, S. 130; 1993, S. 40)

In der unscheinbaren Bemerkung steckt gehörige Sprengkraft, sobald man das evozierte Bild zu entschlüsseln versucht. Über den Mann, sein Woher, Wohin und Warum wird nichts bekannt außer, dass er in normaler Kleidung ein Flugzeug oder ein Schiff verlässt, sich also im 20. Jahrhundert bewegt oder vielmehr: bewegt hat. Die Repräsentation durch den kinematographischen Apparat hat den Mann aber verändert, hat aus ihm die „immerwährende" Abbildung eines Mannes gemacht, der ganz normal... usf. An diesem Konzept entzündete sich Kritik, die allerdings, das sei vorweggenommen, in der Aporie enden muss: an Panofskys „generelle[m] Interesse an einem bestimmten Modell der Erfahrung, seinem Privilegieren des Repräsentischen, des Thematischen und der [historischen] Kontinuität", die im Korpus seines ganzen Werks zu spüren sei (vgl. Levin 1995, S. 315); weiter seien auch seine Bemerkungen zum Film dazu angetan, das ikonographische oder ikonologische Vorgehen angesichts der dort zu sehenden natürlichen Welt zu retten – im Gegensatz zu abstrakter Ver-Bildung[13]. Das Bild des Mannes auf der Treppe belegt das Gegenteil, ist es doch dazu angetan, auf das Kontingente und Präsentische jeder fotografischen Erscheinung hinzuweisen, auf die deutliche Entfremdung des Gezeigten (in semiotischer Begrifflichkeit: *signifié*) in der Abbildung (*signifiant*).

Das bedeutet nun, dass, egal durch welche Codes etwas gefilmt wird, wie die Dispositiv-Theoretikerin Lucilla Albano kürzlich noch einmal betont hat, das Gefilmte immer als „Repräsentation gekennzeichnet" ist. In diesem Sinne markiert die Panofsky'sche Trennung als Repräsentation stets eine Transfiguration, eine „Dissimulation oder Tilgung der Realität" (Albano 2003, S. 137). Natürlich ist jede mediale Präsentation als sekundäre Evokation einer Impression stets auch selbst schon eine Repräsentation erster Ordnung. Rick Altman hat hier gezeigt, wie epistemisches Wissen und Repräsentation sich bedingen respektive wie Wissen selbst eine Form der Repräsentation darstellt: „The real can never be represented; representation alone can be represented. For in order to be represented, the real must be known, and knowledge is always already a representation" (1992, S. 46). So

---

[13] „Panofsky uses cinema, as Prange rightly points out, to rehabilitate as an artistic norm the world of ‚nature' which contemporary art has abandoned. Film, to the extent that it can be argued to be essentially photographic, and narrative cinema, to the extent that it too maintains the emphasis on the signified (unlike the reflexive involution of avantgarde-film), restores the legitimacy of the iconographic method, and the model of immediate experience and transparent perception upon which it depends" (Levin 1995, S. 315).

Abb. 2 *A Night in Casablanca*, Archie Mayo, USA 1946

beruht jede neue Technologie zur Repräsentation von „Wirklichkeit" auf präexistenten Repräsentationssystemen, deren Zeichensystem sie durcharbeitet. Ferner bleibt anzumerken, dass Repräsentation und Präsentation sich nicht zwangsläufig exkludieren müssen. Das Kino kann ja verkörpern und demonstrieren, zugleich darstellen und darlegen, aus welchen Partikeln es sich speist. Es kann signifizieren und simultan die Bausteine der Signifikation enthüllen: durch den autoreferentiellen Verweis der Repräsentation auf sich selbst.

Wenn es hier zu Missverständnissen kommen konnte, lag dies zum Teil an Panofsky selbst, der, anders als etwa sein Briefpartner Kracauer[14], vom gegenständlich Dargestellten, aber noch immer symbolisch Interpretierbaren nicht deutlicher abrückte. Statt das peripher vorgestellte Bild des Mannes auf der Gangway prominenter zu machen, das sich, wie Keatons *Navigator* und Eisensteins *Potemkin*, nicht zuletzt durch die Nähe einer Maschine als technisch hergestelltes Bild auszeichnet, verfiel Panofsky in einer neu hinzugefügten Anmerkung des Filmaufsatzes einer gewagten ikonologischen Deutung: Er könne nicht umhin, in dem turbulent-chaotischen Finale des Marx-Brothers Films *A Night in Casablanca* (1946) „ein großartiges und schreckliches Symbol menschlichen Verhaltens im Atomzeitalter" (Panofsky 1993, S. 47) zu sehen (Abb. 2).

Mit einer solchen „unbeabsichtigten Symbolqualität", noch dazu verbunden mit dem Hinweis auf die Apokalypse Dürers, die den Umsturz der Reformation vorausahnen lasse – übertragen also: der Andeutung eines kommenden Atomkrieges –, eröffnet er wiederum die leichteren, aber auch unschärferen Perspektiven einer psychosozial motivierten *content analysis*.

---

[14] Vgl. die Invektiven gegen audiovisuelle Symbolisierungen in Kracauer 1985, S. 175 ff.

7 Film als Kunst des Realitätseffekts

> Die Arbeit für das Theater ist kontinuierlich, aber vergänglich. Die Arbeit für den Film ist diskontinuierlich, aber dauerhaft. (1993, S. 45)

In dieser einprägsamen Formel deutet der Essay in seiner definitiven Fassung eine Wendung zu Kracauer'schem Denken an, unterstützt durch die Bemerkung, der Darstellungsstil des Stummfilms sei bereits eine ebenso verlorene Kunst wie die Techniken Jan van Eycks oder Dürers (vgl. Panofsky 1993, S. 40). Hier ist weder von ikonographischen Typen die Rede, wie Thomas Y. Levin mit Verweis auf eine Bemerkung Jan Bialostockis von 1970 suggeriert (vgl. 1995, S. 318), noch scheint in dieser Zuspitzung der – in Panofskys Äußerung an diesem Punkt bereits äußerst strapazierte – Vergleich überhaupt ein weiteres Mal angestrebt[15]. Es geht vielmehr um eine generelle Kennzeichnung des Mediums, die wiederum im ersten auf Deutsch verfassten Brief Panofskys an Kracauer von 1942 auf eine griffige Formel gebracht ist: „Ich glaube nämlich – sagen Sie das nicht weiter – dass es einen *echten* ,Documentary Film' überhaupt nicht gibt" (zit. nach Breidecker 1996, S. 11; Hervorh. i. O.). An anderer Stelle, in einem Brief an einen Verantwortlichen der Oxford University Press von 1949, widerspricht Panofsky der Dichotomisierung zweier Tendenzen in allen auf der Fotografie basierenden Medien als „dokumentarisch" vs. „formgebend" und beharrt auf der untrennbaren Verquickung beider Elemente auf *jeder* fotografischen Abbildung (vgl. Breidecker 1996, S. 53). Was für ihn mehr zählt, ist jenes Moment der Entfremdung, durch das sich sein Briefpartner von einem Augenblick zum anderen, unter dem Eindruck der deutschen Filme im amerikanischen Exil nämlich, an der „Schwelle des Historischen" wähnte (vgl. Breidecker 1996, S. 187). Dem professionellen Kunsthistoriker Panofsky war solche Entfremdung von jeher vertraut – er aktualisierte sie wohl automatisch mit jedem Eintritt ins Kino. Für ihn blieben hier stets „Reste der materiellen Welt" (Breidecker 1996, S. 192) vorhanden, vergleichbar waren sie ihm aber vor allem mit einer „Aktualisierung" weitaus entfernterer Ideen und Inhalten des Mittelalters und der frühen Neuzeit. An den Beispielen seines Essays wird deutlich, dass er mit Ausnahme des nicht nachweisbaren Lehrfilms *The Sex Life of the Starfish* keine Filme mit ausgesprochenen dokumentarischen Tendenzen erwähnt, dagegen viele, die gegen jede Glaubhaftigkeit in Zeit und Raum verstoßen oder

---

[15] Prange 1994, S. 188 schwächt ihr Argument, im Film überlebe so etwas wie „ewige Kunst", wenn sie, auf eine „Verwechslung von Inhalt und Mitteilungsform" pochend, Panofskys Bonmot verfälscht: Danach wäre auch die Arbeit im Theater (gemeint ist die Aufführung) *dis*kontinuierlich, während Panofsky, von der Zuschauerseite argumentierend, unmissverständlich sagt: „Stage work is continuous but transitory; film work is discontinuous but permanent (zit. nach Lavin 1995, S. 118).

Abb. 3 *The Man Who Could Work Miracles*, Lothar Mendes, GB 1936

Abb. 4 *The Lost Weekend*, Billy Wilder, USA 1945

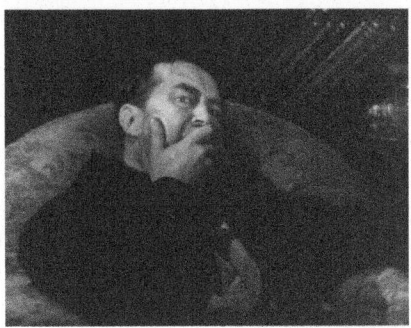

ausgesprochen willfährig damit umgehen. Panofsky wird nicht müde, auf die fotografischen Tricks der *Topper*-Serie (1937–1941) hinzuweisen, auf die wirkungsvollen „Wunder" von *The Man Who Could Work Miracles* (1936) (Abb. 3) oder auf allerlei „Elementarerscheinungen" „im Bereich der bloßen Tatsachen" in naturwissenschaftlich inspirierten Spielfilmen wie *The Story of Louis Pasteur* (1936) oder *Madame Curie* (1943); an *The Lost Weekend* (1945) faszinieren ihn „vollkommen real" erscheinende Halluzinationen des Alkoholikers (Abb. 4), während die peripher erwähnten *On Borrowed Time* (1939) oder *Here Comes Mr. Jordan* (1939) ausgesprochene Phantasiestücke sind – inklusive aus dem oder ins Totenreich Versetzter und ihren Erlebnissen in der jeweils anderen Welt. „Der Stoff des Films", so bereitet Panofsky sein Resümee vor, „ist die Realität als solche" (1993, S. 47). Er spricht dabei nicht von einer dem Vorfilmischen treuen „Realität", sondern einer ästhetisch glaubhaften oder überzeugenden, so wie sie sich dem Publikum „dauerhaft" darbiete.

Panofsky denkt hier bereits eine poststrukturalistische Wende der kontinentalen Filmtheorie vor, der es um die psychodynamischen wie ideologischen Implikationen von Effekten des Wirklichen und Realen zu tun ist. So hat später bekanntlich Jean-Pierre Oudart folgenreich zwischen Realitäts- und Wirklichkeitseffekt differenziert. Während ersterer durch das Figurative der Bildoberfläche entsteht, basiert letzterer auf einer spezifischen Verwendung des inszenatorischen Signifikanten mit Blick auf die Positionierung des Rezipienten. Wo der Realitätseffekt aus Zeichen der Analogie (Ikonizität) resultiert, konstituiert der Wirklichkeitseffekt potentielle Referenten der inszenierten Fiktion auf afilmische Physis: „It could be said that in the system of representation which characterizes Western painting, as in its continuation in the cinema, the following are simultaneously overlooked: (1) the figurative structure (which we shall call the reality effect [*effet de réalité*]) as the product of specific pictorial codes; (2) representation as that which establishes the figurative system as *fiction* by including the spectator (the effect of the real [*effet de réel*]), as something determined in its spatial structure, in all its variations and transformations, as well as in the least of its figurative effects, by the inscription, or rather the re-marking, of the subject in the figurative systems which date back to the Quattrocento" (1990, S. 189). Für Oudart korrelieren Realitätseffekt (*effet de réalité*) und Wirklichkeitseffekt (*effet de réel*) im Kino von Classical Hollywood, da es – in Tradition der Renaissancemalerei – einerseits intendiert, auf piktorialen Flächen möglichst starke Tiefenwirkungen zu evozieren, und andererseits darauf abzielt, die inszenierte Fiktion als der außerfilmischen Welt phänomenal homologe „Wirklichkeit" auszugeben.

8 Film als kollektives Produkt

> Man könnte sagen, dass der Film, der durch eine gemeinschaftliche Anstrengung ins Leben gerufen wird, in welcher alle Beiträge den gleichen Grad von Dauer erreichen, am ehesten das moderne Äquivalent einer mittelalterlichen Kathedrale ist. (1993, S. 46)

Im Vergleich des Films mit einer mittelalterlichen Kathedrale klingt die „Dombauhütte" an, die in Deutschland seit den Hoch-Zeiten der Ufa eine beliebte Umschreibung für die arbeitsteilige Filmherstellung war[16]. Doch die Ausführung des Vergleichs ist wenig überzeugend. Ein Regisseur kann wesentlich mehr, aber auch

---

[16] Der Bauhüttengedanke ist ein Allgemeinplatz der deutschen Filmkunst-Debatte der zwanziger Jahre und wird ebendort ab 1933 wiederbelebt; die Ufa selbst gilt entsprechend als „Kathedrale".

weniger sein als ein leitender Baumeister, während die Funktion des Drehbuchautors eher der des Architekten als des scholastischen Beraters ähnelt. Und zu wessen Ehre ließe ein Produzent, der als Bischof oder Erzbischof gehandelt wird, einen Film „bauen"? Hier klingt der allbekannte Demiurg an. Treffsicherer ist Panofsky dann wieder in seinen Ausführungen zur Rolle des Schauspielers, den er unter all den unverzichtbaren „Handwerkern" des Films als einzigen hervorhebt, weil er sich dem Publikum darbietet und in Erinnerung bleibt. In der ersten schriftlichen Version ist nachdrücklich betont, dass es sich um Chaplin, Keaton, Will Rogers oder Greta Garbo handle, die dieser und jener Rolle, etwa von historischen Persönlichkeiten, ihren Stempel aufdrückten, und nicht umgekehrt: „They [die historischen Referenzfiguren] assume the character of reality only when filled with the life-blood of an actor" (Panofsky 1937, S. 131). Dass für Panofsky als stilistisches Element im Film der Schauspieler dominierend war, obwohl er selbst auf den objektiv *gleichen Grad von Dauer* aller Beiträge hinweist, belegt u. a. sein wiederholtes Anführen der Marx Brothers, an deren Filmen – die sich durch einen häufigen Wechsel der Produktionsgesellschaften mit recht beliebigen Regisseuren und für den Tonfilm anachronistischen Elementen des Vaudeville und der Nummernrevue auszeichnen – der klingende Allgemeinplatz des pompösen Kathedralen-Vergleichs leicht zu relativieren ist.

9 Film als klassische Kunst

> Die Verfahrensweisen aller früheren Künste entsprechen, mehr oder weniger, einem idealistischen Weltbild. [...] Der Film und nur der Film wird jenem materialistischen Weltverständnis gerecht, das die gegenwärtige Kultur durchdringt, ob es uns nun gefällt oder nicht. (1993, S. 47)

Eine Erkenntnis, die mehr vom „Stand der Dinge" des Films im Jahr 1947 verrät, als es die pauschale Formulierung erkennen lässt. Ökonomisch beherrschten die großen amerikanischen Gesellschaften nunmehr auch die Märkte jener Länder, die vor kurzem noch als ihre Hauptkonkurrenten aufgetreten waren. Dass es mittlerweile in Europa, aber bereits auch in Hollywood selbst künstlerisch gegenläufige Tendenzen gab, widerspricht nicht der Fortsetzung von Panofskys Argument, dass nämlich der Film im Gegensatz zu allen bisherigen Künsten nicht mit einer Idee beginne, welche in eine gestaltlose Materie projiziert werden soll und also von oben nach unten (*from top to bottom*) verfährt, sondern a priori mit vorhandenen äußeren Objekten und der Aufnahmeapparatur. Diese Conditio sine qua non beeinflusst in erster Linie die Entwicklung der Kunst, denn: „Neue technische Entwicklungen wirken sich auf schon Erreichtes leicht nachteilig aus, zumal bei einem Medium, das seine Existenz technischen Experimenten verdankt" (Panofsky 1993,

S. 44). Dies klingt wie eine Mahnung an das Medium, das sich historisch wirklich vor einem Umbruch befand, weil erstmals technische Entwicklungen – im Gegensatz zur breiten Etablierung von Tonfilm, Farbfilm, Breitwandformaten zuvor – wie der stereoskopische 3-D-Film und der Geruchsfilm vom Publikum nicht mehr angenommen wurden. Kategorial bleibe, so relativiert Panofsky seine Aussage, ein technischer Gewinn freilich immer auch ein ästhetischer, sofern nur die „Grundnatur" des Mediums geachtet werde. Und diese lag für ihn ohne Zweifel in der doppelt konnotierten Fähigkeit von *a picture that moves*. Panofsky kann mithin als ein klassizistischer Kinotheoretiker gelten, der sich antithetisch zu modernistischen Progressionslogiken verhält. Ihm geht es stattdessen um eine Emphase des „zeitlos Guten", das im Hollywood-Kino gegen Ende der 1940er Jahre bereits erreicht schien, dann aber mit Ende des klassischen Studiosystems zusehends verloren ging.

10 Film als Stil-Form

> Die Realität stilisieren, bevor man sie anpackt, heißt letztlich dem Problem ausweichen. Das Problem ist: Mit der unstilisierten Realität so verfahren, sie so aufnehmen, dass das Ergebnis Stil hat. (1993, S. 48)

Ein einfacher Satz, der Panofsky viel Kritik eingetragen hat. Im Original steht an der Stelle von „verfahren" „to manipulate and shoot reality". Diese Formulierung geht über die Auffassung Kracauers hinaus, der die mechanische Verfahrensweise des Apparats dem optisch Unbewussten zur Seite stellt, welches sich in der Wiedergabe dann allerdings *von selbst* Stimme verschaffe. Wenn dort der Fotograf oder Kameramann der Realität gegenüber ein Zeuge, ein Beobachter oder gar nur ein Fremder ist (vgl. Breidecker 1996, S. 171), so bleibt er bei Panofsky, um im Bild zu bleiben, ein Täter. Im Gegensatz zur Exkulpation Kracauers, der dem Material den größeren Teil der „Verantwortung" für das Abgebildete auferlegt, scheint Panofsky einer idealistischen Kunstauffassung treu zu bleiben, so wie er sie 1924 in seiner Schrift *Idea* formuliert hatte, in der vom Aufsteigen des Materiellen, Ungeformten zu einer höheren Idee die Rede ist (vgl. Panofsky 1960). In diese Folge gestellt lässt sich Panofskys Entwicklung zur ikonologischen Methode hin nahtlos weiterdenken, und eine kritische Auseinandersetzung mit dem oft mangelhaften „Geist" des Films fällt nicht schwer[17]. Der Satz gerade in seiner Allgemeinheit spricht jedoch auch aus, dass ein Filmbild immer zuallererst *da* ist, in aller Vollständigkeit und Konkretion als eine bestimmte Form von Erfahrung

---

[17] Levin 1995, S. 317 argumentiert mit Rekurs auf Béla Balázs in diese Richtung.

da, ehe es, wenn überhaupt, zu „Kunst" aufsteigen kann. Alle formalen und inhaltlichen Untersuchungen sind der – vergehenden – Erfahrung von Unmittelbarkeit nachzuordnen, die das Filmbild zu einer neuen Kategorie von Bildlichkeit erhebt. An dieses neue Bild eine Elle des Kunstwissenschaftlers anzulegen, und sei es, wie hier geschehen, die allgemeinste und verbrauchteste des Stilbegriffs, dürfte bereits im Schlaglicht den langen Weg deutlich machen, den diese gleichwohl notwendige Herausforderung – denn wer wollte bestreiten, dass manches Filmbild „Stil" hat – an den traditionellen Bildwissenschaftler stellt.

Welche Implikationen ergeben sich daraus nun für ein Verständnis von Classical Hollywood? Mit Panofsky wäre der spezifische Stil und die spezifische Medialität („style and medium") des klassischen Hollywood-Kinos gerade nicht in dessen Evidenz als vielmehr seiner ostensiven Gestaltung zu finden. Sichtbares und Hörbares mögen in Filmen des Classical Hollywood den Anschein des Präsentischen besitzen und mögliche Welten generieren, die umgehend einzuleuchten verstehen. Sie scheinen einfach zu begreifen, sowohl emotional als auch kognitiv, ohne einer besonderen Argumentation zu bedürfen. Wie durch ein Transparent kann der Blick durch den inszenatorischen Signifikanten auf das inszenierte Signifikat fallen, die Organisation von Körpern im Raum. Bei Panofsky klingt damit bereits an, wie David Bordwell später das klassische Hollywood-Kino bestimmen und gegen den Ikonoklasmus ideologiekritischer Positionen loben wird, als Konzept eines „excessively obvious cinema" (Bordwell et al. 1988, S. 3). Weil Hollywood die Zeichen seiner Ästhetik nach Möglichkeit möglichst evident ausrichtet, sind auch rezeptorische Erwartungen augenscheinlich: „We all have a notion of the typical Hollywood film. The very label carries a set of expectations, often apparently obvious, about cinematic form and style" (Bordwell et al. 1988, S. 11). Auf den ersten Blick soll Klarheit herrschen, so der Imperativ des Klassischen. Diese Klarheit jedoch resultiert erst aus größter Anstrengung der inszenatorischen Leistungen. Das bedeutet, es existiert eine signifikante Diskrepanz zwischen Erscheinung an der Oberfläche und Struktur in der Tiefe. Das Augenscheinliche bedarf der Komplexität, um evident zu wirken.

Raymond Bellour hat die Evidenz von Classical Hollywood ebenfalls aus dieser Perspektive bestimmt. Auch für ihn ist klar, dass die Klarheit des klassischen Hollywood-Kinos als hochgradig künstlicher Effekt entsteht. Evidenz ist das Produkt artifiziell arrangierter Zeichen in einem spezifischen Stil: „[O]bviousness is the mark of [Hollywood's] genius. [...] No doubt – provided we recognize the extent to which that obviousness only comes to the fore insofar as it is coded" (Bellour 2000, S. 72). Durch inszenatorische Praktiken entsteht auf der Leinwand ein vielschichtiger filmischer Ausdruck, der dem Publikum zum klaren Eindruck wird. Die Evidenz der Bilder und Töne beruht auf Praktiken der Signifikation, die ihre Signifikanz nicht signifizieren, ja gerade ihre eigene Bedeutungslosigkeit bedeuten. Das klassische Hollywood-Kino, von dem Bellour, Bordwell und auch Panofsky sprechen, bringt Effekte des Selbstverständlichen zur Dominanz, die evidente Kino-Geschichten erzählen wollen. Es produziert narrative Zeichen, die das Materielle der Signifikanten sich auflösen lassen in figurativen Arrangements.

Womöglich aber würde Panofsky diese Argumentation noch nicht weit genug gehen. Seine Überlegungen zur „Stilisierung" von „Realität" weisen sowohl über Bordwells Formalismus als auch Bellours Psychosemiotik hinaus. In ihrer Emphase filmischer Bildlichkeit evozieren Panofskys Thesen heute frappierende Reminiszenzen an Jean-Luc Nancys Neo-Ontologie des Films, der Evidenz gerade kein signifikatorischer Effekt ist, sondern vielmehr eine piktoriale Qualität darstellt, durch die das Bild vom Reich der Zeichen differiert. Mit Nancys Evidenz-Begriff wird dann auch das klassische Hollywood-Kino transgrediert und eine basale Qualität aller Bilder gefasst: „The image, clear and distinct, is something obvious and evident. It is the obviousness of the distinct, its very distinction. There is an image only when there is this obviousness: otherwise, there is decoration or illustration, that is, the support of a signification" (2005, S. 12). Aus Nancys phänomenologischer Perspektive sind Bilder eben nicht wie eine Sprache strukturiert, sondern eine unmittelbar gegebene, energetisch aufgeladene Erscheinung, die als Objekt dem subjektiven Bewusstsein gegenüber tritt. Sie machen letztlich evident, was nicht sichtbar ist: die Erfahrung der Existenz. Panofsky hingegen würde diesen Schritt nicht mitmachen wollen. Zu sehr Ikonologe, bleibt ihm die Frage nach der symbolischen Signifikanz des Films stets zentral. Dennoch, mit Nancy ginge sein Blick auf die Bildlichkeit das klassischen Hollywood-Kinos wohl konform: Das Storytelling des Classical Hollywood wäre genau das, was bliebe, wenn Hollywood seine Bilder entzogen würden. Stil und Medium aber zeigen sich im Zugriff des Ästhetischen auf sein Material.

Literatur

Albano, Lucilla. 2003. Die Höhle der Riesen. In *Der kinematographische Apparat: Geschichte und Gegenwart einer interdisziplinären Debatte*, Hrsg. Robert F. Riesinger, 135–157. Münster: Nodus.
Altman, Rick. (1992). Sound Space. In *Sound theory, sound practice*. Hrsg. Rick Altman, 46–64. New York: Routledge.
Arnheim, Rudolf. 1979. *Film als Kunst*. Frankfurt a. M.: Fischer.
Barthes, Roland. 1990. *Der entgegenkommende und der stumpfe Sinn*. Frankfurt a. M.: Suhrkamp.
Baudrillard, Jean. 2004. *Amerika*. Berlin: Matthes & Seitz.
Bellour, Raymond. 2000. *The analysis of film*. Bloomington: Indiana University Press.
Bordwell, David. 1997. *On the history of film style*. Cambridge: Harvard University Press.

Bordwell, David, et al. 1988. *The classical Hollywood cinema: Film style and mode of production to 1960*. London: Routledge.
Bourget, Jean-Loup. 1982. En relisant Panofsky. *Positif* 259:38–43.
Bredekamp, Horst. 2006. On Movies. Erwin Panofsky zwischen Rudolf Arnheim und Walter Benjamin. In *Bildtheorie und Film*, Hrsg. Thomas Koebner und Thomas Meder, 238–252. München: Text und Kritik.
Breidecker, Volker. (Hrsg.). 1996. *Siegfried Kracauer und Erwin Panofsky: Briefwechsel 1941–1966*. Berlin: Akademie Verlag.
Deleuze, Gilles. 2005. Über das Zeit-Bild. In *Philosophie des Films: Grundlagentexte*, Hrsg. Dimitri Liebsch, 150–154. Paderborn: mentis.
Doane, Mary Ann. 1980. The voice in the cinema: The articulation of body and space. *Yale French Studies* 60:33–50.
Kracauer, Siegfried. 1984. *Von Caligari zu Hitler: Eine psychologische Geschichte des deutschen Films*. Frankfurt a. M.: Suhrkamp.
Kracauer, Siegfried. 1985. *Theorie des Films*. Frankfurt a. M.: Suhrkamp.
Lavin, Irving. (Hrsg.). 1995. *Three essays on style*. Cambridge: MIT.
Levin, Thomas Y. 1995. Iconology at the movies. Panofsky's film theory. In *Meaning in the visual arts: Views from the outside. A centennial commemoration of Erwin Panofsky*, Hrsg. Irving Lavin, 313–333. Princeton: Institute for Advanced Study.
Lukács, Georg. 1962. Gedanken zu einer Ästhetik des Kino. In *Schriften zur Literatursoziologie*, ausgewählt und eingeleitet von Peter Lutz, 142–148. Neuwied: Luchterhand.
Lyotard, Jean-François. 2005. Das Anti-Kino. In *Philosophie des Films: Grundlagentexte*, Hrsg, Dimitri Liebsch, 85–99. Paderborn: mentis.
Mann, Klaus. 1993. Das Filmmuseum. In *Das Wunder von Madrid: Aufsätze, Reden, Kritiken*. Reinbek bei Hamburg: rororo, 31–35.
Morin, Edgar. 1958. *Der Mensch und das Kino: Eine anthropologische Untersuchung*. Stuttgart: Klett.
Nancy, Jean-Luc. 2005. *The ground of the image*. New York: Fordham University Press.
Oudart, Jean-Pierre. 1990. Notes for a theory of representation. In *Cahiers du Cinéma: 1969–1972: The politics of representation*, Hrsg. Nick Browne, 203–212. Cambridge: Harvard University Press.
Panofsky, Erwin. 1936. On Movies. In *Bulletin of the Department of Arts and Archeology of Princeton University*: 5–15.
Panofsky, Erwin. 1937. Style and medium in the moving pictures. *Transition* 26:121–133.
Panofsky, Erwin. 1960. *Idea: Ein Beitrag zur Begriffsgeschichte der älteren Kunsttheorie*. München: Hessling.
Panofsky, Erwin. 1993. *Die ideologischen Vorläufer des Rolls-Royce-Kühlers & Stil und Medium im Film*. Frankfurt a. M.: Campus.
Prange, Regine. 1994. Stil und Medium: Panofsky „On Movies". In *Erwin Panofsky: Beiträge des Symposions Hamburg*, Hrsg. Bruno Reudenbach, 171–190. Berlin: Akademie-Verlag.
Sauerländer, Willibald. 1993. Panofsky im Jurassic Parc. *Kunstchronik* 12:709–718.
Sontag, Susan. 1989. Theater und Film. In *Kunst und Antikunst: 24 literarische Analysen*, 86–107. Frankfurt a. M.: Fischer.
Wuss, Peter. 1990. *Kunstwert des Films und Massencharakter des Mediums: Konspekte zur Geschichte der Theorie des Spielfilms*. Berlin: Henschel.

Thomas Meder Professor für Medientheorie an der Hochschule Mainz, Fachbereich Gestaltung. Dozent an der Universität Regenburg, Institut für Kunstgeschichte. Promotion zu *Vom Sichtbarmachen der Geschichte: Der italienische ‚Neorealismus', Rossellinis Paisà und Klaus Mann* (1993); Habilitation mit *Produzent ist der Zuschauer: Prolegomena zu einer historischen Bildwissenschaft des Films* (2006), Zahlreiche Veröffentlichungen zu historischen Interdependenzen von Film und bildender Kunst, u. a. Mit-Hg.: *Über Bilder sprechen: Positionen und Perspektiven der Medienwissenschaft* (2000) sowie *Bildtheorie und Film* (2006). Forschungsgebiete: Bild- und Filmwissenschaft, Kunstgeschichtliche Methodik, Kommunikationstheorie.

Ivo Ritzer Lehrkraft für besondere Aufgaben am Medienwissenschaftlichen Seminar der Universität Siegen; Wissenschaftlicher Mitarbeiter der Mediendramaturgie/Filmwissenschaft an der Universität Mainz; Lehrbeauftragter für Medien-, Bild- und Kulturtheorie an der Hochschule Mainz. Promotion zur Dialektik von Genre- und Autorentheorie. Externer Gutachter für Theatre, Film and Television Studies an der University of Glasgow. Gründer und Sprecher der AG Genre Studies der Gesellschaft für Medienwissenschaft (GfM). Herausgeber der Schriftenreihe *Neue Perspektiven der Medienästhetik* im Verlag Springer VS. Zahlreiche Buchpublikationen, u. a. zur Medientheorie des Körpers, zur Serialität des Fernsehens und zur Frage der kulturellen Globalisierung in audiovisuellen Medien.

Am Kreuzweg von Magie und Positivismus: Die Hermeneutik des Verdachts und die „paranoiden" Analysen der 1970er Jahre

Malte Hagener

Wie entsteht Bedeutung im klassischen Hollywoodkino – ist diese fixiert und eindeutig oder frei flottierend und voller potentieller Überschüsse? Diese Frage hat seit jeher Kritiker und Interpreten beschäftigt, auch und gerade in Bezug auf das klassische Hollywood, das in seiner Selbstevidenz und Offensichtlichkeit – „an excessively obvious cinema", so wie Edgar Allan Poes entwendeter Brief, der mit dieser Charakterisierung evoziert wird (vgl. Bordwell et al. 1985, S. 11) – gerade nicht zu solchen Interpretationsversuchen Anlass geben wollte. Es waren die Grenzen eines solchen Deutungsprozesses, die Exzesse und Überschüsse, die dabei die Kritiker an- und umgetrieben haben. Prominente Beispiele für derartige Bemühungen wären Christian Metz' sprichwörtlich gewordene Wendung aus den 1960er Jahren, es ginge darum zu verstehen, wie Filme verstanden werden (vgl. 1972, S. 197), oder David Bordwells in den 1980ern entstandener Überblick unterschiedlicher Methoden der Herstellung von Bedeutung, des „making meaning" (vgl. 1989). Besonders intensiv wurde diese Diskussion im Lauf der 1970er Jahre geführt, als eine ganze Reihe ambitionierter und umfangreicher Analysen die Grenzen der Interpretation auslotete. In diesem Text möchte ich diese Lektüren als prototypische Anwendungen einer bestimmten Methode in Erinnerung rufen, auch aus Respekt vor der Dichte ihrer Beschreibungen, der Genauigkeit ihrer Beobachtung wie der radikalen Konsequenz, mit der diese durchgeführt wurden; nicht ohne ihrer Exzessivität mit einer ironischen Distanz zu begegnen.

M. Hagener (✉)
Philipps-Universität Marburg, Marburg, Deutschland
E-Mail: hagener@staff.uni-marburg.de

Erneute Relevanz könnten derartige Lektüren heutzutage haben, da nicht nur über DVD und Download die Filme einfach verfügbar sind (ein Teil der damaligen Herkulesarbeit bestand ja darin, dass eine detaillierte Analyse einen gewaltigen Aufwand bedeutete, nämlich die Filme am Schneidetisch verfügbar zu haben und bearbeiten zu können), sondern auch da internetbasierte Plattformen (Websites, Blogs, Foren, Portale) Orte des Austauschs und der Debatte bieten, die sichtbar und weitgehend barrierefrei zugänglich sind. Aus der derzeitigen Position – und dies wird in einem Ausblick im Fokus stehen – stellt sich also die Frage nach der Beziehung zwischen der Symptomatologie der 1970er Jahre und jenen zeitgenössischen Lesarten, die durch das Internet verbreitet, wenn nicht gar hervorgebracht werden. Damit spreche ich den dichten Beschreibungen und paranoiden Analysen der 1970er Jahre nicht nur historische Bedeutung zu, sondern versuche, ihre heutige Relevanz im Zeichen des Postkinematografischen zu ergründen.

1 Rationalität und Kontingenzleugnung: „Paranoide" Analysen

Bevor ich mich der Spielart dieser Lektüren zuwende, gilt es zu klären, was eigentlich mit dem Begriff der „paranoiden" Analysen gemeint ist, der im Titel annonciert wird. Zunächst ist paranoid durchaus anerkennend – und höchstens halb-ironisch – gemeint im Sinne der Weisheit: „Just because you're paranoid, doesn't mean they are not after you". Gängige Suchmaschinen schreiben diese Sentenz in einer paranoid-reflexiven Schleife wahlweise den Verschwörungstheoretikern Henry Kissinger, Joseph Heller oder Kurt Cobain zu. Also etwa in dem Sinne, wie die Enthüllungen von Edward Snowden gerade deshalb so schockierend sind, weil sie uns im Nachhinein so unvermeidlich und selbst-evident erscheinen, eben weil sie unserer tiefsten Furcht und unseren absurdesten Ängsten entsprechen, die wir immer wieder als übertrieben und verzerrt abgetan haben. Ähnlich wäre zu werten, dass Barack Obama (öffentlich) davon sprechen kann, wie begeistert er der TV-Serie *Homeland* folgt, während George W. Bush natürlich noch *24* sah – Paranoia als akzeptable, ja sogar produktive Grundhaltung einer Welt gegenüber, die vor allem durch Gefahren und Bedrohungsszenarien gekennzeichnet ist. In diesem Universum des immerwährenden Verdachts, das Ulrich Becks Risikogesellschaft zu einer beschaulichen Idylle schrumpfen lässt, droht die Paranoia zu einer Form der *self-fulfilling prophecy* zu werden. Auch ein US-Präsident darf sich also daran erfreuen, wie eine zutiefst paranoide Haltung – mit „pre-emptive strikes", die antizipierten Angriffen zuvorkommen sollen, und „unlawful combattants", die ohne Anklage und Verfahren auf unbestimmte Zeit an geheimen Orten festgehalten werden, weil allein ihre Anwesenheit an einem bestimmten Ort angeblich ihre Schuld beweist – in fiktionalisierter Form wieder an ihn zurückgespielt wird. Ich will hier aber keine Kritik an der US-Regierung wiederholen, sondern es geht mir darum, wie Paranoia als eine erhöhte Form der Wachsamkeit und der Aufmerksamkeit kleinsten Unregelmäßigkeiten gegenüber zu einem weithin akzeptierten Konsens geworden ist.

Paranoiker zeichnen sich, darauf hat Manfred Schneider in einer umfassenden Studie hingewiesen, aus durch eine große Gewissheit, die gerade der Schlüssel zu ihrer Wahnhaftigkeit ist – jeglicher Zweifel, der sonst als Begleitoperation von Denkprozessen stets mitläuft und eine Art von „reality check" bietet, wird mindestens suspendiert, wenn nicht gar negiert. Sie sind in der Lage, aus kleinsten Zeichen und flüchtigen Daten weitgehende Schlüsse zu ziehen und ein übergreifendes System zu erzeugen, das keinerlei Offenheit beinhaltet; sie sind also zutiefst rational, weil sie eine bestimmte Logik konsequent bis zum Ende verfolgen. Damit einher geht der Glaube an ein Fatum, ein Schicksal, das sich mindestens auf zwei Ebenen zeigt: Zum einen wird die Existenz einer weltgeschichtlich übergreifenden Struktur vorausgesetzt, in der alle gelesenen Zeichen sich einordnen; zum anderen kommt aber auch dem Interpreten selbst eine spezifische Rolle zu, nämlich eine bestimmte Erkenntnisleistung zu generieren und bestimmte Formen der Handlungsfähigkeit daraus abzuleiten. In Extremform findet sich diese Handlungsfähigkeit beim Attentäter, der sich in einer epistemologisch privilegierten Position sieht (nur er allein kann aufgrund seiner Klarsichtigkeit handeln), aber auch der Interpret bezieht eine ähnlich herausgehobene Stellung. Die spezifische Intelligenz und Rationalität der Paranoia besteht also darin, die Unordnung und Unübersichtlichkeit der Welt einem einheitlichen System unterzuordnen, das sich zugleich aber auch versteckt hält. Was darin keinen Ort mehr findet, ist Kontingenz, die ja ein System offen halten würde im Hinblick auf alternative Entwicklungen und Optionen. Diese geschlossene Struktur erfordert die epistemologische Leistung einer Person mit besonderer Erkenntnisfähigkeit, des Paranoikers, um durchdrungen zu werden (vgl. Schneider 2010).

Warum können nun die ideologiekritischen Analysen der 1970er Jahre, die unter einem psychoanalytisch-semiotischen Paradigma entstanden sind, als paranoid gelten? Theoretisch rekurrieren diese Analysen vor allem auf französische Denker strukturalistischer und poststrukturalistischer Provenienz – Jacques Lacan, Roland Barthes, Christian Metz und Louis Althusser sind vermutlich die häufigsten Referenzpunkte, Michel Foucault findet sich dagegen nur selten, Gilles Deleuze gar nicht (sein Stern geht erst später auf). Sie gehen meist von Details aus, nutzen strukturelle Gegensätze – wie Natur/Kultur oder männlich/weiblich, aber auch formale Parameter der Kameraarbeit und Mise-en-scène wie bewegt/statisch oder groß/klein – und entfalten daraus weniger Interpretationen im Sinne einer korrekten Auslegung, sondern plädieren eher dafür, ein groß angelegtes filmisches Systems bei der Arbeit zu beobachten, das in seiner Struktur auf gesellschaftliche Grundprinzipien rückführbar ist. Dieses wäre bereits ein erster Hinweis auf die diesen Analysen inhärente Paranoia – sie kreieren ein übergreifendes textuelles System, auch wenn sich dieses häufig durch Widersprüchlichkeit auszeichnet.

2 Post-68: Entwicklung und Formung der Analysen

Als im Zuge der Unruhen vom Mai 1968 die Zeitschrift *Cinéthique* eine explizit politische (sprich: marxistische) Haltung einzunehmen begann, zogen die altehrwürdigen *Cahiers du cinéma* bald nach, ja übertrafen *Cinéthique* sogar noch, das sich vor allem dem offen politischen Film widmete. In einem berühmt gewordenen Editorial entwickelten Jean-Luc Comolli und Paul Narboni in der Oktober und November-Ausgabe 1969 der *Cahiers du cinéma* als Gegenposition dazu in einer Art Manifest eine Klassifikation (vgl. 1971, S. 27 ff.), die als Grundlage der großen ideologiekritischen Analysen gelten kann. Im Kern dieser Gliederung ging es dabei um die Beziehung von Film und Ideologie, also die kulturelle Funktion des Films, die Relation des Werks zu seinen Produktionsmitteln und die Frage nach dem Politischen im Kino. Tatsächlich schaffte es nur eine einzige Klasse, die Kategorie E, zu einigem Ruhm, während die Filme, die von der „herrschenden Ideologie in reiner und unverfälschter Form durchtränkt" sind (Melville, Lelouch) [Kategorie A] oder die offen revolutionären Filme [B] keine große Beachtung fanden, vielleicht auch weil diese Gruppen allzu selbstevident erscheinen. Die Filme der Kategorie E dagegen zeigen „a noticeable gap, a dislocation, between the starting point and the finished product" (Comolli und Narboni 1971, S. 32). Mit typisch dekonstruktivistischem Vokabular wird eine interne Widersprüchlichkeit der Untersuchungsobjekte konstatiert, diese Ambivalenz wiederum als Beweis dafür gelesen, dass darin die Widersprüchlichkeit des herrschenden System zum Ausdruck kommt: „An internal criticism is taking place which cracks the film apart at the seams. [...] if one looks beyond its apparent formal coherence, one can see that it is riddled with cracks: it is splitting under an internal tension which is simply not there in an ideologically innocuous film" (Comolli und Narboni 1971, S. 33). David Bordwell bezeichnet diese Passage als Durchsuchungsbefehl im Ermittlungsverfahren von unterdrückter Bedeutung (vgl. 1989, S. 84). Wenn wir die Polemik einmal beiseitelassen, dann war es wohl die Mischung aus auteuristischer Verehrung und interpretatorischer Anstrengung, die gerade diese Kategorie so interessant machte. Man konnte damit den Autoren-Strukturalismus fortschreiben, indem man nach wie vor die bekannten Objekte wählte (explizit genannt im Text werden John Ford, Carl Theodor Dreyer und Roberto Rossellini), sich aber gegen den Vorwurf der politischen Naivität immunisieren, dem sich die Cinéphilie zunehmend ausgesetzt sah, indem man mit poststrukturalistischer Methode die Widersprüche und Exzesse des Films thematisierte, die Instabilität und Dynamik der Bedeutungsgenerierung in den Vordergrund rückte. Dies führte keineswegs zu einem Sturz der Götter, sondern paradoxerweise stellten sich die großen Autoren des klassischen Hollywoods und des europäischen Kunstkinos als diejenigen heraus, deren Filme für die Analysen am ergiebigsten waren. Dies wäre eine weitere Ebene, auf der mir diese Analysen als paranoid erscheinen: Man sah einerseits einen Anfangsverdacht stets bestätigt, also jenen der Widersprüchlichkeit der herrschenden Ideologie, während man andererseits die Beschäftigung mit den gleichen Untersuchungsgegenständen fortsetzen konnte. Komplexitätssteigerung qua Theorieaufrüstung korrespondiert also mit Komplexitätsreduktion durch die Beibehaltung des bereits bekannten kanonisierten ‚Korpus', aber auch das vorausgesetzte Ergebnis in der Form der Widersprüchlichkeit der herrschenden Ideologie.

Die kollektive Analyse der *Cahiers du Cinéma*-Redaktion zu John Fords *Young Mr. Lincoln* (1939) ist wohl die Urform dieser Analysen, die Exzesse, Heterogenitäten und Widersprüche eines Textes sichtbar machen wollen, um diese wiederum korrespondierend zur Selbstwidersprüchlichkeit der kapitalistischen Weltordnung zu setzen. Weitere weithin bekannte Texte aus diesem Zusammenhang wären Stephen Heaths „Film and System: Terms of Analysis" zu Orson Welles' *Touch of Evil* (1958) (vgl. 1975), Raymond Bellours Lektüren von Hitchcock-Filmen, insbesondere „Symbolic Blockage" zu *North by Northwest* (1959) (vgl. 2000a, S. 77 ff.) und „System of a Fragment" zur Bodega-Bay-Sequenz von *The Birds* (1963) (vgl. 2000b, S. 28ff.) (Abb. 1, 2).

Die Reichweite der Analysen fiel unterschiedlich aus, man konzentrierte sich aber in der Regel auf kleine Einheiten; Zyklen von Filmen gerieten selten in den Blick, sondern zumeist einzelne Filme, wenn nicht gar einzelne Sequenzen. Man denke hier etwa an Thierry Kuntzels Texte zu den Anfängen von Fritz Langs *M* (1930) und *The Most Dangerous Game* (1932), von denen letzterer auf 60 Seiten lediglich die Anfangssequenz (62 Einstellungen) diskutiert (vgl. Kuntzel 1978, 1980). Beide gehören im Übrigen unter dem Titel *Le travail du film*, also „Die Film-Arbeit", zu einer nie fertig gestellten Doktorarbeit bei Roland Barthes, die Filmanfänge als eine spezifische Form der Kondensation im Freud'schen Sinne diskutieren wollte. Es gibt sogar noch kleinteiligere Untersuchungen, so etwa die 20-seitige Analyse des MGM-Logos von Ronald Levaco und Fred Glass[1]. In angemessen verdrehter Weise zitiert schon der Titel einen Satz von Äsop, an den sich Roland

---

[1] Der Originaltitel des Aufsatzes lautet kalauernd „Because my name is Lyon", womit eben auch der „Geburtsort" des Films aufgerufen wird; auf Französisch ist er erschienen in Bellour 1980, S. 12–29; auf Deutsch findet er sich in Böhnke et al. 2006, S. 137–158.

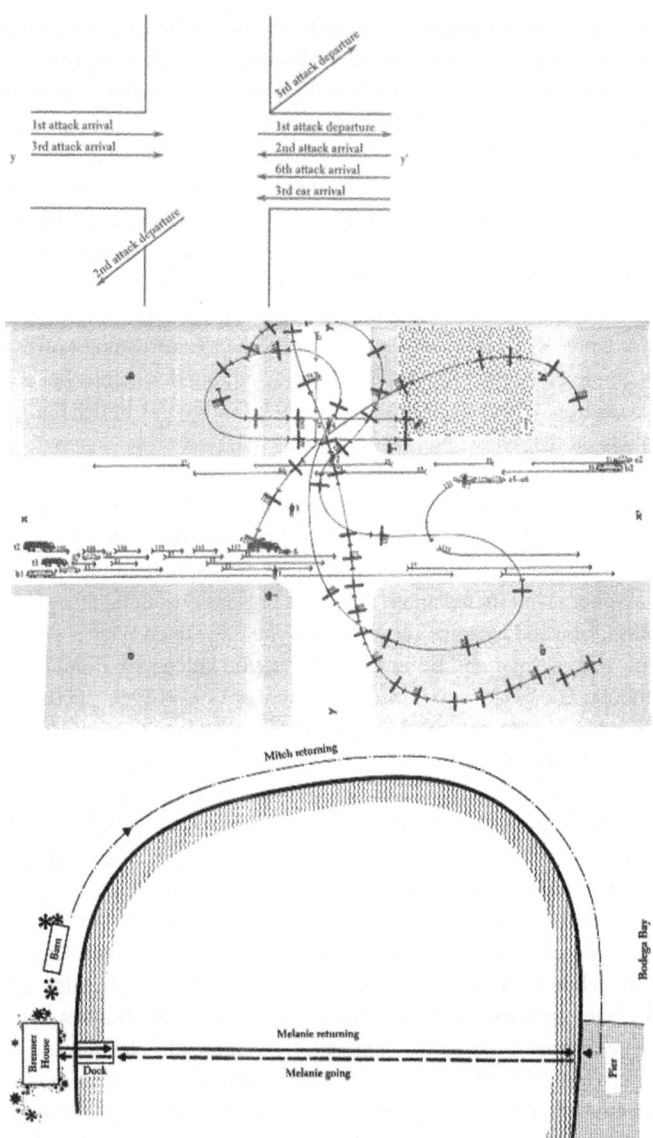

Abb. 1 Skizzen von Bellour zu *North by Northwest* und *The Birds*

Am Kreuzweg von Magie und Positivismus

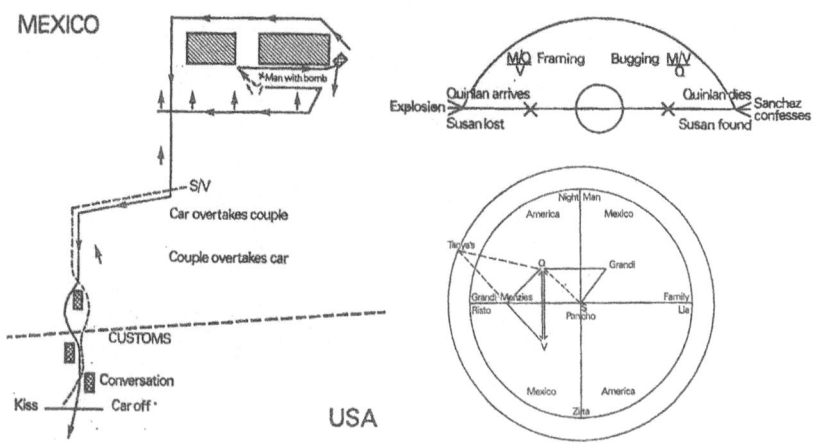

Abb. 2 Skizzen von Heath zu *Touch of Evil*

Barthes in *Mythen des Alltags* aus seinem Lateinunterricht erinnert: „Quia ego nominor leo" (weil ich Löwe genannt werde). Daraus entwickeln sie auf 20 Seiten die Analyse des MGM-Firmenlogos als eines hochgradig verdichteten Zeichens. Exemplarisch steht das Logo für sämtliche zeichenhafte Gebilde, die Besitzverhältnisse und Autorenschaft der klassischen Hollywood-Studios in ihrer widersprüchlichen Verdichtung annoncieren: „Phatisch verherrlicht das unerschütterliche Logo die Stagnation der Ideologien, denen es dient" (Levaco und Glass 2006, S. 158).

Im Zentrum dieser Lesarten stehen also interne Widersprüche des Textes, die derartig beschaffen sind, dass sie jede kohärente Lesart durchkreuzen und aufsprengen. So birgt dann jeder Text, der einer solchen Lektüre unterzogen wird, die gesamte Widersprüchlichkeit der sie hervor bringenden Welt in sich (oder zumindest der dominanten sozio-ökonomischen Wirklichkeit). Die Texte entfalten ein System an Beziehungen, ein textuelles System, wie es in Anlehnung an Metz meist genannt wurde, das ideologisch und historisch überdeterminiert ist, insofern als seine Entstehung wie seine Mythen, seine Aporien wie seine Wirkungsweisen in die audiovisuelle Textur eingeschrieben sind, es immer wieder auf sich selbst zurück verweisen und an sich selbst scheitern lassen. Symptomatisch sind die analysierten Texte also für zweierlei: einerseits dafür, dass die herrschende Ideologie sich unsichtbar macht, sich naturalisiert und nach Transparenz strebt, dabei allerdings auf der anderen Seite zugleich die Selbstwidersprüche und Aporien umso stärker aufscheinen. Hierin liegt also die paranoide Rationalität einer derartigen Symptomatologie – dass jeder Text die Selbstwidersprüche des Systems zugleich verbirgt und präsentiert. Und in dieser Erkenntnis liegt die spezifische Leistung des

Abb. 3 *Young Mr. Lincoln*, John Ford, USA 1939

Paranoikers – er kann diese Selbstwidersprüche erkennen und die Leser dadurch gegenüber den scheinbar monolithischen Texten ermächtigen, also in eine Position der Erkenntnis versetzen.

Das Vorgehen der Texte ist trotz der Komplexität des Ansatzes und der detaillierten Interpretationen in der Regel ähnlich: Die Analysen lokalisieren zunächst einen Überschuss im Text, der diesen quasi von innen aushöhlt, zersetzt und die eigentlich dominanten Operationen der Ideologie aushebelt und aufsprengt. Bedeutung entsteht im gleitenden und niemals endenden Spiel der Differenzen, ohne dass sie sich aber endgültig fixieren ließe. Die audiovisuelle Textur des Films wird dabei von einem Text im Sinne fester Codes (beim frühen Christian Metz, auf den häufig rekurriert wird, war dies noch das dominante Modell) verwandelt zu einem dynamischen Prozess oder einer Operation (vgl. Stam et al. 1993, S. 52). Die Paradoxie der symptomatischen Lesarten liegt somit darin, einerseits die Hegemonie der Ideologie zu konzedieren, andererseits aber das ständige Scheitern dieser hegemonialen Strukturen in den Texten zu lokalisieren. Damit scheint die Paranoia sowohl auf Seiten der untersuchten Texten wie bei den Analysen selbst zu liegen, also bei Analysanden ebenso wie beim Analytiker. Tatsächlich schreibt die *Cahiers du Cinéma*-Analyse von *Young Mr. Lincoln* (Abb. 3) dem Film selbst paranoide Züge zu: „We can here diagnose the paranoia which governs the symbolics of the film" (Editors of Cahiers du Cinéma 1985, S. 470).

Ein weiteres Element besteht darin, dass viele der Texte mit Illustrationen und Skizzen arbeiten. Viele der Analysen illustrieren nicht nur ihre Argumentation mit detaillierten Reihen von Standbildern, die in daumennagelgroßer Vervielfältigung an Marey und Muybridge gemahnen, sondern enthalten darüber hinaus Tabellen, Pläne und andere grafische Elemente vielgestaltiger Art. Neben die diskursive Logik, die sich in aller Regel zeitlich im Nacheinander der Einstellungen und der Narration entfaltet, tritt also eine zweidimensionale Flächigkeit, die eher der Logik von Karten und Diagrammen zuzurechnen ist. Film als Zeitkunst *par excellence* wird verräumlicht. Es ist gerade diese topologische Umformung der Filme in Skizzen von Bewegungen und Lagepläne, die korreliert mit Entwicklungen im Kunstbereich, ob Constanze Ruhms dreidimensionaler Nachbau von filmischer Architektur, Pierre Huyghes nachträglicher Verräumlichung von Wegen, die elliptisch übersprungen werden, oder Aitor Gametxos Neumontage von D.W. Griffith' *The Sunbeam* (1912) als *Variation on The Sunbeam* (2012)[2].

3 Entr'acte: Zwei Briefe, die ihren Empfänger (nicht) erreichen

Dass die populären kulturellen Hervorbringungen einer Epoche die Selbstwidersprüche und Spannungen der jeweiligen Gegenwart in unbewusster oder verborgener Form enthalten, ist keine Erfindung der ideologischen Analysen der 1970er Jahre. Und auch die Konzentration auf Details und kleinste Teile, die dann als Anzeichen und Hinweis, als Symptome größerer Zusammenhänge gesehen werden, hat bedeutsame Vorläufer. Siegfried Kracauers epistemologische Studien der 1920er Jahre, meist unter dem Begriff der Oberflächenanalyse gefasst, ebenso wie Walter Benjamins Untersuchungen der Berliner und Pariser Alltagskultur des 19. und frühen 20. Jahrhunderts wären hier als frühere Beispiele einer solchen von kleinen Beobachtungen ausgehenden Analyse zu nennen. Ausgehend von Details, die eingefasst, analysiert oder zunächst einfach nur in ihrer Andersheit präsentiert werden, entfalten sie eine Gesamtschau einer historischen Konstellation, eines spezifischen Momentes, der sich niemals ganz stillstellen lässt, sondern immer wieder durch die Finger gleitet und sich uns entzieht. Klassisch geworden ist Kracauers Beschreibung dieses „Massenornaments": „Der Ort, den eine Epoche im Geschichtsprozeß einnimmt, ist aus der Analyse ihrer unscheinbaren Oberflächenäußerungen schlagender zu bestimmen als aus den Urteilen der Epoche über sich selbst. Diese sind als der Ausdruck von Zeittendenzen kein bündiges Zeugnis für die Gesamtverfassung der Zeit. Jene gewähren ihrer Unbewußtheit wegen einen unmittelbaren Zugang zu dem Grundgehalt des Bestehenden. An seine Erkenntnis ist umgekehrt ihrer Deutung geknüpft. Der Grundgehalt einer Epoche und ihre unbeachteten Regungen erhellen sich gegenseitig" (Kracauer 1963, S. 50). Bekanntlich ist diese Position nicht ohne Widerspruch geblieben, hat sich doch Theodor Adorno kritisch mit Kracauers und Benjamins Studien zur Populär- und Alltags-

---

[2] http://vimeo.com/22696362.

kultur auseinandergesetzt. Wenn ich hier Kracauer und Benjamin in eins fallen lasse, dann wird das sicher beiden nicht gerecht, aber hier interessiert für einen Moment die prinzipielle Kritik Adornos an ihren verwandten Ansätzen mehr als die jeweiligen Differenzen.

Es geht mir auch weniger darum, ob Adorno in seinem Brief an Benjamin, in dem er dessen Vorstudien zu seinem nie vollendeten Hauptwerk, dem Passagenwerk, kritisiert, tatsächlich recht hat, sondern es stellt sich eher die Frage nach der Methode bei großangelegten Untersuchungen von Populärkultur, die anhand von Details grundlegende Haltungen ganzer Epochen zu bestimmen versprechen. Adornos Kritik an Benjamins Passagenwerk lautet, dieses sei „am Kreuzweg von Magie und Positivismus angesiedelt. Diese Stelle ist verhext. Nur die Theorie vermöchte den Bann zu brechen" (1974, S. 1096). Zwei Gefahren drohen laut Adorno der Analyse, die von kleinsten Elementen ausgeht – die Überbeanspruchung des Details und die Ersetzung der Deutung durch eine oberflächliche Darstellung empirischer Tatbestände. Die Aufmerksamkeit für das Kleine, Unbedeutende, das Detail schlägt in Magie um, wenn dieses derart mystizistisch aufgeladen wird, dass man meint, darin immer schon das Große und Ganze zu erkennen. Und die Gefahr des Positivismus besteht auf der anderen Seite darin, die Fakten für sich selbst sprechen zu lassen, sie für selbstevident zu halten. Man könnte dies als klassischen Vorwurf an großangelegte Untersuchungen zur Massen- und Populärkultur verstehen. Der von Adorno propagierte Ausweg, auf die Theorie zurückzugreifen, um die Beobachtungen entsprechend zu rahmen, ist auch jener, den die großangelegten ideologiekritischen Studien wählen, um die es hier geht. Allerdings stellen sich die Filmanalysen potentiell eine andere Falle, nämlich dass sie zu formelhaften Checklisten zu geraten drohen.

Der andere Brief, um den es hier gehen soll, hat seinen Adressaten nie erreicht und enthielt offenbar Erläuterungen von Jean-Louis Baudry an den englischen Übersetzer einer seiner beiden kanonisierten Apparatus-Aufsätze, ein zentraler Bestandteil der psycho-semiotischen Theorien, auf die sich die symptomatischen Analysen beziehen. Baudrys Text erschien erstmals 1970 in *Cinéthique*, die erste Fußnote referiert auf Derridas *Die Schrift und die Differenz*, die erste Anmerkung des Übersetzers in der englischen Erstübersetzung von 1974 weist darauf hin, dass mit dem französischen „travail" auch Arbeit im Freud'schen Sinne gemeint sei. Damit situiert sich der Aufsatz schon beim Erstabdruck unter dem Titel „Ideological Effects of the Basic Cinematographic Apparatus" (1974/1975, S. 39 ff.) in der Zeitschrift *Film Quarterly* (übersetzt von Alan Williams) im inzwischen etablierten Feld der symptomatischen Psychosemiotik. Doch auch kulturhistorisch wird der Essay verortet, wenn in einer Einführung darauf hingewiesen wird, dass die Ereignisse vom Mai 1968 nicht nur die *Cahiers du Cinéma*, sondern die französische

Filmkultur insgesamt radikal verändert hätten. Die Idee, dass die Enttäuschung der Linken zumindest in Kreisen der Cinéphilen sich als Enttäuschung über das Kino insgesamt artikuliert, ist also bereits in der Entstehungszeit der symptomatischen Analysen eine gängige Vermutung (vgl. Elsaesser 2005, S. 27 ff.).

Doch die englische Übertragung hält noch eine Pointe bereit: Die Vorbemerkung zu Baudrys thesenhaftem Text, der vom Übersetzer Alan Williams kommentiert ist, um dem englischsprachigen Publikum dessen „allusive or even elusive" Argumente zu eröffnen, schließt mit einem Hinweis, der wie ein weiterer Lacan- oder Derrida-Kommentar anmutet: „A few irreducible obscurities remain which the French postal strike has prevented us from clarifying". Ein verführerischer Gedanke – hätten die Franzosen nicht gestreikt, so hätten wir die „wenigen unauflöslichen Unverständlichkeiten" eines notorisch als unverständlich geltenden Textes aufklären können. Was sich natürlich mit ähnlicher Vehemenz aufdrängt, sind Lacans und Derridas konträre Kommentare zu Edgar Allan Poes Erzählung „Der entwendete Brief". Für Lacan erreicht ein Brief – zumindest in der imaginären Rekonstruktion der Nachträglichkeit – immer seinen Adressaten (vgl. 1975, S. 7 ff.), so dass das Verschwinden des Briefs durch den Streik der französischen Postarbeiter als eine paranoide, eben sich selbst erfüllende Prophezeiung zu verstehen ist, damit die Unverständlichkeiten und Inkonsistenzen eben „irreducible", also unauflöslich, bleiben.

Derrida hat Lacan bekanntlich „Phallogozentrismus" vorgeworfen und nachdrücklich auf den endlosen Aufschub, das Zirkulieren von Bedeutung, die sich nicht fixieren lässt, hingewiesen, ganz im Sinne wie die hier diskutierten Lektüren dieses nicht endende Gleiten der Signifikanten an Filmen exemplifizieren (vgl. Derrida 1982–1989). Ohne zentralen Ankerpunkt entsteht Signifikation nur relational im Verhältnis zu anderen Elementen der Anordnung. In diesem Sinne korrespondiert der Aufschub durch den verloren gegangenen Brief mit der endlosen Verschiebung von Bedeutung, die sich nie fixieren lässt. Nun mag man entgegnen, dass dies in Zeiten des Postwesens noch möglich gewesen sei, das Internet und die allzeit verfügbare Konnektivität und ubiquitäre Zugänglichkeit jedoch eine ganz andere Form von Temporalität hervorbringen. Vielleicht ist es Zufall oder eher noch eine paranoide Entgleisung, daran zu erinnern, dass zur gleichen Zeit, 1968, das „packet switching" entwickelt wurde, also die Zerlegung von Botschaften nicht länger in semantische Einheiten, sondern in arbiträre Teile, die auf unterschiedlichen Wegen gesendet und erst am Bestimmungsort wieder zusammengefügt werden. Es wäre natürlich paranoid zu behaupten, das Internet hätte etwas mit einem Streik französischer Postarbeiter zu tun, würde mithin darauf reagieren, um die freie Entwicklung, Entfaltung und Verbreitung von Informationen sicherzustellen. Damit wären wir dann auch beim Internet und bei der Frage danach, ob diese Analysen nur noch historischen Wert genießen oder uns für die heutige Zeit noch etwas zu sagen haben.

4 Mindgame und Internet

Man könnte sagen, dass die Durchdringung der Wirklichkeit, die Aufmerksamkeit für kleinste relevante Details inzwischen zu kollaborativen Anstrengungen geworden ist. Und das bezieht sich ebenso auf die von Henry Jenkins' analysierten Selbstorganisationsformen im Internet (*Harry Potter*-Alliance, Fans der TV-Serie *Lost*; vgl. Jenkins 2006 und Jenkins et al. 2013) wie auf die Heerscharen von Analysten, die im Auftrag der Geheimdienste gewaltigen Datenmengen immer wieder neu zusammenfügen (oder Algorithmen entwerfen, die den unzähligen möglichen Mustern gegenüber ratlos bleiben). Eine weitere relevante Frage wäre in diesem Zusammenhang, die Beziehung des Analysanden zum Objekt der Analyse in den Blick zu nehmen. Tatsächlich, so scheint mir, ist es nicht länger möglich, eine Position des Außen zu reklamieren, in hermeneutischer Weise auf ein Untersuchungsobjekt zu blicken, ohne selbst involviert zu sein. Ob NSA oder NSU – es gibt keinen Ansatzpunkt, der nicht schon kompromittiert oder in irgendeiner Form impliziert wäre, so dass sich die Frage stellt, welche Theorie uns noch zu versprechen vermag, die Wirklichkeit objektiv in den Blick zu bekommen. In der 8. Folge der 2. Staffel der bereits erwähnten TV-Serie *Homeland*, ein Update der Post-9/11-Paranoia für das Obama-Amerika, fragt die Hauptfigur Carrie (Claire Danes) ihren Kollegen Saul Berenson (Mandy Patinkin) „Bin ich wieder mal zu nah dran?", nachdem sie mit dem vermeintlichen Attentäter und Schläfer Brody (Damian Lewis) Sex hatte, während sie gerade abgehört wurde; kann man zu nah an seinem Überwachungsobjekt sein: Was sieht man noch, wenn man (zu) dicht dran ist? Ist also alles nur eine Frage der Distanz, des kritischen Abstands, den man zum Text einnehmen muss, etwa so, wie man ein Objektiv scharf stellt? Während in den 1970er Jahren die Optik auf die zu analysierenden Objekte, also die Perspektive, durch die psychosemiotische Theorie vorausgesetzt war, so gibt es heute keine vergleichbare Hegemonie mehr.

Die großen ideologischen Analysen sind in der Zwischenzeit nicht nur aufgrund der Erschöpfung der theoretischen Rahmen aus der Mode gekommen, sie haben sich wohl auch deshalb überholt, weil das Internet inzwischen einen Echoraum für expansive Fan-Interpretationen vielgestaltiger Art bietet, so dass der Distinktionsgewinn einer detaillierten Analyse nicht länger gegeben ist. Der im letzten Jahr in die Kinos gekommene Film *Room 237* (2012), eine Mischung aus Dokumentarfilm über nerdige Cinéphile und filmwissenschaftlichem Essay („videographic film study") zu Stanley Kubricks *The Shining* (1980), bietet ein Update der paranoiden

Analysen im Zeitalter digitaler Netzwerke. Hier findet sich jeder der fünf Protagonisten in seiner Nische bestätigt – Kubricks *Shining* ist wahlweise eine Auseinandersetzung mit dem Genozid an der amerikanischen Urbevölkerung („the wave of terror that swept America"), ein Film über den Holocaust oder eine Entschuldigung Kubricks an seine Frau für die Inszenierung der Mondlandung. Man kann alles durch beliebige Standbilder und Frame-Grabs beweisen – Kubricks Gesicht in den Wolken oder die Erektion durch Objekte auf dem Schreibtisch. Man kann aber auch – und dies unterscheidet einen Film wie *Room 237*, in dem der Regisseur sich die Positionen der einzelnen Protagonisten nicht zueigen macht, sondern sich durch kontrastierende Montagen distanziert, von den symptomatischen Interpretationen – in der Analyse direkt mit dem Medium selbst arbeiten, ist nicht länger auf einen Medienwechsel vom Film zum Text angewiesen. Dabei ist es gerade dieser Wechsel der Darstellungsform, der sich auch in den 1970er Jahren als produktiv erwiesen hat. Da jeder Text notwendigerweise nur bestimmte Aspekte von Bildern und Tönen berücksichtigen konnte, zudem Bilder nicht direkt zitierfähig waren, musste man immer mit dem Überschuss umgehen, der derartig vom Film generiert wurde. Die derzeit viel diskutierten „videographic film studies"[3] bieten eine mögliche Antwort auf dieses Problem.

5 Fazit

Wenn also die symptomatischen Lesarten der 1970er Jahre paranoid sind, insofern sie zwar in verschwörungstheoretischer Weise nach kleinsten Indizien fahnden, die dann auf Großstrukturen verweisen, aber doch zugleich in der Lage sind, diesen über einen Theorierahmen eine größere Relevanz zu verleihen, so haben die heutigen Netzwerk-Analysen nicht länger die Theorie zur Grundlage, können aber mit dem analysierten Material direkt arbeiten. Die großen ideologischen Lektüren der 1970er Jahre stellen die Frage nach dem Bezug von textuellen Operationen – und den Apparaten bzw. Dispositiven, die diese ermöglichen – zu sozialen Formationen und Strukturen der Identität. Sie versuchen also, der Doppelstellung von Kunst als autonome Werke und als Ablagerung und Einschreibung des soziokulturellen Kontextes ihres Entstehungszusammenhanges gerecht zu werden, indem sie auch stets ihre eigene Methode und Reichweite mitprozessieren. Das unterscheidet jene von heutigen Analysen, so umfangreich und hochgerüstet sie daherkommen: Diese sind in der Regel theoriefrei, tauchen mit allen Vor- und Nachteilen in die Welt des Films ein, reklamieren nicht länger einen Ort des Außerhalb. Sie bergen weder eine Theorie der filmischen Bedeutung, der Signifikation, in sich, noch können sie

---

[3] Siehe dazu Catherine Grants Kanal bei Vimeo: http://vimeo.com/groups/audiovisualcy.

eine makrostrukturelle Perspektive auf das Problem liefern, in welchem Verhältnis Filme zum historischen Prozess stehen.

Was kann also der mikrologische Blick erkennen, wie kann man das Detail zum Sprechen bringen, ohne in die von Adorno benannten Fallen der Magie und des Positivismus zu fallen? Diese Frage stellt sich im Angesicht von „big data" und den ungeheuren Datenmengen, die das Netz uns zur Verfügung stellt, noch einmal auf andere Weise. Insofern wäre der Vorschlag der ideologischen Analyse nicht nur im adornitischen Sinne als Plädoyer für die Theorie zu verstehen, sondern auch als ein Insistieren auf einen Wechsel der Verfahren, auch hin zu grafischen und räumlichen Abstraktionen. Wenn wir also die neuen Werkzeuge nutzen, die uns der Computer bereitstellt, um andere Wege der Filmanalyse zu erproben, etwa auch solche, die unter dem Stichwort der „videographic film studies" gefasst werden, ohne dabei allerdings kategoriale Rahmungen gänzlich zu verabschieden. Wenn Lesarten von Filmen, gerade von jenen klassischen, die ebenso „excessively obvious" wie Poes Brief sind, also mehr sein wollen als idiosynkratische Zugänge, dann müssen sie im Sinne der intersubjektiven Verständlichkeit nicht nur die Welt des Films selbst ernstnehmen, sondern auch ihren eigenen Ort reflektieren. Dies wird auch in Zukunft eine der zentralen Herausforderungen für jede Filmanalyse sein.

Literatur

Adorno, Theodor W. 1974. Brief von Adorno an Benjamin, 10.11.1938. In *Gesammelte Schriften,* Hrsg. Walter Benjamin, Bd. 1.3. Frankfurt a. M.: Suhrkamp.
Baudry, Jean-Louis. 1974/1975. Ideological effects of the basic cinematographic apparatus. *Film Quarterly* 28 (2): 39–47.
Bellour, Raymond. (Hrsg.). 1980. *Le cinéma americain: Analyses de films*, Bd. 1. Paris: Flammarion.
Bellour, Raymond. 2000a. Symbolic blockage (on *North by Northwest*). In *The analysis of film*, 77–192. Bloomington: Indiana University Press.
Bellour, Raymond. 2000b. System of a fragment (on *The Birds*). In *The analysis of film*, 28–68. Bloomington: Indiana University Press.
Bordwell, David. 1989. *Making meaning: Inference and rhetoric in the interpretation of cinema.* Cambridge: Harvard University Press.
Bordwell, David, et al. 1985. *The classical Hollywood cinema: Film style & mode of production to 1960.* London: Routledge.
Comolli, Jean-Luc, und Paul Narboni. 1971. Cinema/ideology/criticism. *Screen* 12 (1): 27–36.
Derrida, Jacques. 1982–1989. Das Zuviel an Evidenz, oder Der Fehl an seinem Platz. In: *Die Postkarte von Sokrates bis an Freud und jenseits.* Berlin: Brinkmann & Bose.
Editors of Cahiers du Cinéma. 1985. John Ford's *Young Mr. Lincoln*. In *Narrative, apparatus, ideology,* Hrsg. Philip Rosen, 444–482. New York: Columbia University Press.

Elsaesser, Thomas. 2005. Cinephilia or the uses of disenchantment. In *Cinephilia: Movies, love and memory,* Hrsg. Marijke de Valck und Malte Hagener, 27–44. Amsterdam: Amsterdam University Press.

Heath, Stephen. 1975. Film and system: Terms of analysis. *Screen* 16 (1): 7–78.

Jenkins, Henry. 2006. *Convergence culture: Where old and new media collide.* New York: New York University Press.

Jenkins, Henry, et al. 2013. *Spreadable media: Creating value and meaning in a networked culture.* New York: New York University Press.

Kracauer, Siegfried. 1963. Das Ornament der Masse. In: *Das Ornament der Masse: Essays,* 50–63. Frankfurt a. M.: Suhrkamp.

Kuntzel, Thierry. 1978. The film work. *Enclitic* 2 (1): 38–61.

Kuntzel, Thierry. 1980. The film work, 2. *Camera Obscura* 5:7–68.

Lacan, Jacques. 1975. Das Seminar über E.A. Poes „Der entwendete Brief". In: *Schriften I,* 7–60. Frankfurt a. M.: Suhrkamp.

Levaco, Ronald, und Fred Glass. 2006. Quia ego nominor Leo. In *Das Buch zum Vorspann,* Hrsg. Alexander Böhnke et al., 137–158. Berlin: Vorwerk 8.

Metz, Christian. 1972. *Semiologie des Films.* München: Fink.

Schneider, Manfred. 2010. *Das Attentat: Kritik der paranoischen Vernunft.* Berlin: Matthes & Seitz.

Stam, Robert, et al. 1993. *New vocabularies in film semiotics: Structuralism, post-structuralism and beyond.* London: Routledge.

Malte Hagener Professor für Medienwissenschaft mit dem Schwerpunkt Geschichte, Ästhetik und Theorie des Films an der Philipps-Universität Marburg. Forschungsschwerpunkte: Film- und Mediengeschichte, Filmtheorie, Medienbildung. Neuere Publikationen als Autor: *Filmtheorie zur Einführung* (mit Thomas Elsaesser, 2007; vierte Auflage, Übersetzungen ins italienische, englische, französische, koreanische, litauische); *Moving Forward, Looking Back. The European Avant-garde and the Invention of Film Culture, 1919–1939* (2007); als Herausgeber *The Emergence of Film Culture* (2014).

Der Mensch des (Hollywood-)Kinos: Eine Sichtung mit Edgar Morin

Lisa Gotto

Der Ausgangspunkt für die folgenden Überlegungen zum medialen Verhältnis von Mensch und Kino ist ein Bild, genauer: das Titelbild der deutschsprachigen Ausgabe von Edgar Morins Filmbuch *Der Mensch und das Kino* (1958). Auf diesem Bild, es ist ein Still aus Jean Cocteaus Film *Orphée* (1950), sehen wir einen Mann in der Schwebe (Abb. 1).

Dieser Mann erscheint unvollständig und gedoppelt zugleich. Denn einerseits ist er nicht in Gänze abgebildet (nur der Oberkörper ist zu sehen), und andererseits erblicken wir sowohl diese Teilansicht als auch ihre Reflexion, mithin ihre Verdopplung. Interessanterweise aber steht das Bild auf dem Kopf. Bereits hier lässt sich eine Blickanordnung erkennen, die vom Zuschauer einiges verlangt: eine Umkehrung, eine veränderte Perspektive. Erst wenn man das Buch umdreht, wird die eigentliche Ausrichtung des Bildes erkennbar. Deutlich wird dann, dass der Mann am Boden liegt, auf sandigem Untergrund, am Rand einer Wasserfläche. Auf der Oberfläche des Wassers erscheint, diffus und unscharf, sein Spiegelbild.

Einige Vermutungen sind möglich. Könnte es sein, dass es in dem Buch um das Verhältnis des Menschen zum Kino als einer Art spiegelnder Selbstbetrachtung geht? Schließlich lässt sich „die filmtheoretische Idee des Blicks in den Spiegel [...] als grundlegende Seinsform im Kino [...] bis in die Anfänge des 20 Jahrhunderts zurückverfolgen" (Elsaesser und Hagener 2007, S. 77). Das Kino wäre dann ein Medium der Selbstreflexion, eine Bildform, die es dem Menschen ermöglicht,

---

L. Gotto (✉)
Köln, Deutschland
E-Mail: Gotto@filmschule.de

© Springer Fachmedien Wiesbaden 2015
I. Ritzer (Hrsg.), *Classical Hollywood und kontinentale Philosophie*,
Neue Perspektiven der Medienästhetik, DOI 10.1007/978-3-658-06620-8_5

Abb. 1 Der Mensch und das Kino

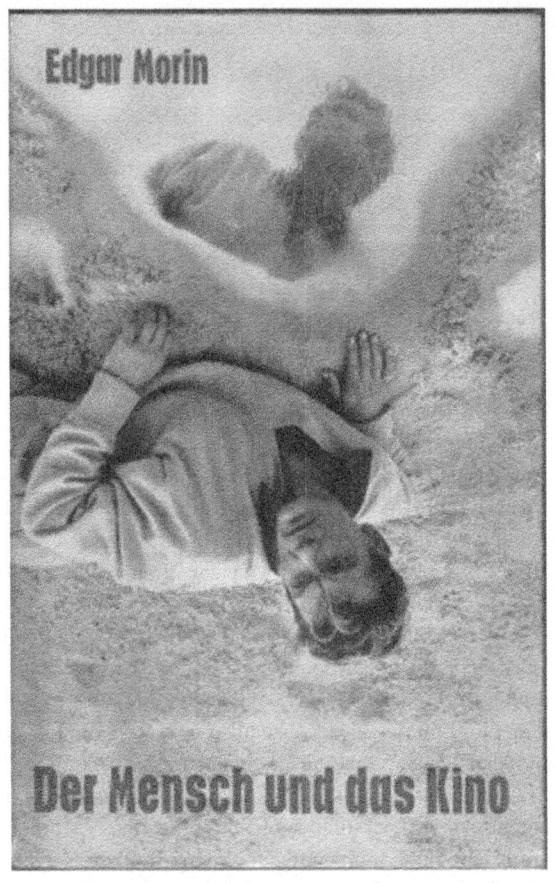

sich selbst zu erkennen und zu verkennen. Wenn wir das Bild aber genauer betrachten, dann bemerken wir, dass der Mann gar nicht auf sein Spiegelbild im Wasser sieht, sondern ein anderes Ziel in den Blick nimmt. Dass ein Mensch sich selbst anschaut, scheint also nicht das vorrangige Thema zu sein. Interessanter ist wohl vielmehr die Beschaffenheit des gespiegelten Bildes, die Reflexion selbst. Was ist das überhaupt für ein Bild? Es ist, als Wasserbild, beweglich und in seinen Konturen unscharf. Ganz anders also als das Bild, das der statische, frontal stehende Spiegel gibt, ist diese Reflexion ungleichmäßig und Veränderungen unterworfen. Bei genauerem Hinsehen können wir z. B. erkennen, dass das Bild nicht nur unscharf ist, sondern durch die Tropfen auf der Wasseroberfläche zusätzlich aufgeraut bzw. angereichert wird. Das Licht wird nicht gleichmäßig reflektiert, sondern ungleichförmig zurückgeworfen. In der Folge erscheinen die Konturen nicht scharf umrissen, sondern verschwommen. Das flüssige Bild ist also dem Spiegelbild ähnlich, es ist aber nicht dasselbe, es hat eine ganz andere Qualität.

Nun haben wir es bei dem Titel-Bild des Buches immer noch mit einem statischen Bild zu tun. Es ist eben kein Film-Bild, sondern ein Film-Still; es kann also etwas Filmisches ankündigen oder aufrufen, ist aber immer noch etwas anderes. Auf die Differenz von photographischem und filmischem Bild hat Edgar Morin selbst nachdrücklich hingewiesen. Klappt man nun also das Buch auf, ist darin folgender Hinweis zu finden: „Die Photographie vermag das Bild nicht von seinem materiellen Haftgrund auf Papier oder Pappe loszulösen. Das auf dem Schirm projizierte Bild ist entmaterialisiert, ungreifbar, flüchtig" (Morin 1958, S. 42).

Eben dieses Ungreifbare, Flüchtige – und weiterhin: Flüssige – soll uns im Folgenden besonders interessieren. Dabei ist entscheidend, dass die Umformungen und Umwandlungen, die das filmische Bild durch die Ablösung von der fixierten Grundlage der statischen Photographie gewinnt, an raumzeitliche Bewegungen gebunden sind. Genau darin besteht nämlich, so Morin, die neue Natur des Kinos: „Die Zeit hat die beliebige Durchquerbarkeit des Raumes und der Raum die umgestaltenden Kräfte der Zeit gewonnen. Die doppelte Umwandlung der Zeit und des Raumes im Lichtspiel hat eine einzigartige symbiotische Dimension geschaffen, wo die Zeit sich im Raum und der Raum sich in der Zeit verkörpert, wo der Raum sich bewegt, sich wandelt, sich dreht, sich auflöst und sich wieder kristallisiert; wo die Zeit eine Dimension des Raumes wird. [...] Raumzeit, das ist die totale und einmalige Dimension eines fluiden Universums" (1958, S. 77 f.). In dieser Fluidität besteht die genuine Grundlage der Kinematographie, das Fluide macht die mediale Spezifik des Kinos aus. Denn die Kinematographie, so Morin im Rückgriff auf Jean Epstein[1], „stellt das Universum als eine beständig und überall bewegliche Kontinuität dar, sehr viel fluider noch und beweglicher als die unmittelbar wahrnehmbare Kontinuität" (Morin 1958, S. 76). Sie macht also etwas sichtbar und wahrnehmbar, was ohne sie nicht gesehen und wahrgenommen werden könnte. Dieses besondere Vermögen ist seit den Anfängen des Kinos nachweisbar. Morin unterstreicht: „Schon der Lumièresche Kinematograph durchdringt alles, was die Grenzen der Stofflichkeit, der Sichtbarkeit und der Tastbarkeit erreicht hat, mit einer gewissen Beseelung, genau am Rande einer flüssigen, schaumigen, nebligen, luftigen oder wässrigen Natur" (1958, S. 77).

Am Anfang des Kinos waren Rauch, Wolken und Wogen. Was die Film-Zuschauer faszinierte, waren lebendige Bilder des beweglichen Lebens. Das berühm-

---

[1] Vgl. dazu die deutsche Ausgabe: Brenez und Eue 2008 sowie die jüngst erschienene Essay-Sammlung Keller 2012.

Abb. 2 *L'arrivée d'un train en gare de la ciotat*, Auguste und Louis Lumière, F 1896

teste Beispiel dafür, die Urszene des Kinos, ist *L'arrivée d'un train en gare de la ciotat* (1896) (Abb. 2). Dabei liegt die neue Art des Betrachtens nicht allein in der lebensnahen Beobachtung einer Alltagsszene. Vielmehr ist es die Kontinuität und Prozessualität der Bewegung, ihre Flüssigkeit, die das Bild selbst beweglich werden lässt. Deutlich wird das durch die Veränderung der Größenverhältnisse (der Zug nähert sich aus der Tiefe des Bildraums bis in den Vordergrund), weiterhin aber auch durch die Diffusion von Differenzen bzw. der Verunsicherung von Unterscheidungsmöglichkeiten. Wo genau die Bewegung beginnt und wo sie endet, ist unklar. Denn als fortlaufendes Bild, von keinem Schnitt unterbrochen und von keiner Markierung durchtrennt, zeigt das Bild keine bestimmbaren Zeit-Punkte, sondern vielmehr das Verfließen der Zeit, ihr kontinuierliches Sein. Dabei werden auch räumliche Orientierungsoptionen nicht als statische Unterteilungen fixiert, sondern als verschwommene Übergänge präsentiert. So sorgt etwa der Rauch der Lokomotive dafür, dass der Bildhintergrund nicht flächig, sondern verformbar erscheint, dass sich der Horizont in eine undefinierbare Ferne verschiebt.

Tatsächlich haben die Lumières die raumzeitliche Fluidität, die aus diesem Ur-Bild spricht, wieder und wieder in Bewegung gebracht. Ein weiteres Beispiel, in Aufbau und Auswirkung ganz ähnlich, ist *Montagnes Russes sur l'eau* (1896) (Abb. 3). Auch hier kommt uns aus der Tiefe des Raums ein Objekt entgegen, auch hier wechselt es durch die Bewegung im Bild seines Größe, auch hier werden trennscharfe Differenzierungsmöglichkeiten durch die Beweglichkeit des Wassers, durch die Wellen, Fontänen und Spritzer hinterfragt. Weiterhin ist bemerkenswert, dass die Bewegungsrichtung des Wasserschlittens, anders als bei der Lokomotivefahrt in *L'arrivée d'un train en gare de la ciotat* mit ihrer Gegenseite konfrontiert wird. Während ein mit Passagieren besetztes Boot auf der linken Bildseite

Abb. 3 *Russes sur l'eau*, Auguste und Louis Lumière, F 1896

Abb. 4 *Panorama du Grand Canal Paris d'un bateau*, Alexandre Promio, F 1896

in den See herabrauscht, fährt ein anderes unbesetztes auf der rechten Seite die Wasserrampe hinauf. Die Bewegung scheint etwas Unabgeschlossenes zu haben, sie vollzieht sich nicht nur fließend, sondern auch kreisförmig. Unablässig gleiten die Boote durchs Bild: nach vorne und nach hinten, auf den Zuschauer zu und von ihm weg.

Die Lumières experimentierten jedoch nicht nur mit der Bewegung im Bild, sondern auch mit der Bewegung des Bildes. Ein weiterer Film, *Panorama du Grand Canal Paris d'un bateau* (1896) macht das deutlich (Abb. 4). Als eine der ersten Kamerafahrten der Filmgeschichte zeigt diese Miniatur, was es heißt, nicht nur das Objekt der Aufnahme, sondern die Aufnahmemaschine selbst in Bewegung zu bringen. Hier gleitet die Kamera, befestigt auf einem Boot, selbst durch den Raum – ihr Standpunkt verändert sich also fließend und ermöglicht so die Transformation der Bewegung des Schauenden im Raum. Dabei fährt die Kamera nicht nur an statischen Objekten vorbei (an den Gebäude und Fassaden, die dadurch visuell mobilisiert werden), sondern sie erfasst weiterhin auch Bewegungen im Bild (etwa die Fahrten von anderen Schiffen, die das Kamera-Schiff in gegenläufiger Richtung passieren). Das Kino dehnt, um Morins Bemerkung noch einmal aufzunehmen, sein fluides Vermögen auf alle Objekte und Bewegungen aus: Kleines wird groß, Unbewegliches wird beweglich – und umgekehrt. „Die Dinge, die Objekte, die Natur gewinnen also unter den gleichzeitigen Einflüssen des Rhythmus, der Zeit, der Fluidität, der Kamerabewegung, der Licht- und Schattenspiele, eine neue Qualität" (Morin 1958, S. 78).

Davon bleibt auch der Mensch nicht unberührt. Er wird affiziert, von dem was das Kino tut und was das Kino ist – und zwar als Mensch im Kino und als Mensch des Kinos. Entscheidend ist dabei für Morin zunächst, dass der Mensch im Film keine privilegierte Position als übergeordnete Instanz einnimmt, von der aus alles andere abgeleitet werden könnte. Wie alles, was durch das Kino hindurchgeht, nimmt auch die menschliche Figur eine spezifisch kinematographische Gestalt an. Menschen im Film bestehen nicht aus Fleisch und Blut, sie sind aus Licht und Schatten gemacht. Darin sind sie allem, was sie filmisch umgibt, ähnlich. Der filmische Mensch steht dem fluiden Universum also nicht vor, er gliedert sich vielmehr in es ein. Morin betont: „Die fließende Welt des Films setzt unaufhörliche gegenseitige Übertragungen zwischen dem Menschen als Mikrokosmos und dem Makrokosmos voraus. Eine der geläufigsten Methoden des Kinos besteht darin, Ding und Mensch im Wechsel miteinander zu vertauschen; aus solchen Übertragungen gewinnt der Film seine wirksamsten Effekte" (1958, S. 82). Ebenso wie die Häuser in *Panorama du Grand Canal Paris d'un bateau* uns aus ihren Fenster-Augen anzublicken scheinen, ebenso wie die Architektur im Film mit-spielt, wie den Fassaden Leben eingehaucht wird, wie die Dinge menschliche Gegenwärtigkeit erhalten, kann auch der Mensch zum Ding werden. Das Kino hat dafür sogar einen eigenen genrespezifischen Spielraum geschaffen. Ausgiebig beschäftigt es sich beispielsweise in der Komödie mit dem Wechselverhältnis von Menschen und Dingen (vgl. Voss 2013, S. 119 ff.), und sicherlich kann der Slapstick als eine der frühesten kinematographischen Reflexionsformen für jene Austauschrelation gelten.

Das Beispiel, das Morin in *Der Mensch und das Kino* nennt, ist jedoch ein anderes – es ist *Way Down East* (1920), ein Film von David Wark Griffith, dem „Vater des Hollywood-Kinos", jenem Regisseur also, der den Erzählfilm Hollywoodscher Prägung massiv und verbindlich durchsetzt. Nun interessiert sich Morin jedoch

Abb. 5 *Way Down East*,
David W. Griffith, USA
1920

gar nicht dafür, wie der Mensch (hier: Lillian Gish als die Protagonistin des Films) eine narrative Handlung in Gang setzt. Bemerkenswert scheint ihm vielmehr, wie filmische Elemente und filmische Menschen im Verhältnis gegenseitiger Entsprechung stehen, wie sie sich wechselseitig konstituieren: „Auf einer Eisscholle dahintreibend, wird Lilian Gish als verlassene Frau vom Hochwasser des Flusses mitgerissen […]. Die Heldin wird ein dahintreibendes Ding. Das Hochwasser wird zum Hauptdarsteller" (Morin 1958, S. 83 f.; Abb. 5).

Deutlich wird hier, dass dem Film die Besonderheit zugeschrieben wird, den Fokus vom autonom handelnden menschlichen Subjekt weg und zur Dingwelt hin zu verlagern. Gish und die Eisscholle scheinen eins zu werden: Sie sind ein und dasselbe Objekt, das von der Flut mit- und fortgerissen wird. Auf dem Urgrund Hollywoods liegt also nicht der Mensch als Keimzelle jeder erzählbaren Handlung, jedenfalls nicht als geschlossene oder übergeordnete Instanz. Am Anfang des narrativen Kinos ist vielmehr eine Wechsel- oder Austauschbeziehung festzustellen: Menschen stehen im Verhältnis zu Anderen, zu anderen Dingen oder Menschen, zu Bewegungen, Formen und Elementen. Der Mensch ist nicht als Sonderheit betrachtbar, und er ist nicht als Einzelheit zu haben.

Wenn hier davon die Rede ist, dass der Mensch des Films auch in Beziehung zu anderen Menschen steht, dann ist damit bereits der nächste Schritt angesprochen. Es gibt nämlich Momente, in denen dieses Verhältnis in besonderer Weise hervortritt, wo es auf sich selbst aufmerksam macht und sich selbst überdenkt. Das, was also für die Beziehung von Mensch und Kino immer schon gilt, das kann in reflexiven Momenten in besonderer Weise beobachtbar werden. Filme, die das herausstellen, folgen damit nicht nur den sie konstituierenden Merkmalen, sondern sie machen sie bewusst und erkennbar. Das nächste Beispiel, entstanden an einem Hollywood-Kristallisationspunkt, soll das verdeutlichen. Dafür wird es notwendig sein, eine weitere Argumentationsschicht von Morins Kino-Schrift freizulegen: das Verhältnis von Menschen auf der Leinwand und vor der Leinwand, mithin die Beziehung von Figuren und Zuschauern. Auch hier wird die Fluidität eine Rolle spielen.

Doch zunächst das Beispiel: Billy Wilders *Sunset Boulevard* (1950). Dieser Film bietet einen Auftakt, der mit dem Ende beginnt, der das Leben mit dem Tod verschränkt, der sich in das Kino selbst versenkt. In Hollywood ist ein Mord geschehen. Polizeiautos und Reporterwagen rasen über den Sunset Boulevard, um zum Tatort, einer noblen Villa, zu gelangen. Dort angekommen, hetzt die Menge in den Garten, den Ort der Leichenschau. In einem Swimmingpool treibt ein Toter. Gleitend zwischen Statik (ein still gestellter Körper) und Bewegung (ein schwimmender Körper) schwebt die Figur im Fluiden. Die Szenerie, die sich dem Film-Publikum bietet, könnte verschwommener nicht sein. Das betrifft sowohl die auditive als auch die visuelle Ebene. Bereits im Hörbaren tritt hier ein Film-Mensch aus der Geschlossenheit der Illusions-Konstanz heraus und kommt auf den Film-Zuschauer/Zuhörer zu. Der Tote im Pool ist Joe Gillis, der Protagonist des Films, der das Geschehen folgendermaßen kommentiert: „But before you hear it all distorted and blown out of proportion, before those Hollywood columnists get their hands on it, maybe you'd like to hear the facts, the whole truth". Durch die Adressierung mit dem Personalpronomen „you" werden die Menschen im Kino unmittelbar angesprochen und in den Filmraum hineingezogen; sie stehen dem Geschehen nicht distanziert gegenüber, sondern werden Teil davon.

Aber was ist das überhaupt für eine Stimme, die da spricht? Es ist weder die Stimme eines externen Erzählers (schließlich ist ja die Person, die da spricht, Teil des narrativen Ensembles, also in die Erzählung integriert), noch ist es die Stimme eines handelnden Menschen (denn die Figur, zu der sie gehört, ist nicht mehr lebendig, sondern schon tot). Die Stimme ist also weder diegetisch noch extra-diegetisch, sie schwebt zwischen Präsenz und Absenz. Wir hören die Figur sprechen, aber wir sehen sie nicht. Wenig später sehen wir die Figur und hören sie sprechen, aber wir sehen den Prozess des Sprechens nicht. Die Figur ist im On, aber die Stimme im Off. Auf dieses sonderbare Schweben im Dazwischen hat Christian Metz im Kontext seiner Diskussion um die filmische Enunziation hingewiesen. Dabei nimmt er auch Bezug auf die kommunikative Situation zwischen Film und Filmzuschauer, die im enunziativen Akt stets neu ausgehandelt wird: „Naturgemäß ohne festen Sitz, wird der Off-Ton (bzw. die Off-Stimme) in Richtung des enunziativen Ziels gezogen, das mehr oder weniger in der Nähe des Zuschauers-Zuhörers liegt. So bildet sich eine autonome – explizite oder unbestimmte – Sinnschicht, die für Augenblicke die Geschichte verstärkt, sie kommentiert, punktiert, ihr wider-

Der Mensch des (Hollywood-)Kinos: Eine Sichtung mit Edgar Morin   81

Abb. 6 *Sunset Boulevard*, Billy Wilder, USA 1950

spricht, sie erhellt, aber auch undurchsichtig macht, ein knisternder Saum, der dem Zuschauer, um Zugang zur Diegese zu erhalten, den obligatorischen und immer ein wenig überraschenden Halt an einer semantischen Mautstation aufzwingt" (Metz 1997, S. 50).

Wir können diese Beobachtung ergänzen und erweitern, wenn wir die visuelle Ebene des Beispiels hinzunehmen. Auch hier haben wir es mit einem diffusen Dazwischen zu tun, mit einer oszillierenden Bewegung, die uns das Bild-Sein des Film-Menschen vor Augen führt (Abb. 6). Eine Figur treibt im Wasser. Darüber beugen sich andere Figuren, die jene Figur betrachten. Hier „verschwimmen nicht nur die Konturen im Bild, sondern das Filmbild selbst scheint in der Überblendung aus dem Pool sich zu verflüssigen und in seiner Materialität in Bewegung zu geraten" (Heller 2010, S. 250). Denn alles, was wir sehen, unterliegt der Wellenbewegung des Wassers und dem Licht, das sich in ihm bricht. Das betrifft sowohl das schräg einfallende Sonnenlicht als auch das artifizielle Blitzlicht der Fotoapparate, das uns durch das Wasser entgegenleuchtet. Nun handelt es sich bei diesen Lichtquellen zwar um innerdiegetische Leuchtmittel, dennoch vermögen sie etwas anderes aufzurufen, nämlich die filmische Apparatur selbst, die der Film *Sunset Boulevard* durch seinen Erzählmodus sowohl thematisch als auch motivisch zu aktualisieren vermag. Schließlich geht es in diesem Film immer wieder und ganz verstärkt um das spezifisch filmische Verhältnis von Realität und Inszenierung. „Echte" Menschen, die unabhängig von ihrem Bild-Sein existieren, scheint es darin gar nicht zu geben.

Das betrifft nicht nur die narrative Ebene (Hollywood erzählt von sich selbst und bricht sich damit in sich selbst), sondern auch die Rezeptionsebene, mithin das Verhältnis von darstellenden und zuschauenden Menschen des Films. Es geht hier also um zwei Strömungen, die im Licht des Projektionsstrahls zusammenkommen und die das Kino erst durch dieses Zusammensein zustande kommen lässt. Edgar Morin stellt das deutlich heraus. Es gibt keinen Film ohne die Menschen, die ihn sehen: „Der Geist des Zuschauers vollbringt ununterbrochen eine gewaltige Arbeit, ohne welche der Film nichts weiter wäre als eine Brownsche Bewegung auf der Leinwand, oder bestenfalls ein Trommelfeuer von 24 Bildern pro Sekunde. Von diesem schimmernden Wirbel gehen zwei verschiedene Dynamismen aus, zwei Partizipationssysteme, das auf der Leinwand und das im Zuschauer, und beide vertauschen und ergießen sich ineinander, ergänzen und vereinigen sich zu einem einzigen Dynamismus. [...] Die Partizipation, die den Film erschafft, wird durch ihn erschaffen" (Morin 1958, S. 225).

Menschen des Films, so Morin, sind weder ganz real noch rein imaginär, sie sind immer schon beides zugleich. Wenn ein Mensch einen Film schaut, dann ist sein Menschsein ganz auf dieses kinospezifische Schauen konzentriert – er ist dann mehr Kino-Mensch als rein realer Mensch. Und wenn ein Mensch als Bild auf der Leinwand erscheint, dann ist dieses Existenz zwar imaginär, jedoch auch nicht vollständig abgelöst von dem realen Menschen, dessen fotochemisch gewonnenes Abbild im Kino projiziert wird. Auf diesen Zusammenhang hat Lorenz Engell hingewiesen: „Ein nicht mehr ganz reales und ein noch nicht völlig imaginäres Menschsein treffen halbwegs zusammen, und das Sehvermögen ist es, das beide zusammenbindet. Morin nennt dies den typischen ‚halbimaginären Menschen' des Kinos" (2010, S. 71). In *Sunset Boulevard* wird diese Relation nun besonders deutlich, denn eben jener Film ist ein Beispiel dafür, wie das Kino Bilder macht, die das Verhältnis zwischen schauenden und projizierten Menschen im Bildwerden aufgehen lässt. „Der Film beobachtet also das, was das Kino, dessen Teil er ist, selbst leistet; der ‚halb-imaginäre Mensch' ist eine Vision des Films vom Kino selbst" (Engell 2010, S. 73).

Nun ist diese Vision nicht der Regelfall. Sie ist vielmehr eine sehr auffällige Bildkonstruktion, viel auffälliger als die meisten anderen Bilder von Menschen, die Hollywood hervorgebracht hat. Sie ist das vielleicht auch und im Besonderen, weil sie an einem Umschlagpunkt entstanden ist, an dem das Hollywood-Kino seine eigene Geschichte und seine eigenen Grundlagen überdenkt. In den 1950er Jahren erlebt Hollywood eine seiner schwersten Erschütterungen, eine tiefgreifende Krise, die wesentlich mit der Konkurrenz durch ein anderes audiovisuelles Medium zusammenhängt. Das Fernsehen hält Einzug in die Heime und entwirft dort ganz neue Bilder – Bilder, zu denen das Kino sich ins Verhältnis setzt, indem es seine eigenen Bilder neu betrachtet. Das Hollywood-Kino bildet in Umbruchphasen ein besonderes Reflexionsvermögen aus, besondere Momente, in denen das Sehen sich selbst sieht. Zwei weitere Beispiele für solche Phasen sollen nun noch vorstellgestellt werden – und zwar als Möglichkeit, nach der Anschlussfähigkeit von Morins Kino-Denken auch über den Zeitpunkt seines Entstehens hinaus zu fragen.

Das erste Beispiel ist dem New Hollywood-Kino zuzurechnen, gilt sogar gemein als sein Anfangspunkt: Mike Nichols' *The Graduate* (1967). Zu einem Zeitpunkt, da das alte Studiosystem in Auflösung begriffen ist, werden in Hollywood filmästhetische Experimente möglich, die das Bewährte und Vertraute zurücklassen, die also die Grenzen des Zeig- und Erzählbaren zu dehnen und zu erweitern versuchen. Das Hollywood-Kino befasst sich mit formalen Brüchen in der Charakterzeichnung bzw. dem Versuch, den handelnden oder eben nicht handelnden Menschen neu zu entwerfen. Auch Benjamin Braddock, der ziellose Protagonist aus *The Graduate* gehört dazu. Bemerkenswert erscheint hier jedoch weniger sein Status als Antiheld, sondern vielmehr der Moment, in dem die Subjektivität der Figur übergeht in etwas anderes, eine Art Verflüssigung der Wahrnehmung. Erneut ein Eintauchen ins Fluide.

Anlässlich seines College-Abschlusses, also des Übergangs von einem Leben in ein anderes, erhält Benjamin Braddock ein besonderes Geschenk von seinen Eltern. Es ist eine Taucherausrüstung, komplett mit Neopren-Anzug, Flossen, Taucherbrille und Harpune. Diese Unterwasser-Montur soll auf einer Garten-Party in Benjamins Elternhaus präsentiert werden. Dort kündigt der Vater den Auftritt des Sohnes vor den versammelten Gästen als besondere Attraktion folgendermaßen an: „A feature attraction that will be one of the most astounding events ever to take place in this particular backyard!" Kaum hörbar sind währenddessen Benjamins hilflose Bitten, sich der peinlichen Vorführung zu entziehen, denn sie ertönen aus einem Raum, der sich außerhalb des filmischen Bildes befindet. Sobald Benjamin dieses Außerhalb verlässt, also aus dem Off ins On tritt, präsentiert er sich als Mensch und Nichtmensch zugleich. Abgedichtet durch den Taucheranzug erscheint er als etwas Fremdes, umgeben von einer künstlichen Hülle, die sowohl sein Äußeres als auch seine Äußerungsformen reorganisiert. So werden etwa seine Bewegungen durch die Taucherflossen transformiert (der Gang auf dem Trockenen ist unsicher und unbeholfen), weiterhin aber auch seine Wahrnehmungen. Der Film verdeutlicht das, wenn er von der Objektiven in die Subjektive wechselt. Das Bild besteht nun aus dem ovalen Ausschnitt der Taucherbrille; die Tonebene ist voll-

Abb. 7 *The Graduate*,
Mike Nichols, USA 1967

kommen von den schweren Atemgeräuschen der Tauchapparatur eingenommen. Ben ist also nicht nur von den Blicken, sondern auch von den Außengeräuschen abgeschottet. Darauf folgt der Sprung in einen anderen Raum – den Raum des Pools, die Welt des Wassers (Abb. 7).

Aus einem Raum des Festen, Strukturierten geht etwas über in das Diffuse, Verschwommene. Plötzlich sind alle räumlichen Orientierungsmöglichkeiten verschwunden. Auf einmal gibt es keine Relationen mehr, keine verlässlichen Beziehungen, keine Koordinaten, die das Sehfeld strukturieren. Man könnte das Bild nun drehen, wie man wollte: wo oben und unten ist, wo rechts und links, das ist nicht bestimmbar, das verschwimmt. In der Folge verliert auch der Zuschauer den Halt, denn der gleichförmige Wasserraum des Pools macht jede stabile Position unmöglich. Mit dem Eintauchen ins Wasser wird der klare Blick unterlaufen. Dort sind es vor allem die Lichtreflexe, die für eine ständige visuelle Unruhe sorgen und verschiedene Zustände des Sichtbaren bewirken. Weiterhin wird die Bewegung des Eintauchens durch die Blicke unter Wasser und durch die Wasseroberfläche hindurch ergänzt, die das Flüssigwerden der Perzeption erkennbar werden lassen. Gilles Deleuze hat darauf hingewiesen, dass das Kino „im Wasser das Versprechen oder den Hinweis auf einen anderen Wahrnehmungszustand (fand): eine nicht bloß menschliche Wahrnehmung, die nicht mehr auf Feststoffe zugeschnitten war, nicht mehr das Feste zum Gegenstand, als Voraussetzung oder Milieu hatte; eine feinere, ausgedehntere Wahrnehmung" (1989, S. 114). Dabei zeigt das Flüssigwerden der Wahrnehmung, das Fluide des Sehens, seine spezifisch kinematographische Leistung darin, den Blick nicht länger an festen oder festgelegten Formen kleben zu lassen. Vielmehr erprobt das fluide Universum des Films die Auflösung der Verfestigung, um dadurch eine andere Wahrnehmung freizusetzen.

Auffällig und bemerkenswert an dem Beispiel *The Graduate* ist nun, dass der Moment des Eintauchens sowie der Prozess einer mit ihm und durch ihn initiierten Wahrnehmungstransformation ins Bild gesetzt wird, ja im Bild selbst beweglich wird. Dieser Moment ist stellenweise an die subjektive Perspektive einer Figur gebunden, löst sich aber auch wieder von ihr. Es vollzieht sich also, stärker noch als in *Sunset Boulevard*, ein fließender Übergang zwischen dem Blick von Außen und der Loslösung davon; das, was das Geschlossene rahmt, wird hier selbst schon hinterfragt. Es liegt nahe, diesen Prozess des Eintauchens mit einer sich wandelnden Wahrnehmungsdisposition in Zusammenhang zu bringen, die das Kino seit seinen Anfängen als Traum mit sich führt: dem der Immersion. Schon etymologisch ist ein Bezug möglich, denn das lateinische Wort *immersio* verweist auf eine physische Erfahrung des Eintauchens in Flüssigkeit. Was Edgar Morin also als „fluides Universum" des Kinos einführt und als sein Spezifikum entfaltet (sowohl auf der Ebene der Beziehung der Elemente in den Bildern als auch auf der Ebene der Beziehung von Menschen auf der Leinwand und vor der Leinwand), das lässt sich möglicherweise weiterentwickeln als eine Frage, die sich an die sich wandelnden medialen Bedingungen des Kinos richtet. Morin selbst gibt jedenfalls Anlass dazu, wenn er die Vision des „Totalen Kinos" (1958, S. 153 ff.) anspricht – eines Kinos also, das sich fortentwickelt, erweitert und dehnt, um seine eigenen wahrnehmungsspezifischen Grenzen zu überschreiten. Dabei erwähnt er die Einführung des Tons, der Farbe, der Breitwand – und auch der Stereoskopie (vgl. Morin 1958, S. 161). Genauer gesagt, deutet er letztere eher an als breit zu diskutieren, zumindest aber interessiert sie ihn so weit, dass er ihr ein besonderes Potential für zukünftige Entwicklung zuschreibt: „Unser Luxus von heute wird morgen zu einem Bedürfnis werden" (Morin 1958). Was also im Moment des Entstehens wie ein attraktionssteigernder Zusatz oder luxuriöser Aufsatz erscheint, das wird, zusammen mit den sich wandelnden Wahrnehmungserfahrungen des Zuschauers, zu einem integrativen, ja notwendigen Bestandteil der filmischen Erfahrung. Könnte es also sein, dass Morins knapper Hinweis auf das räumliche Eintauchen im Kino sich inzwischen eingelöst findet, dass das Heraustreten des Bildes aus seinem Rahmen auch die Beziehung zwischen den Menschen des Kinos (oder genauer: den halb-imaginären Menschen des Kinos) neu gestaltet?

Dafür spricht einiges, wenn man die Stereoskopie in Zusammenhang mit der Entwicklung der digitalen 3D-Technologie bringt. Thomas Elsaesser schlägt vor, das gegenwärtige 3D-Kino als Hinweis auf einen tiefgreifenden Wandel der visuellen Wahrnehmung zu betrachten: „Was also bei 3D vermarktet wird, ist nicht ein alter Spezialeffekt als neuer Spezialeffekt, sondern der neue Standard des digitalen Sehens. [...] Als Standard des postkinematographischen räumlichen Sehens und Fühlens des digitalen Zeitalters ist 3D dabei, die Semantik der verkörperten Wahrnehmung zu verändern" (2013, S. 53). Als Beispiel kann hier der digitale 3D-Film *Life of Pi* (2012) dienen, dieses wunderbare Exempel für ein erweitertes fluides Universum. Hier sind das Schwimmbecken und das Meer nicht einfach nur Motive des beweglichen, reflektierenden Wassers, hier werden sie zum Raum des Eintauchens, der über die Ränder der Leinwand hinüber schwappt und uns

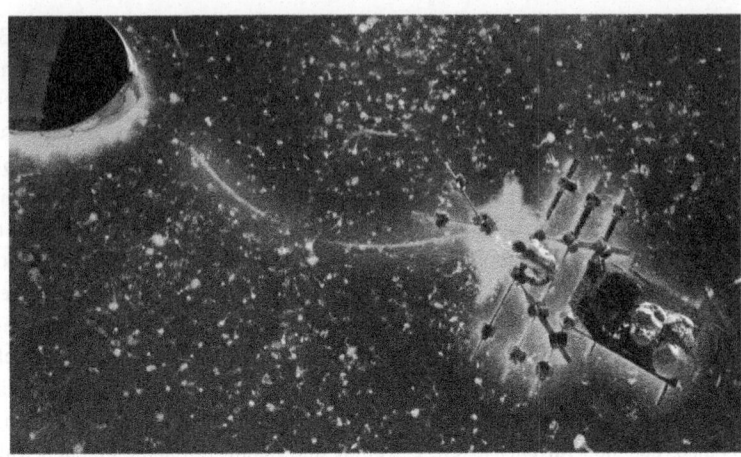

Abb. 8 *Life of Pi*, Ang Lee, USA 2012

damit umso tiefer in seinen Sog hineinzureißen vermag. Mit dem Schiffsabenteuer werden Begrenzungen und Orientierungen ausgesetzt, und zwar nicht nur in Bezug auf links und rechts, sondern auch in Bezug auf vorne und hinten, oben und unten. Die Spiegelungen des Wassers im Himmel und des Himmels im Wasser sind voluminöse Überblendungen und reliefartige Reflexionen zugleich: Beide erscheinen weniger als transparente Flächen, sondern vielmehr als eigene Dimension der räumlichen Diffusion (Abb. 8). Weiterhin wird auch die Zeiterfahrung fluid: Sie ist nicht länger chronologisch geordnet oder streng linear ausgerichtet. Das eine folgt nicht zwangsläufig aus dem anderen, ist nicht mehr seine Voraussetzung oder Vorbedingung. Der kohärenzstiftende Zusammenhalt kennt keine letztgültige Schließung mehr, er ist an seinen Rändern durchlässig und damit offen für vielfältige Strömungen geworden. Und schließlich erstreckt sich das Verschwimmen von festen Gegensätzen auch auf alle Wesen des Films, auf seine Figuren und Objekte. In *Life of Pi* kämpft ein realer Schauspieler mit einem virtuellen Tiger. Hier gibt es also ein digital produziertes Tier als Vertreter einer referenzlosen Spezies, ein Geister-Wesen, das vollkommen losgelöst von der Indexikalität fotografischer Bilder existiert – und dennoch mit ihnen interagiert.

Digitale Bilder haben also einiges mit Verflüssigung zu tun – sofern man sie überhaupt noch Bilder nennen kann, wie Lorenz Engell zu bedenken gibt: „Digitale Bilder sind überhaupt nicht mehr über Anwesenheit und Abwesenheit, über Präsenz, Absenz und Repräsentation zu beschreiben. Während die Photographie immer vom Bild, von der Fläche und vom Rahmen, der Film von Einstellung und Montage aus aufgebaut zu denken ist, muss das digitale Flüssigkeitskristallbild vom ununterbrochenen Fluss aus zu denken sein, der ein Bild ständig transformiert. Die visuellen Datengebilde tragen stets die voraus- und nebenherlaufende Marke ihres Anders-Sein-Könnens. Eben daher geht der Terminus Bild hier, beim digitalen Sehen oder den visuellen Daten, in die Irre. Folglich kann das digitale Bild auch nicht mehr in den Termini des Bildes, sondern nur noch in denen eines liquide gewordenen Intervalls beschrieben werden" (2000, S. 204 f.).

Es gibt in den digitalen Bildern nichts Zusammenhängendes, Abgeschlossenes oder Vollständiges mehr; es gibt nur noch flüssig gewordene Übergänge. Vielleicht sind sie daher, um abschließend auf Morin zurückzukommen, das neue fluide Universum, vielleicht sind ihre Wellenbewegungen unser heutiges Bild-Bedürfnis. Und vielleicht führen sie uns deswegen auch auf unser Mensch-Sein zurück. „Denn gerade weil der Film", so Morin, „ein anthropologischer Spiegel ist, reflektiert er notwendig die praktischen und imaginären Realitäten, das heißt auch die Bedürfnisse, die Kommunikationsformen, die menschlichen Individualitätsprobleme seines Zeitalters" (1958, S. 237). Noch immer haben wir das Kino, und noch immer brauchen wir das Kino. Denn es ist nicht nur der Ort, der uns ein Spiegelbild unseres Selbst anbietet. Sondern es ist auch der Ort, an dem sich das Sehen selbst sieht. Dieses Sehen als etwas Flüssiges, in sich Bewegliches und Veränderliches zu begreifen und weiterhin unser Vorstellungsvermögen nicht als etwas Trennscharfes, sondern als etwas Übergangsunscharfes zu verstehen, das kann das Kino uns lehren.

Literatur

Brenez, Nicole, und Ralph Eue. (Hrsg.). 2008. *Jean Epstein: Bonjour Cinéma und andere Schriften zum Kino*. Wien: Synema.
Deleuze, Gilles. 1989. *Das Bewegungs-Bild: Kino 1*. Frankfurt a. M.: Suhrkamp.
Elsaesser, Thomas. 2013. Die „Rückkehr" der 3D-Bilder: Zur Logik und Genealogie des Bildes im 21. Jahrhundert. In *Bildwerte: Visualität in der digitalen Medienkultur*, Hrsg. Gundolf S. Freyermuth und Lisa Gotto, 25–67. Bielefeld: Transcript.
Elsaesser, Thomas, und Malte Hagener. 2007. *Filmtheorie zur Einführung*. Hamburg: Junius.
Engell, Lorenz. 2000. Die Liquidation des Intervalls: Zur Entstehung des digitalen Bildes aus Zwischenraum und Zwischenzeit. In *Ausfahrt nach Babylon: Essais und Vorträge zur Kritik der Medienkultur*, 183–205. Weimar: VDG.
Engell, Lorenz. 2010. Solange es Menschen gibt: Kinematographische Anthropologie. In *Playtime: Münchener Film-Vorlesungen*, 55–82. Konstanz: UVK.
Heller, Franziska. 2010. *Filmästhetik des Fluiden: Strömungen des Erzählens von Vigo bis Tarkowskij, von Huston bis Cameron*. München: Fink.
Keller, Sarah. (Hrsg.). 2012. *Jean Epstein: Critical essays and new translations*. Amsterdam: Amsterdam University Press.

Metz, Christian. 1997. *Die unpersönliche Enunziation oder der Ort des Films*. Münster: Nodus.
Morin, Edgar. 1958. *Der Mensch und das Kin: Eine anthropologische Untersuchung*. Stuttgart: Ernst Klett.
Voss, Christiane. 2013. Der dionysische Schalter: Zur generischen Anthropomedialität des Humors. *Zeitschrift für Medien- und Kulturforschung* 1:119–132.

Lisa Gotto Professorin für Filmgeschichte und Filmanalyse an der Internationalen Filmschule Köln (ifs). Zuvor Studium der Theater-, Film- und Fernsehwissenschaft in Bochum, Warwick und Köln, wissenschaftliche Mitarbeiterin an der Bauhaus-Universität Weimar und der Hochschule für Fernsehen und Film München, Akademische Rätin an der Universität Regensburg, Vertretungsprofessorin an der Universität Mannheim, Gastprofessorin an der Leuphana-Universität Lüneburg. Forschungsschwerpunkte: Geschichte und Theorie des Films, Bildästhetik, Digitale Medienkultur. Publikationen u. a. *Traum und Trauma in Schwarz-Weiß: Ethnische Grenzgänge im amerikanischen Film* (2006); Hg.: *Jean Renoir* (2014).

Teil II
Cinéphilie und Politik

Das Zeit-Bild des Classical Hollywood: Dwan und Deleuze

Ivo Ritzer

> [C]inema arrives as if expressly designed to thwart a simple teleology of artistic modernity, to counter art's aesthetic autonomy with its old submission to the representative regime.
> Jacques Rancière (2006, S. 10)

Der Name Allan Dwan fällt nicht bei Gilles Deleuze. In seinen beiden Büchern zur Philosophie des Films wird Dwan von Deleuze nicht erwähnt. Das muss nicht erstaunen angesichts der hochgradig elitären Qualität des Deleuze'schen Kanons, welcher neben einigen wenigen Filmemachern des Classical Hollywood vor allem Regisseure europäischer Provenienz feiert. Allerdings ist es ein großes Missverständnis zu glauben, Deleuze hätte schlicht den cinéphil legitimierten Kanon der *Cahiers du Cinéma* für seine Arbeiten appropriiert. Auf den ersten Blick mag das mit Deleuzes Präferenz für das approbierte *Art Cinema* so wirken, etwa wenn man einen Blick auf die Top Ten-Liste der größten Filme aller Zeiten von Raymond Bellour wirft, die anno 2012 für eine Umfrage das britischen Magazin *Sight & Sound* eingeholt wurde:

1. *Au hasard Balthazar* (Bresson)
2. *The Birds* (Hitchcock)
3. *The Cloud-Capped Star* (Ghatak)
4. *Dr Mabuse, The Gambler* (Lang)

I. Ritzer (✉)
Universität Mainz, Mainz, Deutschland
E-Mail: ritzeri@uni-mainz.de

© Springer Fachmedien Wiesbaden 2015
I. Ritzer (Hrsg.), *Classical Hollywood und kontinentale Philosophie*,
Neue Perspektiven der Medienästhetik, DOI 10.1007/978-3-658-06620-8_6

5. *Hiroshima mon amour* (Resnais)
6. *La jetée* (Marker)
7. *Miss Oyu* (Mizoguchi)
8. *La règle du jeu* (Renoir)
9. *Sunrise* (Murnau)
10. *Tokyo Story* (Ozu)[1]

Das aber wäre nur eine Seite der Medaille. Denn immer existierte auch ein alternativer Kanon, der allerdings ebenfalls auf eine Fraktion der *Cahiers du Cinéma* zurückgeht. Nur konnte diese Splittergruppe sich im großen Richtungsstreit der *Cahiers* nicht durchsetzen, bis im Jahr 1963 schließlich ihr einflussreicher Patron, Eric Rohmer, vom Posten des Chefredakteurs der *Cahiers* zurücktrat und den Stuhl für die Gegenseite, angeführt von Jacques Rivette, räumte. Anders als Rivette gaben sich Rohmer und seine Proteges als kompromisslose Klassizisten, die den ihrer Meinung nach nur modischen Modernismus des Weltkinos radikal ablehnten. Deren Präferenzen spiegelt auch heute noch die Bestenliste von Jacques Lourcelles, dem neben Rohmer und Michel Mourlet zentralen Protagonisten der sog. „MacMahoniens"[2]:

1. *While the City Sleeps* (Lang)
2. *Forever Amber* (Preminger)
3. *Nosferatu* (Murnau)
4. *The 39 Steps* (Hitchcock)
5. *Cat People* (Tourneur)
6. *Gentleman Jim* (Walsh)
7. *Cattle Queen of Montana* (Dwan)
8. *Mon père avait raison* (Guitry)
9. *Going My Way* (McCarey)
10. *Naked Dawn* (Ulmer)[3]

An anderer Stelle, in seinem „Dictionnaire du cinéma", notiert Lourcelles zu Dwans *Cattle Queen of Montana* (1954): „Le film représente la quintessence du cinéma hollywoodien. Il engendre une sorte de ravissement, né en particulier de

---

[1] http://explore.bfi.org.uk/sightandsoundpolls/2012/voter/174.
[2] Benannt nach einem Pariser Kino am Arc de Triomphe, das sich auf amerikanische Genrefilme spezialisiert hat, zählten zur Gruppe auch Cinéphile wie Bertrand Tavernier, Pierre Rissient, Jacques Serguine, Marc Bernard, Jean Curtelin, Michel Fabre oder Alfred Eibel.
[3] http://old.bfi.org.uk/sightandsound/topten/poll/voter.php?forename=Jacques&surname=Lourcelles.

Abb. 1 *Cattle Queen of Montana*, Allan Dwan, USA 1954

l'aisance avec laquelle le réalisateur réussit, avec un budget limité et en respectant les règles d'un genre assez strict, à s'exprimer de la manière la plus personnelle qui soit. [...] Un cinéma aussi abouti, qui puise sa substance dans les seules péripéties de l'action et dans la contemplation du monde, qui n'a nul besoin des facilités du *discours* pour se faire entendre, semble aujourd'hui appartenir à un âge d'or totalement révolu" (2001, S. 1250 f.) (Abb. 1).

Lourcelles' Würdigung von *Cattle Queen of Montana* und der Dwan'schen Mise-en-scène kann stellvertretend stehen für jene Reputation, die Dwan in alternativen cinéphilen Zirkeln bis heute genießt[4]. Dwan ist fester Bestandteil eines Kanons, der jenseits des kulturell legitimierten Mainstream existiert und sich daher auch außer Reichweite des Deleuze'schen Geschmacks bürgerlicher Couleur situiert. Daran haben bislang auch diverse Retrospektiven, die letzte davon 2012 im New Yorker *Museum of Modern Art*, nichts geändert. Zu wenig idiosynkratisch scheint die filmische „Handschrift" bei Dwan, der zwischen 1911 und 1958 in allen Genres für alle Hollywood-Studios gearbeitet und über 400 Filme inszeniert hat[5]. So wurde von cinéphiler Seite schon früh angemerkt, dass Dwans Stil „remarkably free of any distortion" sei und selbst die Filme von Howard Hawks dagegen voller „expressionism" und „baroque compositional tics" (Meisel 1983, S. 110) wirkten. Dwan, dieser Eindruck entsteht, ist der ultimative Klassizist: „Dwan could be said to define ‚classical' film making probably even more than his mentor and primary influence, D.W. Griffith" (Meisel 1983, S. 109). Dwans cinéphile Reputation macht ihn somit zu nichts weniger als „the great upholder of the classical tradition" (Meisel 1983, S. 109). Dass sich die Dwan'sche Signifikanz mitnichten aber darin erschöpft, wird zu demonstrieren sein. Mit Dwan erfüllt das Classical Hollywood seine Axiome, auch wenn es gerade nicht darin aufgeht.

Wie nun cinéphile Gratifikation und philosophische Betrachtung zusammenbringen? Ich werde Dwan im Folgenden als einen „Fälscher" versus Deleuze in Stellung bringen, in dem Sinne, wie Deleuze seine Kooperation mit Félix Guattari verstanden hat. „Jeder ist der Fälscher des anderen, was heißt, daß jeder auf seine Weise den vom anderen vorgeschlagenen Begriff versteht" (1993, S. 183). Der Deleuze'sche Fälscher ist also eine Art von Vermittler, der zwischen den Instanzen steht und Konzepte überprüft. Dwan soll als ein Denker des Bildes ins Feld geführt werden, dessen filmische Entwürfe eine Serie von Operationen entwerfen, die durch ihre Bearbeitung von Materie eine philosophische Heuristik vornehmen. Und, das bereits vorweg, nicht unbedingt zu Gunsten von Deleuze.

---

[4] Siehe dazu etwa die jüngste Online-Publikation: Phelps und Telaroli 2013.
[5] Zu Dwans Karriere siehe Lombardi 2013.

1 Bewegungsbilder und Zeitbilder

Dwan als Fälscher von Deleuze zu begreifen, das bedeutet freilich nicht, den Philosophen vom Filmemacher verdrängen zu lassen. So bleiben zunächst noch einmal die Deleuze'schen Verdienste um den Film als philosophische Entität zu apostrophieren. Deleuzes große Leistung ist es, Philosophie nicht auf Film anzuwenden, sondern direkt von der Philosophie zum Film zu gehen – et vice versa. Philosophie stellt für ihn das Denken in Begriffen dar, insbesondere das kreative Denken, also ein Erfinden und Modulieren von Begriffen. Hier sieht Deleuze eine Analogie zum Film und dessen Künstlern, die zwar keine Begriffe kreieren, aber trotzdem ein Denken praktizieren; die in Bildern und Tönen denken. Die „großen Autoren des Films" situiert Deleuze in Analogie zu den großen Denkern; ihm „erscheint nicht nur eine Gegenüberstellung der großen Autoren des Films mit Malern, Architekten und Musikern möglich, sondern auch mit Denkern". Denn „[s]tatt in Begriffen, denken sie in Bewegungs- und Zeitbildern" (1989, S. 11). Dieses ästhetische Denken muss von der Philosophie aufgenommen und auf den Begriff gebracht werden. Die Begriffe sind damit nicht vom Film hervorgebracht, dem Medium aber dennoch immanent. Es zwingt den Philosophen auf diese Weise, Begriffe zu gestalten, die vom Film zur Philosophie und von der Philosophie zurück zum Film wandern. Denn der Film, wie die Kunst ganz generell, versucht aus Perzeptionen und Affektionen, d. h. dem, was sich auf der Leinwand manifestiert, Perzepte und Affekte als Blöcke von Empfindungen zu extrahieren. Er muss die Perzepte den „Perzeptionen eines Objektes und den Zuständen eines perzipierenden Subjekts [...] entreißen" (Deleuze und Guattari 1996, S. 191), denn die Perzepte sind ohne Referenz, also „unabhängig vom Zustand derer, die sie empfinden" (Deleuze und Guattari 1996, S. 196). Auch entreißt der Film die Affekte den Affektionen, da die Affekte eben keine Emotionen darstellen, nicht ein „Übergang von einem Erlebniszustand in einen anderen" sind, sondern vielmehr „das Nicht-menschlich-Werden des Menschen" (Deleuze und Guattari 1996, S. 204). Sie „übersteigen die Kräfte derer, die durch sie hindurchgehen" (Deleuze und Guattari 1996, S. 234). Der Film besitzt dabei nicht primär ein konzeptuelles Potential, eher komponiert er Sensationen, d. h. die in der Konfrontation von Rezipient und Kräften des Kunstwerks sich konstituierenden Sinneseindrücke. Während Sensationen aus der Immanenz von Materie entstehen, ist es die Aufgabe der Philosophie, diese Materie in Begriffen zu reflektieren. Was der Filmkünstler also an Affekten und Perzepten lediglich fühlen kann, hat der Philosoph zu konzeptualisieren. Das bedeutet aber nun eben gerade nicht, dass es kein Denken abseits von Begriffen gibt. Stattdessen bleibt zwar das Denken vom Begriff und damit auch von der Philosophie zu differenzieren, jedoch existiert auch ein Denken, das nicht konzeptionell funktioniert, sondern sensationell.

Was sind nun die Begriffe, auf die Deleuze den Film und seine Sensationen bringt? Mit den Konzepten von Bewegungsbild und Zeitbild vollzieht er jene Entwicklung der Konzeption von Zeit nach, die vom antiken Verständnis der Zeit als Objekt der Bewegung hin zur modernen Auffassung der Bewegung als Objekt der Zeit führt, wie sie seit der Kant'schen Wende das Denken der Kontinentalphilosophie prägt. „Im modernen Kino", so Deleuze, ist „das Zeit-Bild weder empirisch noch metaphysisch, sondern ‚transzendental' im kantischen Sinne: Die Zeit befreit sich aus ihrer Verankerung und stellt sich im Reinzustand dar" (1991, S. 347). Hier zeigt sich bereits das zentrale Problem von Deleuzes Film-Philosophie, die durch das binäre Modell von Bewegungsbild und Zeitbild eben auch zu einer Film-Geschichte evolviert. Die logische Taxonomie von Bildformen wird zu einer linearteleologisch operierenden Geschichtsschreibung, die sich ihr Material beugt, um es dem theoretischen Modell zu adaptieren. Der Blick von Deleuze ist aber kein wirklich diachroner, denn was bei ihm als historische Verfasstheit des Films entsteht, erscheint weniger als prozessuale Entwicklung denn lediglich als synchrone Aktualisierung von dem Medium virtuell bereits immer eingeschriebenen Potentialen. Philosophie wird daher zur Nachkonstruktion, die der Geschichte des Films folgt und daraus, d. h. sowohl aus Einzelwerken, ganzen Oeuvres als auch unterschiedlichen Epochen, ihre Begriffe ableitet. Die Philosophie expliziert nichts, was der Film nicht bereits dargelegt hätte. Als eine Form von konzeptioneller Rückprojektion geht sie über das ästhetische Material nicht hinaus, sondern fasst dieses stattdessen in ebenso essentialistische wie metaphysische Konzepte. Denn Aufgabe des Films ist es für Deleuze, den Glauben an die Welt zu affirmieren, indem er sie auf eine neue Art und Weise instanziiert.

Dieses Neue zeigt sich nicht im Klassischen. Laut Deleuze ist das klassische Hollywood-Kino eine Form des Bewegungsbilds, also der Einstellung im Sinne eines beweglichen Blocks der Dauer, die zwar Bewegung in der Zeit darstellt, deren ungeregelter Fluss durch narrative Konfliktstrukturen aber kanalisiert und verformt wird. Der für das Classical Hollywood charakteristische Bildtypus wird von Deleuze dabei in Abgrenzung zum Perzeptionsbild und Affektbild als Aktionsbild spezifiziert. Das Aktionsbild artikuliert eine organische Relation zwischen Figur und Diegese: Nachdem der Körper durch die perzeptierte Materie affiziert worden ist, gelangt er zur Aktion. Dieses sensomotorische Schema von Wahrnehmung, Affektion und Handlung artikuliert einen Kausalzusammenhang von Aktion und Reaktion, dessen Kontinuität eine intelligible Beziehung von Teil und Ganzem generiert und somit die narrative Sukzession garantiert. Auf jede Wahrnehmung einer Situation erfolgt so eine direkte Folgehandlung, die Zeit der Bewegung sub-

ordiniert – egal ob die Bewegung von der Situation zur Aktion verläuft und die Situation verändert („große Form") oder von der Aktion zur Situation geht und eine neue Aktion generiert („kleine Form"). In jedem Fall existiert ein klar definiertes Milieu, zu dem Figuren in einer konfligierenden Relation stehen, die sie zum Handeln bringt. Auf Perzeption und Affekt folgt unweigerlich eine Aktion. Diese Bewegung zwischen Figur und Umgebung ist Kern des Aktionsbilds. Dabei jedoch sieht Deleuze in der narrativen Qualität keine filmische Prädisposition, vielmehr erscheint sie ihm als „lediglich eine Konsequenz der selbst sichtbaren Bilder und ihrer direkten Kombination" (1991, S. 43). Der Anti-Narratologe Deleuze ordnet die filmische Narration dem sensomotorischen Schema der Bewegung unter und bricht daher mit dem Primat der Erzählhandlung. Für ihn basiert Film nicht auf dem sprachlichen Als-Ob einer zentrierten Fiktion, sondern auf einem gleichsam nicht-sprachlichen und dezentrierten Materiestrom, aus dem sich lediglich a posteriori Formen von Affekten und Subjektivität entwickeln können. Die Narration ergreift quasi Besitz von der dionysischen Bewegung und schöpft sie für einen ihr nicht inhärenten Zweck ab. Klassisch am klassischen Film sind deshalb nur sekundär die linearen Geschichten, ist primär aber eine spezifische Bilderverkettung: „Die sogenannte klassische Erzählung leitet sich direkt aus der organischen Zusammensetzung der Bewegungs-Bilder ab [...] oder – gemäß den Gesetzen eines sensomotorischen Schemas – aus ihrer Spezifizierung zu Wahrnehmungsbildern, Affektbildern oder Aktionsbildern" (Deleuze 1991, S. 43). Filmische Narration ist kein struktureller Effekt einer den Bildern vorgängigen Geschichte, stattdessen resultiert sie im Classical Hollywood aus der homogenen Bildkomposition nach dem Prinzip von Wahrnehmungs-Aktions-Zusammenhängen. Perzepte evozieren Affekte, die wiederum zu Handlungen führen.

Für Deleuze beginnt das Bewegungsbild und mit ihm das Aktionsbild in der Nachkriegszeit eine fundamentale Krise zu durchlaufen, die aus dem zum Klischee gewordenen Paradigma des Classical Hollywood resultiert und bis heute anhält: „[D]as ist nach wie vor der Weg der größten kommerziellen Erfolge, aber die Seele des Films ist nicht mehr dort" (1989, S. 271). Die Erschöpfung des Aktionsbilds generiert nach Deleuze nur noch Gleiches im Gleichen. Das krisenhafte Moment des klassischen Kinos wird dabei als ihm immanent gedeutet. Im Aktionsbild, so Deleuze, realisiert sich eine Zweitheit, die Affekte erst zur Wahrnehmung bringt, dann Perzepte dem sensomotorischen Apparat übermittelt und hierdurch schließlich eine (Re)Aktion der Bilder auf ihre Umgebung evoziert. „Wäre denn eine Krise des Aktionsbildes überhaupt etwas Neues?", fragt Deleuze daher: „War sie nicht für den Film ein Dauerzustand? Außerhalb der Handlung stehende Episoden, tote Zeiten zwischen den einzelnen Handlungen, ja ein ganzes Ensemble von hinzukommenden oder eingeschobenen Aktionen, die durch die Montage nicht weggeschnitten werden konnten, ohne den Film zu entstellen (daher die zweifelhafte Macht der Produzenten), waren zu allen Zeiten integraler Bestandteil auch des reinen Aktionsfilms" (1989, S. 275). Das Aktionsbild figuriert demnach als eine spezifische Form des narrativ aufgeladenen Bewegungsbilds, die sich auf dessen Basis konstituiert, jedoch immer auch darüber hinausweist. Weil es nicht in der Narration aufgeht, bewirkt es deren permanente Krise. Das Bewegungsbild ist deshalb immer unrein und hybrid, es muss stets auf sein eigenes Anderes verweisen. Das Aktionsbild existiert nur in Differenz zu sich selbst, d. h. nicht außerhalb seiner krisenhaften Bedingung. Das klassische Hollywood-Kino aber versucht nach Deleuze, die unüberwindbare Autoseparation des Aktionsbilds zu eskamotieren. Der Film kann daher sein Potential im Classical Hollywood nicht wirklich zur Entfaltung bringen. Das Zeitbild ist laut Deleuze von Anfang an im Film angelegt gewesen, als ein „Phantom geisterte das direkte Zeit-Bild schon immer im Kino herum", jedoch „einen Körper konnte ihm erst das moderne Kino geben" (1991, S. 61). Denn im modernen Film wird nach Deleuze die historische Erschöpfung des klassischen Bewegungsbilds thematisch. Signifikanz und Funktion der Einstellungsverkettung haben sich verkehrt, nun wird Zeit nicht mehr nur über Bewegung vermittelt, sondern direkt erfahrbar: „[S]tatt sich auf die Bewegungs-Bilder zu beziehen, in denen sie ein indirektes Bild der Zeit freilegt, bezieht sie sich auf das Zeit-Bild und legt in ihm die zeitlichen Beziehungen frei, von denen nunmehr die abweichende Bewegung abhängt" (Deleuze 1991, S. 61). Zeit wird nun direkt erforscht, Bewegung nicht mehr als deren Konstitutens gewertet. Veränderung als Entstehung des Neuen in Differenz zum Alten ist ermöglicht. Indem Perzeption, Aktion und Affekt einer Disruption unterzogen werden, spaltet das Zeitbild die Bewegung in allen ihr eigenen Dimensionen und macht sie spürbar. Damit gelingt es dem Zeitbild, einen direkten Zugang zur Verfasstheit der modernen Welt zu gewähren, wo die Erfahrung von Zeit gekennzeichnet ist durch Brüche, Leere und radikale Kontingenz. Im Zeitbild führt die Perzeption nicht länger automatisch zur Aktion. Die Vergangenheit existiert dort in der Gegenwart. Erinnerung wird desubjektiviert und in eine autonome Zeitlichkeit überführt, die nicht länger nach Gesetzen von Linearität und Chronologie funktioniert. Das Classical Hollywood dagegen zeigt Figuren, die auf eine Situation reagieren, selbst dann „wenn eine der Figuren ihre Ohnmacht erfahren muss, weil sie [...] gefesselt und geknebelt war" (Deleuze 1991, S. 13). Wahrnehmbar wird dort folglich ein sensomotorisches Bild, in welches das Zuschauersubjekt durch Identifikation mehr oder weniger einbezogen ist. Perzeption des Publikums und Wahrnehmung der Figur sind eng miteinander verwoben. Diese Verflechtung bleibt auch im Zeitbild erhalten, nun aber „kehrt sich die Identifikation tatsächlich um: Die Figur wird selbst gewissermaßen zum Zuschauer. [....] Kaum zum Eingriff in eine Handlung fähig, ist sie einer

Vision ausgeliefert" (Deleuze 1991, S. 13). Dominant wird nun Mise-en-scène der Blicke, die das Aktionsbild mit seinen Relationen von Reiz und Reaktion aussetzt. Sie kulminiert für Deleuze in einem „reinen optisch-akustischen Bild". Mit ihm sind die sensomotorischen Verbindungen nicht mehr nur gelockert, sondern bedeutungslos, und der Film gelangt zu einer basalen Aisthesis, der nur optisch und akustisch definierten Situation, in der Perzeptionen nicht mehr automatisch zu Aktionen führen. Sinn und Sinnlichkeit koinzidieren im modernen Film: „[D]ie Unterscheidung des Subjektiven und Objektiven [verliert] in dem Maße an Bedeutung, wie die optische Situation oder die visuelle Beschreibung die motorische Handlung ersetzen. Wir haben es hier in der Tat mit einem Unbestimmbarkeits- oder Ununterscheidbarkeitsprinzip zu tun: Man weiß nicht mehr, was imaginär und real, körperlich und mental in der Situation ist, nicht weil man diese Merkmale vermengte, sondern weil man es nicht mehr zu wissen braucht und es keinen Anlass gibt, danach zu fragen" (Deleuze 1991, S. 19). Die Frage ist nicht länger, was das nächste Bild zeigen wird; die Frage ist, was das aktuelle Bild zeigt. Sichtbares und auch Hörbares referieren nur noch auf sich selbst, sie emanzipieren und verselbstständigen sich, werden autonom. Als Opto- und Sonozeichen wirken sie enigmatisch in ihrer scheinbar asignifikativen Struktur, die nicht mehr explikativ operiert, sondern nur noch deskriptiv. Was sichtbar und was hörbar wird, das ist der Prozess des Sichtbarmachens und Hörbarmachens selbst – Bilder von Bildern, Töne von Tönen. Dieser Prozess schafft nicht das Bewegungsbild, wohl aber dessen Primat ab. Bewegungsbild und Zeitbild sind im modernen Film integriert: „Anstelle einer linearen Fortsetzung hat man eine Kreisbewegung, in der die beiden Bilder ständig hintereinander herjagen und einen Punkt umkreisen, wo Reales und Imaginäres nicht mehr zu unterscheiden sind. Man könnte sagen, daß das aktuelle Bild und sein virtuelles Bild sich kristallisieren" (Deleuze 1993, S. 78). Die im Bewegungsbild virtuell präsente Zeit evoliviert durch das Zeitbild zur aktualisierten Größe. Das Bild stellt eine Relation mit seiner eigenen Virtualität her, so das Aktuelles und Virtuelles ununterscheidbar werden. Die Dissymmetrie der Zeit kann auf diese Weise im Kristall ihren Ausdruck finden: „Im Kristall gewahrt man die unablässige Gründung der Zeit, die achronologische Zeit, [...] der Visionär, der Sehende, ist derjenige, der in den Kristall schaut und dabei des Ursprungs der Zeit als Trennung, als Spaltung gewahr wird" (Deleuze 1991, S. 112). Anstatt Zeit in Vergangenheit, Gegenwart und Zukunft zu spalten, lässt der Kristall sie koaleszieren. Der klassische Hollywood-Film dagegen muss der Konzeption einer ephemeren Präsenz verpflichtet bleiben, weil Bewegungs- und Aktionsbild immer auf eine vergehende Gegenwart bezogen sind: „Das Aktionsbild konnte von der Situation zur Aktion gelangen, oder umgekehrt, von der Aktion zur Situation, es untrennbar von den Verstehensakten, mittels derer der Held die Gegebenheiten des

Problems oder der Situation beurteilte, oder von Akten des Schlußfolgerns, mittels derer er das, was nicht gegeben war, erahnen konnte" (Deleuze 1991, S. 214). Der Sukzession von Zeit wird im Kristallbild eine konservierende Vergangenheit gegenübergestellt, die das Flüchtige zu bewahren vermag. Dort plötzlich spielt die Dissymmetrie von Fakt und Fiktion keine Rolle mehr. Eine Indifferenz der Bilder überwindet nun „jede Psychologie der Erinnerung und des Traums ebenso wie jede Physik der Aktion" (Deleuze 1991, S. 350). Allein auf diesem Weg kann das Bild für Deleuze zur „Seele des Films" (1989, S. 276) zurückkehren.

Deleuze konzediert, dass Hybridformen von Bildern nicht die Ausnahme, sondern die Regel darstellen. Das Zeitbild positioniert Deleuze demzufolge in keinem einfachen Antagonismus zum Bewegungsbild: „Das Bewegungs-Bild ist nicht verschwunden", konstatiert er, „aber es existiert nur noch als die erste Dimension eines Bildes, das unaufhörlich in seinen Dimensionen wächst" (1991, S. 37). Die Demarkationslinie zwischen Bewegungsbild und Zeitbild aber ist Deleuze nicht bereit preiszugeben. Beide zeichnen sich für ihn durch irreduzible Unterschiede aus, denn lediglich so kann das von Deleuze proklamierte Geschichtsmodell des Films funktionieren. Nur wenn mit dem Zeitbild eine neue Evolutionsstufe gegenüber dem Bewegungsbild erreicht wird, bekommt die metaphysische Hoffnung auf eine Renovation des Glaubens an die Welt perspektivische Substanz verliehen. Deleuze hat mithin keine Taxonomie, sondern eine Teleologie der Bilder vorgelegt. Diese führt essentialistische Konzeptionen mit sich, wonach das Bewegungsbild von Classical Hollywood durch das Zeitbild des modernen Kinos überwunden und die „Seele des Films" somit manifest wird. Diese exklusive Polarität von Bewegungsbild und Zeitbild ist zum Gegenstand einer ebenso polemischen wie luziden Deleuze-Kritik von Jacques Rancière geworden, die der metaphysischen Bild-Ontologie Deleuze'scher Prägung einen genuin kunstphilosophischen Ansatz entgegen setzt. Für den Ästhetiker Rancière besitzen die von Deleuze geprägten Begriffe durchaus Relevanz, allerdings nicht wenn sie in Opposition zueinander situiert werden: „[M]ovement-image and time-image are by no means two types of images ranged in opposition, but two different points of view on the image" (2006, S. 113). Rancière betont die Unmöglichkeit, Bewegungsbild und Zeitbild trennscharf voneinander zu separieren. Film ist mit Rancière gedacht ein Medium der radikalen Dissonanz. Diese resultiert konstitutiv aus der filmischen Bildlogik, die der Erzählökonomie stets zuwiderläuft und sie notwendigerweise durchkreuzen muss. Immer existiert ein „fleeing movement", als Surplus des Bildes: „added by the director to script" (Rancière 2006, S. 14). Im Gegenzug ist für Rancière eine „reine optisch-akustische Situation" ebenfalls als Kontradiktion zu sehen, da filmische Bilder keinen Reinzustand besitzen, was eben der Grund dafür ist, dass der Film sich am Erzählen von Geschichten abarbeitet. Aber nicht nur im ästhetischen Gefüge, auch konzeptionell erscheinen Deleuzes Konzepte von Bewegungsbild und Zeitbild bei Rancère lediglich als unterschiedliche Perspektiven auf einen identischen Gegenstand, wobei die Perspektiven je nach Präferenz zu vertauschen sind. Was dem einen sein Bewegungsbild ist, mag dem anderen sein Zeitbild sein. Beide Begriffe sind nicht absolut zu verstehen, sondern kontextuell nach Blickwinkel zu verorten. Diese von Rancière betriebene Relativierung eröffnet auch einen neuen Blickwinkel auf Classical Hollywood. Es erscheint nun als ein Kino ohne Essenz, eben weil auch Bewegungsbild und Zeitbild nicht wie bei Deleuze essentialistisch, sondern stets nur relational sich bestimmen lassen.

2 Klassizismus und Modernismus

Jacques Rancière wählt für seine Kritik an Deleuze ausgerechnet die Filme von Robert Bresson als Demonstrationsobjekt. Mit ihnen problematisiert er Qualitäten des Affektbilds in Relation zum Zeitbild. Aber nicht nur der fehlende Bezug zum Aktionsbild verwundert. Das Votum gerade für Bresson mag mehr als nur ein wenig unglücklich wirken, würde doch wohl niemand in den Versuch kommen, den modernistischen Solitär Bresson einem klassischen Paradigma zuzuschreiben – ob in Hollywood, Europa oder jedem anderen beliebigen Ort. Anders verhält es sich mit Allan Dwan, der nach cinéphiler Perspektive zugleich als traditionalistischster wie innovativster Filmemacher des Classical Hollywood gelten kann. Insbesondere mit dem finalen Dutzend seiner Arbeiten, davon zehn produziert von Benedict Bogeaus und sieben photographiert von John Alton, kann Dwan einerseits als Klassizist, andererseits als Modernist gelten. Was die Filme *Silver Lode* (1954), *Passion* (1954), *Cattle Queen of Montana* (1954), *Tennessee's Partner* (1955), *Pearl of the South Pacific* (1955), *Escape to Burma* (1955), *Slightly Scarlet* (1956), *Hold Back the Night* (1956), *The Restless Breed* (1957), *The River's Edge* (1957), *Enchanted Island* (1958) und *Most Dangerous Man Alive* (1958/1961) verbindet, ist zum einen sicherlich eine narrative Strategie, die sich mit Deleuze als Variation des Aktionsbilds lesen lässt. Ihre Erzähllogik unterwirft Raum und Zeit, um das Publikum auf dramaturgisch signifikante Elemente zu fokussieren. Das sensomotorische Schema wird bei Dwan daher nicht gebrochen, und seine Einstellungsverkettungen würden sowohl die große als auch kleine Form des Aktionsbilds aufweisen: die große Form nach dem Schema „Situation-Aktion-Situation" in der Verflechtung von Figur und Raum, wonach die situativen spatialen Parameter eine sich im Duell konkretisierende Aktion evozieren (freilich besonders in den Western *Silver Lode*, *Passion*, *Cattle Queen of Montana*, *Tennessee's Partner* und *The Restless Breed*); ebenso die kleine Form nach dem Schema „Aktion-Situation-Aktion", wonach Ak-

Abb. 2 *Silver Lode*, Allan Dwan, USA 1954, *Tennessee's Partner*, Allan Dwan, USA 1955, *Slightly Scarlet*, Allan Dwan, USA 1956, *Hold Back the Night*, Allan Dwan, USA 1956

tionen akkumulativ Situationen aufdecken, die wiederum eine neue Aktionen hervorzurufen vermögen usw. (wie in den melodramatisch strukturierten *Pearl of the South Pacific*, *Escape to Burma*, *Slightly Scarlet*, *Hold Back the Night*, *The River's Edge* und *Enchanted Island*). Doch selbst diese Analyse ließe sich durchkreuzen: Steht bei Dwan statt großer und kleiner Form nicht eher eine zyklische Wiederholungsstruktur im Zentrum, ein zielloser Kreislauf des Immergleichen? Seine Helden sind meist merkwürdig verletzlich und passiv, speziell wenn sie wie in den Western *Silver Lode* und *Tennessee's Partner*, dem Film Noir *Slightly Scarlet* und dem Kriegsfilm *Hold Back the Night* von John Payne verkörpert werden (Abb. 2).

Aktiv tritt Payne oft lediglich als Beobachter der Taten von Anderen auf, die er selbst nicht beeinflussen kann. Seine Proxemik ist zudem durch ein permanentes Zögern gekennzeichnet, das einer organischen Sensomotorik zuwider läuft. Dwans letzte Arbeit, der Science-Fiction-Gangsterfilm-Hybrid *Most Dangerous Man Alive* ist ein vieler Hinsicht ein Schlüsseltext, zugleich Summe wie Resümee von Dwans Oeuvre. Erzählt wird hier die Rachegeschichte eines betrogenen Gangsters, dem es gelingt, aus dem Gefängnis zu entfliehen, dann aber durch einen Unfall radioaktiv verstrahlt und zum Toten auf Urlaub wird. Der gesamte Film artikuliert einen nachgerade apokalyptischen Pessimismus angesichts einer schrecklichen neuen Welt, die von einem militärisch-wissenschaftlichen Komplex geführt wird, dessen Willen zur Macht unkontrollierbar geworden ist. Wie John Payne ist auch Ron Randall, der Hauptdarsteller aus *Most Dangerous Man Alive*, ein schauspielerischer Minimalist, dessen Passivität sich quer zu jeder reibungslosen Sensomotorik stellt. Selbst wenn er am Ende des Films von Flammenwerfen getötet wird, erscheint sein „I'll tear the world apart!" weniger als Imperativ der Aktion denn wie eine Drohung aus dem Jenseits (Abb. 3).

Für Deleuze nun evoziert die Immobilisierung der Figuren auch eine Krise des Aktionsbilds. Diese hat zur Folge, dass die Wahrnehmungen der Figuren nicht mehr in Aktionen übergehen. Daher ergibt sich keine Schließung der Bewegungsbilder mehr. Das sensomotorische Schema reißt, und „rein optische und akustische Situationen" können sich konstituieren. Bei Dwan hingegen bleibt die Logik des Aktionsbilds auch in dessen Krise erhalten. Ja mehr noch, ganz im Gegenteil: Filme wie *Hold Back the Night*, *Enchanted Island* oder *Most Dangerous Man Alive* sind gerade mustergültige Beispiele der Trias Perzeption-Situation-Aktion, den Axiomen des Classical Hollywood vollends entsprechend. Aber gleichzeitig zeigt sich in ihnen der spezifische Dwan-Touch, auch und gerade jenseits der von Dwan entscheidend mitverantworteten Narrative. Es ist nicht nur Dwans starker Einfluss auf die Sujets der Filme, es ist primär auch ein Inszenierungsregime, das simultan dem Paradigma des Aktionsbilds verpflichtet scheint und doch weit über diesen Bildmodus hinausweist. Dwan ist ein Hyper-Klassizist, der in seiner Übererfüllung von Axiomen des Classical Hollywood deren Grenzen auslotet. Ständig sind die Filme im Begriff, aus dem Repräsentationsregime von Classical Hollywood

Abb. 3 *Most Dangerous Man Alive*, Allan Dwan, USA 1961

heraus zu fallen, das sie dennoch simultan aber in extremer Konsequenz durchsetzen. Jede Bildkomposition macht den einfachst möglichen Eindruck, und gerade dadurch wirkt die Inszenierung bisweilen äußerst komplex. Ökonomie schlägt um in Stilisierung. Dwans Logik geht aus vom ikonographischen Charakter der Filmbilder und apostrophiert das Zeichenhafte in seiner Unmittelbarkeit. Oberflächen bei Dwan kann man beinahe blind vertrauen. Es ist die vorbegriffliche Evidenz des Bildes, die als Instanz des Erzählens genutzt wird, in ihrer anschaulichen Klarheit. Dwan setzt auf Evidenzen, auf effektvoll geordnete Bilder, die zu immer anderen Geschichten neu kombiniert werden. Dabei desavouiert Dwan den Moment der Konnotation, er lässt Signifikat und Signifikant in Eins fallen. Nicht symbolisieren, nicht repräsentieren, so lautet Dwans Devise: konkretisieren, d. h. präsentieren. In gewisser Weise wird der Film hier autopoetisch, wenn die Bildgegenstände zur Fiktion gerinnen und Fiktives sich öffnet zur bildhaften Gegenständlichkeit des Films.

Dominant ist bei Dwan eine Mise-en-scène extremer Frontalität, deren Planimetrik durch statische Einstellungen noch betont wird. Häufig sind Figurengruppen im Bildvordergrund und in amerikanischer Einstellung oder der Halbtotalen arrangiert, so dass der Blick wie auf eine Prozeniumsbühne ohne Raumtiefe zu fallen scheint (Abb. 4). Übersichtstotalen hingegen fehlen meist völlig, an ihre Stelle tritt eine Form additiv-konstruktivistischer Montage, die Matches zwischen den Einstellungen über Blick-, kaum jedoch Handlungsachsen herstellt. Jede Einstellung entwirft auf diese Weise ihren eigenen Raum, den die Figuren wie eine Bühne betreten und dann in stilisierten Tableaus ausfüllen (Abb. 5). Sicherlich ist es kein Zufall, dass Dwans Mise-en-scène damit Erinnerungen an das „primitive" Kino der One-Reelers evoziert, hat seine Karriere als Filmemacher in Hollywood dort doch ihren Anfang genommen, als Dwan zu den Regisseuren zählte, die D. W. Griffith für seine erste unabhängige Firma unter Vertrag nahm. Dwans letzte Filme können als eine Rückkehr zu den Wurzeln im frühen Kino gedacht werden, die aber dennoch dem Aktionsbild mit dessen imaginärer Zentrierung des Zuschauersubjekts als virtuelle Präsenz im Prozess der Inszenierung verpflichtet bleibt. Dwans finales Diptychon, *Enchanted Island* und *Most Dangerous Man Alive*, bildet hierfür wohl das extremste Paradigma, die Filme sind gedreht ohne künstliche Kulissen, bisweilen werden Schauplätze synekdochisch durch bemalte Tapeten signifiziert, vor denen die Darsteller planimetrisch agieren (Abb. 6).

Ein auf den Bildvordergrund limitierter Handlungsraum, eine geringe Szenenauflösung, ein weitgehender Verzicht auf Close-ups sowie eine nur sparsam eingesetzte Point-of-View-Struktur verbindet sich bei Dwan mit der in den Akt des Darstellens integrierten, d. h. „unsichtbaren" Kamera des Classical Hollywood. Seine Filme oszillieren damit permanent zwischen einem Erzählen und einem Zeigen, sie integrieren ebenso narrativ wie sie demonstrativ akzentuieren, sie operieren ebenso metonymisch wie metaphorisch. Daraus resultiert ein wunderlicher Klassizismus, den ich als Hyper-Klassizismus, als einen Klassizismus plus respektive minus X bezeichnen möchte. Denn gerade in seinen letzten Filmen gelangt Dwan zu einer Art von filmischem Haiku. Er lässt alles Unnötige weg, selbst dann, wenn es nötig erscheint. Dwan, das ist meine These, abstrahiert somit die Aktion, bis sie als ein Diagramm, als ihr eigenes Konzept erscheint[6]. Nicht mehr nur räumliche Relationen, sondern auch gedankliche Verbindungen stellen den Konnex der Bilder her. Die Bilder gehen somit weder in der Perzeption noch im Affekt noch in der Aktion auf, sie verweisen auf die mentale Aktivität der Darstellung im Dargestellten.

---

[6] Zum Begriff des Diagramms bei Deleuze siehe seine Lektüre von Michel Foucaults *Überwachen und Strafen* (1975) sowie die kunstphilosophische Studie zu Francis Bacon: Deleuze 1987 sowie Deleuze 1995. Das Diagramm eines Bildes wird dort definiert als „die operative Gesamtheit der Linien und Zonen, der asignifikanten und nicht-repräsentativen Striche und Flecke" (1995, S. 63). Es stellt mithin die faktische Potentialität einer optischen Ordnung dar, durch welche das Bild die ihm zugrunde liegende Struktur erst erfährt.

Abb. 4 *The River's Edge*, Allan Dwan, USA 1957

Das Zeit-Bild des Classical Hollywood: Dwan und Deleuze 107

Abb. 5 *Cattle Queen of Montana*, Allan Dwan, USA 1954

Abb. 6 *Most Dangerous Man Alive*, Allan Dwan, USA 1961

Das Bewegungsbild bildet nur einen Rahmen, der das Eingefasste transformiert. Dadurch wandelt Dwan das Aktionsbild in eine Projektion des Aktionsbilds, so dass aus aktueller Bewegung virtuelle Bewegung wird. Sie fungiert als ihr eigener Spiegel, der sich selbst reflektiert. Diese Virtualität setzt sich sowohl vom Narrativ der Filme als auch von jeder Subjektivität ab, um eine zusätzliche Qualität jenseits der Sukzessionsökonomie des Aktionsbilds zu erreichen. Dwans Klassizismus schafft eine filmische Logik im Aktionsbild, die ihr Fundament zugleich erfüllt wie transzendiert. Resultat ist eine ästhetische Durchdringung von Schichten, die klare Qualitäten dessen besitzt, was Deleuze für eine besonders avancierte Form des Zeitbilds reserviert: Das Aktionsbild bei Dwan weist deutliche Eigenschaften des Deleuze'schen Kristallbilds auf. Im Zeitbild des Kristalls konstituiert sich ein Intervall zwischen Aktualität und Virtualität, das von der bloßen Bedingung der Bilder besetzt ist. Während das Erinnerungsbild und das Traumbild dabei auf einem Äquivalenzprinzip der Ähnlichkeit beruhen und durch Aktualität bestimmt sind, zeichnet sich das Kristallbild durch eine Koaleszenz von Aktualität und Virtualität aus. Aktuelle Materie spiegelt sich in virtueller, virtuelle Materie wird von aktueller reflektiert. Bezogen auf das Zeitbild des Classical Hollywood bei Dwan ließe sich formulieren, dass das Aktionsbild durch Inkorporation seines Spiegelbilds zum Kristall wird. Dort ist nicht mehr auszumachen, was wirklich und was imaginär ist, das aktuelle Bild oder die virtuelle Abstraktion davon. In einem simultanen Nebeneinander ist das zeitliche Nacheinander des Aktionsbilds aufgehoben. Wir haben es also mit Bildern zu tun, die als desubjektivierte Diagramme das Aktuelle und das Virtuelle permanent aneinander brechen und damit bis zur Ununterscheidbarkeit amalgamieren. Diese Desavouierung des Distinktionsprinzips bricht das vor der Kamera bildhaft gewordene Sein auf, um es durch neue Bedeutungen zu erweitern, ohne das Neue aber direkt auf das Bild des Seienden zu fixieren. Dwan löst die Bildlogik des Classical Hollywood ein, eben dadurch, dass er sie ablöst. Er führt die poetologische Struktur des Aktionsbilds vor, indem er sie ins Zeitbild transponiert. Die Bilder weisen so über sich selbst hinaus und dabei auf sich selbst zurück. Die Projektion der Aktionsbilder bleibt ganz bei sich und tritt dennoch als Projektion zu Tage. Bei Dwan gibt es keinen Kommentar, keine Metaebene. Er bietet eine Perfektionierung des Aktionsbilds, die alle Bewegung im Kristall bündelt. Das Sichtbare und das Unsichtbare bleiben in der Schwebe.

3 Conclusio

Dwans Filme, Arbeiten wie *Cattle Queen of Montana*, *Tennessee's Partner*, *Pearl of the South Pacific*, *Escape to Burma* oder *The River's Edge*, sie mögen in ihrem unapolegetischen Eskapismus geradezu naiv erscheinen, aber natürlich ist das ein Irrtum. Alles ist augenscheinlich bei Dwan, aber der Augenschein ist nicht alles. Der Trugschluss besteht darin, dass die Bilder einfach nur einfach wären. In der Tat wird in diesen Filmen nichts mitgeteilt, umso mehr aber gibt es zu entdecken. Die vermeintliche Simplizität von Dwan erweist sich als Effekt von hoher Komplexität. Er garantiert eine Übererfüllung des poetologischen Regelwerks und bricht das Classical Hollywood auf diese Weise im Kristall. Das Aktionsbild bildet somit keine Antithese zum Zeitbild, es tritt vielmehr als dessen Träger auf. Dwan könnte somit tatsächlich als ein „Fälscher" der Deleuze'schen Philosophie gelten, dem es gelingt, den Binarismus der Begriffe zu durchkreuzen. Wo mit Rancière das Zeitbild als keiner spezifischen Filmform inhärenter Bildtypus zu denken ist, liefert Dwan im ästhetischen Denken den Beweis, dass selbst die klassischste Filmpraxis auf Bildkristalle rekurrieren kann. Daraus ließe sich folgern, dass es zumindest problematisch ist, dem Classical Hollywood gegenüber einen filmischen Modernismus zu situieren: wenn vielleicht nicht sogar die Rede von Klassizismus und Modernismus per se. Die von Deleuze hypostasierten Qualitäten des Kristallbilds werden ja auch bei Rancière keinem filmischen Modernismus zugeschrieben, sondern auf den dissonanten Charakter des Mediums selbst zurückgeführt. Das Zeitbild des Classical Hollywood ist so mit Rancière zu denken als Effekt eben jener „operations whereby the cinematographic art thwarts its own powers" (2006, S. 12). Für Deleuze hingegen geht es nicht um Durchkreuzung, sondern um erlösende Errettung. Weil das sensomotorische Schema des Bewegungsbilds die Bilder in der Welt paradoxerweise durch Konventionalisierung immobilisiert hat, obliegt es dem Zeitbild, sie an ihre primordiale Bestimmung zurückzuführen. Das durch den Eingriff der Narration in seiner basalen Materialität enteignete Bild wird im Kristall wieder freigesetzt. Das redemptorische Moment liegt somit in der Erlösung des Bildes vom Zwang zur sensomotorischen Repräsentation. Deleuze konstruiert so einen Riss zwischen zwei Schulen des Bildes, der für Rancière schlicht nicht existent ist: „The movement-image is ‚in crisis' because the thinker needs it to be" (Rancière 2006, S. 116). Indem er die beiden Bildtypen aus seiner Ontologie des intrinsisch bildhaften, aber vermeintlich schuldig gewordenen Universums ableitet, überformt Deleuze den Film und lässt ihn von der prädispositionellen Theoriebildung dominieren. Rancière attestiert dem Deleuze'schen Impetus zur Restitution der kosmischen Immanenz einen konfligierenden Charakter, der sich aus Rancières eigener Philosophie der Durchkreuzung ableitet. So besitzt das Zeitbild eine paradoxe Qualität, weil es durch die Wiederaneignung von passiver Materie durch ein aktives Bewusstsein entsteht. Der auktoriale Zugriff von Filmemachern erst lässt das Zeitbild entstehen, entzieht dem Film dadurch aber wieder seine chaotische Urform. An die Stelle der oppressiven Narration tritt eine ebenso subordinierende Autorensubjektivität. Für Rancière durchkreuzt das Zeitbild damit die von Deleuze postulierte Errettung des Films von seinem Sündenfall. Aus dieser Perspektive baut Deleuze sich einen Strohmann, der ihm allein zur putativen Demonstration seiner essentialistischen Metaphysik dient. Film aber hat keine Essenz, außer seiner Essenzlosigkeit. Bewegungsbilder können als Zeitbilder, Zeitbilder als Bewegungsbilder gelesen werden. Dieses Potential der Veränderung allein ist dem Film auf grundlos grundlegende Weise inhärent.

Was bedeutet das für eine philosophische Evaluation von Classical Hollywood? Wenn mit Allan Dwan selbst der klassischste aller Klassiker in Zeitbildern denkt, dann wird evident, dass das Zeitbild keine historische Kategorie darstellt. Vielmehr wäre darunter ein synchroner Bildmodus zu verstehen, dessen Virtualitäten in ganz verschiedenen Perioden der Filmgeschichte eine Aktualisierung durchlaufen können. Prädisposition dafür bildet allein die Leistung von Filmemachern, denen es gelingt, das im Medium angelegte Potential zur Entfaltung zu bringen. Nötig ist nur die Fähigkeit, in Bildern zu denken. Dieses Denken muss nicht notwendigerweise ein diskursives sein, auch intuitive Entscheidungen können eine Rolle spielen. Ganz so, wie bei Allen Dwan, der selbst Howards Hawks ein Vorbild gewesen ist: „Allan Dwan I admired. He was a pro – tough and hard with a good touch. He didn't dwell on things – he just hit 'em and went on" (zit. nach Bogdanovich 1997, S. 47).

Literatur

Bogdanovich, Peter. 1997. *Who the devil made it: Conversations with legendary filmmakers.* New York: Alfred A. Knopf.
Deleuze, Gilles. 1987. *Foucault.* Frankfurt a. M.: Suhrkamp.
Deleuze, Gilles. 1989. *Das Bewegungs-Bild: Kino 1.* Frankfurt a. M.: Suhrkamp.
Deleuze, Gilles. 1991. *Das Zeit-Bild: Kino 2.* Frankfurt a. M.: Suhrkamp.
Deleuze, Gilles. 1993. *Unterhandlungen: 1972–1990.* Frankfurt a. M.: Suhrkamp.
Deleuze, Gilles. 1995. *Francis Bacon: Logik der Sensation.* München: Fink.
Deleuze, Gilles, und Félix Guattari. 1996. *Was ist Philosophie?* Frankfurt a. M.: Suhrkamp.
Foucault, Michel. 1975. *Überwachen und Strafen: Die Geburt des Gefängnisses.* Frankfurt a. M.: Suhrkamp.
Lombardi, Frederic. 2013. *Allan Dwan and the rise and decline of the Hollywood studios.* Jefferson: McFarland.
Lourcelles, Jacques. 2001. *Dictionnaire du cinéma.* Paris: Robert Laffont.
Meisel, Myron. 1983. Allan Dwan. In *American directors: Volume I,* Hrsg. Jean-Pierre Coursodon und Pierre Sauvage, 107–116. New York: McGraw-Hill.
Phelps, David, und Gina Telaroli. 2013. (Hrsg.). *Allan Dwan: A dossier.* Lumière: O.O.
Rancière, Jacques. 2006. *Film fables.* Oxford: Berg.

Ivo Ritzer Lehrkraft für besondere Aufgaben am Medienwissenschaftlichen Seminar der Universität Siegen; Wissenschaftlicher Mitarbeiter der Mediendramaturgie/Filmwissenschaft an der Universität Mainz; Lehrbeauftragter für Medien-, Bild- und Kulturtheorie an der Hochschule Mainz. Promotion zur Dialektik von Genre- und Autorentheorie. Externer Gutachter für Theatre, Film and Television Studies an der University of Glasgow. Gründer und Sprecher der AG Genre Studies der Gesellschaft für Medienwissenschaft (GfM). Herausgeber der Schriftenreihe *Neue Perspektiven der Medienästhetik* im Verlag Springer VS. Zahlreiche Buchpublikationen, u. a. zur Medientheorie des Körpers, zur Serialität des Fernsehens und zur Frage der kulturellen Globalisierung in audiovisuellen Medien.

Die gesprungene Wahrheit: Jacques Lacan, Delmer Daves und das Happy End

Johannes Binotto

...so würde man mit dem Unwahren auch alles Wahre ausrotten.
Theodor W. Adorno (1951, S. 48)

Es ist ein Triumph des Witzes, den Wahn und die Wahrheit in der nämlichen Ausdrucksform darstellen zu können.
Sigmund Freud (1905, S. 116)

Trauriger kann ein Ende kaum sein: Die Arbeiterwitwe Emma Küsters aus Rainer Werner Fassbinders *Mutter Küsters Fahrt zum Himmel* (1975) hat alles versucht, um das Andenken ihres verstorbenen Gatten Hermann reinzuwaschen, doch wird sie in ihrem Kampf für Gerechtigkeit von allen enttäuscht. Zu guter Letzt schließt sich Emma einer anarchistischen Gruppe an, um in der Redaktion einer Illustrierten jenen Reporter zur Rede zu stellen, der einen besonders üblen Artikel über Hermann verfasst hatte. Doch das Ganze eskaliert und Emma muss schockiert mit ansehen, wozu ihr Kampf geführt hat: Die Anarchisten nehmen kurzerhand die Redaktionsmitglieder als Geiseln und fordern die Befreiung aller politischer Gefangenen in der Bundesrepublik. Und während die Aufnahme von Emma Küsters konsterniertem Gesicht zum Standbild gefriert, wird in Form von Texttafeln eingeblendet, wie alles endet: „Das Fluchtauto ist vorgefahren. Nach einiger Zeit kommen Mutter Küsters und die anderen Geiseln heraus. […] Ein Schuss peitscht durch die Nacht. Mutter Küsters bricht zusammen. […] Corinna kommt, kniet sich nieder, nimmt ihre tote Mutter in den Arm und lässt sich photographieren". So weit, so tragisch (Abb. 1).

J. Binotto (✉)
Universität Zürich, Zürich, Schweiz
E-Mail: j.binotto@es.uzh.ch

© Springer Fachmedien Wiesbaden 2015
I. Ritzer (Hrsg.), *Classical Hollywood und kontinentale Philosophie*,
Neue Perspektiven der Medienästhetik, DOI 10.1007/978-3-658-06620-8_7

Abb. 1 *Mutter Küsters' Fahrt zum Himmel*, R.W. Fassbinder, BRD 1975

1 Eine ehrliche Lüge

Indes war im Originaldrehbuch ein anderes Ende vorgesehen, welches Fassbinder zwar gedreht, es dann aber nur für die amerikanische Kinofassung verwendet hat. Auch in diesem anderen Ende geht Mutter Küsters zusammen mit den Anarchisten auf die Illustrierten-Redaktion, versucht aber nicht mit Waffengewalt, sondern mit einer lächerlich anmutenden Sitzblockade auf ihr Anliegen aufmerksam zu machen – natürlich ohne jeden Erfolg. Vom Chefredakteur ausgelacht und von seinen Mitarbeitern ignoriert, wenden sich schließlich gar die Anarchisten von Mutter Küsters ab und lassen sie – buchstäblich – sitzen. Aber da taucht unversehens der Hausmeister auf, der auf seiner abendlichen Runde die Redaktionsräume abschließen soll und dieser beginnt kurzerhand mit der alten Frau ein liebevolles Gespräch, welches darin mündet, dass er die einsame Emma zu sich nach Hause nimmt. Glücklich lächelnd gehen die beiden aus dem Raum und schließen die Tür hinter sich – Ende (Abb. 2).

Es ist ein mehr als wunderlicher Ausgang einer vormals ausweglosen Situation und entspricht damit paradoxerweise genau dem, was der schmierige Chefredaktor der Illustrierten angesichts der Sitzblockade in seinem Büro zur Sekretärin gesagt hatte: „Das hier löst sich von alleine auf". Nicht weniger bedeutungsvoll aber erscheint im Nachhinein auch jener andere Kommentar des Chefredakteurs auf die besorgte Frage seiner Sekretärin, ob die Anarchisten nicht vielleicht versuchen könnten, in die Staaten zu telefonieren: „Keine Angst, nach Amerika haben die keine Verbindung" meint der Chef lapidar. Das ist freilich auch als ironischer Kommentar zu jenem heiteren Ende zu verstehen, welches sich gleich ereignen wird.

Abb. 2 *Mutter Küsters'
Fahrt zum Himmel*, R.W.
Fassbinder, BRD 1975

Denn natürlich hat dieses Ende, in dem sich alles wundersam „von alleine" auflöst, eine direkte Verbindung nach Amerika, genauer nach Hollywood[1], haben wir es doch hier mit jener Konvention des Happy End zu tun, welches David Bordwell zufolge als Verkörperung des amerikanischen Optimismus geradezu emblematisch für das klassische Hollywood und dessen Erzähltechniken steht (vgl. 1982, S. 2).

So scheint dieses in mehrfachem Sinne „amerikanische" Ende von *Mutter Küsters' Fahrt zum Himmel* einmal mehr zu bestätigen, was als Kritik am klassischen Hollywoodkino und insbesondere dessen Konvention des Happy Ends vorgebracht wird: Im direkten Vergleich mit dem bitteren Ende der deutschen Kinofassung wirkt die plötzliche Fügung, mit der sich im US-Alternativende alles auflöst, tatsächlich kitschig und in höchstem Maße unglaubwürdig. So scheint sich denn in der Gegenüberstellung von deutschem amerikanischem Filmschluss von *Mutter Küsters' Fahrt zum Himmel* der immer wieder gerne kolportierte Gegensatz von europäischem Kino gegenüber Hollywood zu bestätigen: dort die Traumfabrik mit ihrem billigen Eskapismus, der sich einem kitschigen Massengeschmack anbiedert, hier der ambitionierte Autorenfilm, der auch vor unbequemen Wahrheiten nicht zurückschreckt.[2]

Was aber, wenn die Pointe von Fassbinders doppeltem Filmschluss gerade der ist, zu zeigen, welche Hintersinnigkeit in der angeblich so naiven Konvention des

---

[1] Nicht umsonst wird auch der weniger aufmerksame Betrachter an der Pinnwand der Redaktion das den Bild Rita Heyworths in ihrer Rolle aus Charles Vidors *Gilda* (1946) erkennen.

[2] Wie jüngst James MacDowell (2013) gezeigt hat, ist indes bereits das Happy End im klassischen Hollywoodkino keineswegs eine so homogene, klar umrissene Konvention, wie es die Kritik gerne darstellt, sondern umfasst durchaus unterschiedliche Strategien.

Happy Ends steckt, um im Gegenzug die angebliche Wahrhaftigkeit des Tragischen zu desavouieren?

2 Ambivalenz des Happy End

Dass im Bezug auf den traurigen Ausgang der deutschen Version Skepsis angebracht ist, ist bereits durch die Form nahegelegt, wie dieses Ende inszeniert wird. So unterhöhlt die extreme Stilisierung sogleich das tragische Pathos: Nicht nur dass die Texttafeln, mit denen der Ausgang der Tragödie geschildert wird, an ein Drehbuch erinnern, in dem auch die jeweiligen Bildeinstellungen festgehalten sind, auch die Formulierungen selbst werden sogleich als sprachliche Klischees erkannt, wie etwa im Satz: „Ein Schuss peitscht durch die Nacht". Das scheinbar aufrichtige Ende der deutschen Fassung erweist sich als bewusst gekünstelt. Das vorgeblich wahre Ende ist eine Lüge.

Fassbinder ist offensichtlich ein zu kluger Regisseur, als dass er naiv daran glauben könnte, es ließe sich mit den artifiziellen Mitteln des Films schiere Realität abbilden. Vielmehr kann der Film schlechterdings nicht anders, als die Dinge zu verfälschen und unweigerlich zu verfehlen. Umso ehrlicher ist der Film hingegen dort, wo er diese seine eigene und notwendige Künstlichkeit offenbart. Es ist diese Paradoxie einer aufrichtigen Unehrlichkeit, auf welche auch Adorno abzielt, wenn er – ganz entgegen dem über ihn kolportierten Klischee des Verächters von Massenkultur – in seinen *Minima Moralia* luzide formuliert, das eine Verteidigung der Kulturindustrie allein in deren zur Schau gestellter Unwahrheit liegen kann: „[D]er Lüge der Warenwelt gegenüber wird noch die Lüge zum Korrektiv, die jene denunziert" (Adorno 1951, S. 69). Dieser dialektischen Volte folgt denn auch die komplexe Logik des optimistischen Alternativendes von Fassbinders Film: Anstatt seine Zuschauer für dumm zu verkaufen, wie man es dem Happy End gerne unterstellt, appelliert dieses vielmehr an die Intelligenz des Betrachters, der die Lüge sogleich durchschaut und weiß, dass die Geschichte so reibungslos nicht zu Ende gehen kann.

Mithin bringt der Film damit eine andere Wahrheit auf die Leinwand als die eines realistischen Geschehens. Was das Happy End vielmehr aufdeckt, ist die Wahrheit einer unerfüllten Sehnsucht, die sich gegen die harten Fakten stemmt. Was uns gezeigt wird, ist die Wahrheit eines Wunsches, sowohl der Figur nach Anteilnahme und Erlösung, aber auch der Wunsch des Zuschauers, dass wenigstens im Kino gelingen möge, was in Realität niemals möglich wäre. So ist es denn auch überaus hintersinnig, wenn der Hausmeister seiner Emma als Ausweg aus ihrem aussichtslosen Kampf anbietet: „Nun gehen wir nachhause und denken uns etwas aus." Nicht nur, dass der Hausmeister als *deus ex machina* ein bloßes Phantasma ist – auch den Ausweg, den er anbietet, ist einzig der des Phantasierers des *Sich-etwas-Ausdenkens*. Statt sich der ausweglosen Realität zu ergeben, wird dieser im Happy End die Fiktion, das Fantasieren, das Ausdenken entgegengesetzt. So schafft das angeblich so naive Happy End einen Zustand schillernder Ambivalenz, wo sich Realität und Fantasie, Wunsch und Wirklichkeit auf fragilste Weise die Waage halten.

Der Züricher Filmwissenschaftler Thomas Christen hat die Existenz von mehreren alternativen Filmenden (wie wir es im Fall von *Mutter Küsters' Fahrt zum Himmel* vorfinden) als ein generelles Krisensymptom gedeutet, als Hinweis auf unlösbare Schwierigkeiten, sei es „mit dem Stoff, mit der Form, mit Produzenten oder Studio, mit dem antizipierten Publikum, mit ideologischen oder moralischen Vorstellungen" (2003, S. 159). Von dieser Überlegung ausgehend könnte man behaupten, dass bereits das Happy End per se als ein solches Krisensymptom zu lesen wäre. Statt, wie gemeinhin angenommen, die simple Lösung einer krisenhaften Konstellation zu sein, sind im Happy End vielmehr die unlösbaren Konflikte und Spannungen in sich *aufgehoben*. Slavoj Žižek hat in Bezug auf die Hitchcock-Filme *Topaz* (1969) und *Notorious* (1946) gezeigt, wie in deren Enden andere mögliche Ausgänge „als eine Art von alternativer Geschichte mitschwingen" (2000, S. 28). Analog dazu ist auch in Fassbinders optimistischem Schluss das Wissen um das sehr viel wahrscheinlichere, tragische Ende bereits inkludiert und durchzieht mithin das Happy End wie ein Riss oder Sprung. In eben diesem Riss aber ist das Happy End schließlich wahrhaftiger, als es ein tragisches Ende sein könnte, zeigt es doch die Realität als „Resultat einer ‚offenen' Situation" in der „andere mögliche Resultate nicht einfach gelöscht werden, sondern unsere ‚wirkliche' Realität als Gespenst dessen, was geschehen hätte können, weiterhin heimsuchen und unserer Realität den Status von äußerster Fragilität und Kontingenz verleihen" (Žižek 2000, S. 30 f.).[3] Daraus ließe sich denn auch eine grundlegende Kritik an der Tragödie ableiten: Während die Tragödie so tut, als sei die Realität bestimmt von ausweglosen Kausalbeziehungen, insistiert das Happy End auf der Kontingenz

---

[3] Entsprechend wäre auch das besonders berühmte Beispiel eines unwahrscheinlichen Happy Ends zu lesen, nämlich die plötzliche Begnadigung Mackie Messers im dritten Akt der *Dreigroschenoper* von Bertolt Brecht und Kurt Weill. Wie Hannah Schoch argumentiert, der ich an dieser Stelle für diese Idee danke, ist das plötzliche Auftauchen des berittenen königlichen Boten, der Mackie nicht nur vor der Hinrichtung rettet, sondern ihn zudem in den Adelstand erhebt, weniger ein Zugeständnis an den kitschigen Geschmack der Zuschauer als vielmehr eine beunruhigende Zurschaustellung der Willkür der Macht: Wo Mörder plötzlich freigesprochen und geadelt werden, können auch Unschuldige unversehens und ohne Angabe von Gründen am Galgen enden.

und Offenheit eben dieser Realität (vgl. Pfaller 2005). Während das tragische Ende großspurig so tut, als würde es schonungslos die ganze (traurige) Wahrheit sagen, macht das Happy End klar, dass solch ein restloses Zeigen der Wahrheit gar nicht möglich ist, nicht zuletzt weil diese Wahrheit in sich selbst gespalten, offen und unvollständig ist.

3 Die Wahrheit des Halbgesagten

„Ich sage immer die Wahrheit" – verkündet es Jacques Lacan vollmundig in jenem Fernsehportrait, welches der Filmemacher Benoît Jacquot 1973 über den Psychoanalytiker macht. Doch fügt Lacan nach einer Kunstpause an: „... pas toute" (1973, S. 9). Und er fährt fort: „Weil, sie ganz zu sagen, schafft man nicht. Sie ganz zu sagen, ist unmöglich. Es fehlen einem die Worte dazu. Und es ist diese Unmöglichkeit, durch welche die Wahrheit mit dem Realen zusammenhängt" (Lacan 1973, S. 9). Damit führt Lacan jenen Gedanken weiter aus, den er bereits in seinem Seminar „L'envers de la psychanalyse" von 1969 formulierte, wo es heißt, dass man „die Wahrheit einzig durch ein Halb-sagen [im Original: *mi-dire*] zugänglich machen" (Lacan 1991c, S. 57 ff.) könne. Der Versuch, die Wahrheit ganz zu sagen, muss somit unweigerlich in eine Lüge münden. Indes wäre es falsch zu meinen, Lacan rede hier bloß jenem Klischee das Wort, wonach es so etwas wie Wahrheit gar nicht gibt. Vielmehr hält Lacan am Begriff der Wahrheit fest und behauptet auch, dass diese sich durchaus aussprechen lasse, indes niemals vollständig, sondern einzig in Form eines Halb-sagens. Weder ist Wahrheit positiv zu fixieren, noch ist sie in der Art einer negativen Theologie als bloße Absenz zu verstehen. Stattdessen zeigt sie sich für Lacan in einem prekären Spannungsraum zwischen Präsenz und Absenz und darum auch nicht in einem vollständigen Sprechen als vielmehr im bloßen *Versuch zu sprechen*, im Stottern, im Halbgesagten. Nicht umsonst sind es für die Psychoanalyse ja gerade diese Formen eines fragmentierten Sprechens, eines Sprechens, das keinen Anspruch auf volle Glaubwürdigkeit erheben kann, wie etwa der Traum, der Versprecher oder der Witz, in denen die Wahrheiten des Subjekts mit Vorliebe aufscheinen. So bezeichnet denn Lacans „Halbsagbarkeit der Wahrheit" weniger ein frustrierendes Defizit als vielmehr eine überraschende Befähigung: Gerade der fadenscheinigen Fiktion kann es gelingen, eine ambivalente Wahrheit aufscheinen zu lassen, nicht trotz, sondern erst recht wegen ihres unglaubwürdigen und trügerischen Charakters (vgl. Lacan 2003, S. 124). Umso passender scheint es mithin, dass Lacan seine provokante Behauptung, immer die Wahrheit zu sprechen, ausgerechnet vor einer Filmkamera äußert, im Angesicht jenes Massenmediums also, das wie kaum ein anderes im Verdacht steht, sein Pu-

Abb. 3 *All That Heaven Allows*, Douglas Sirk, USA 1955

blikum unentwegt anzulügen. „Wir sind hier beim Fernsehen" sagt denn auch der Interviewer am Ende dieser Passage zu Lacan, gerade so, als wollte er ihn auf die Absurdität hinweisen, vor der Linse einer Kamera Wahrheit verkünden zu wollen. Doch scheint Lacan eben diese fadenscheinigen Illusionen des audio-visuellen Mediums zu affirmieren: Auch und gerade hier, in der offenkundig gestellten und gefälschten Situation eines Filmdrehs, lässt sich Wahrheit sagen – zur Hälfte. Analog dazu ließe sich denn auch das Happy End im klassischen Hollywoodkino als ein, wenn nicht gar als *das* überragende Moment eines wahrhaften Halb-sagens zu verstehen, als Moment einer offenkundigen Lüge, in dem der Film aufrichtiger ist, als wenn er versuchen wollte, die Wahrheit restlos zu sagen.

4 Zur Gefahr der Ironie

Ein gängiges Verfahren, das Happy End als offenkundig unwahr auszustellen, ist das der Ironie, wie sie etwa von filmwissenschaftlicher Seite für die Melodramen des von Fassbinder so verehrten Douglas Sirk und deren süßsauren Happy Ends besonders häufig herausgestrichen wurde[4] (Abb. 3).

Besonders exemplarisch wird diese Methode indes schon von Friedrich Wilhelm Murnau in *Der letzte Mann* (1924) angewendet in dem, offenbar nur auf Drängen des Produzenten Erich Pommer und im Hinblick auf den amerikanischen Markt hinzugefügten Schluss, wo die tragische Hauptfigur des Films, der verachtete und zum Toilettenwärter degradierte Hotelportier, durch Zufall plötzlich zu einem Millionenerbe kommt. Nicht nur, dass Murnau dieses Ende durch einen

---

[4] So bereits von Sirk selbst in seinen Gesprächen mit Jon Halliday, vgl. Sirk 1997, S. 166. Siehe dazu auch: Mulvey 1987; Rodowick 1991; Affron 1991; Klinger 1994; MacDowell 2013, S. 153–168.

Abb. 4 *Der letzte Mann*,
F.W. Murnau, D 1924

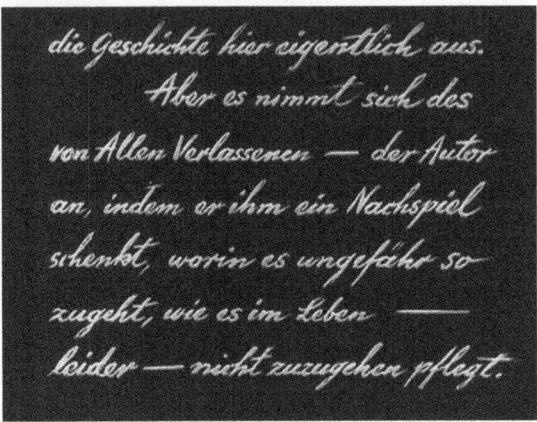

Zwischentitel (notabene den einzigen des gesamten Films) vom Rest des Films abtrennt und damit die glückliche Fügung als das markiert, was sie ist: eine bloße Hinzu-Fügung. Darüber hinaus macht der Wortlaut des Zwischentitels die Fadenscheinigkeit dieses glücklichen Endes explizit, wenn es heißt: „es wäre die Geschichte hier eigentlich aus. Aber es nimmt sich des von Allen Verlassenen – der Autor an, indem er ihm ein Nachspiel schenkt, worin es ungefähr so zugeht, wie es im Leben – leider – nicht zuzugehen pflegt" (Abb. 4).

Indes hat bereits der Schriftsteller Joseph Roth in seiner zeitgenössischen Rezension des Films in der Frankfurter Zeitung scharfsinnig auf die Probleme hingewiesen, welche diese Distanzierungsgeste mit sich bringt: „Es ist eine sogenannte ‚romantische Ironie' in diesem Schluss. Der Autor macht sich lustig über die Mode des Films mit freudigem Ende. Es wäre im landläufigen Sinne ‚filmischer' gewesen, den ironischen Satz der Ende und Schicksalswende einleitet, wegzulassen [...] Aber dann hätte das ‚Niveau' gelitten" (nach Prinzler 2003, S. 167). Fein legt Roth den Finger darauf, dass mit der explizit gemachten Ironie des Zwischentitels der Film an dieser Stelle eigentlich sein eigenes Medium verrät. Anstatt filmisch zu bleiben, hält mit dem Zwischentitel das geschriebene Wort in den Film Einzug, um damit eine Ambivalenz deutlich zu machen, die man der Filmsprache nicht zutraut. Statt das Happy End in der Schwebe und damit offen zu halten, schließt der Zwischentitel jeden Zweifel darüber aus, dass dem nun Folgenden nicht zu trauen sei.

Der ironische Zwischentitel gebärdet sich damit als Moment, wo wie von einer Stimme hinter den Kulissen die volle Wahrheit gesagt werden könne. Er fungiert als Metakommentar. Demgegenüber aber betont Lacan in seinem Aufsatz *Die Wissenschaft und die Wahrheit*, dass es solche eine Metasprache mittels der sich gleichsam von Außen die ganze Wahrheit sagen ließe, gar nicht existiert (vgl. Lacan 1991b, S. 246). So wie das psychoanalytische Subjekt nicht anders kann, als über seine eigenen Unzulänglichkeiten mit eben jener unzulänglichen Sprache zu stottern, der es unterworfen ist und an der es leidet, so ist auch das klassische Hollywoodkino gerade dort am wahrsten, wo es weder aus seinen Genre-Konventionen ausbricht, noch diese explizit lächerlich zu machen versucht, sondern wo es sich vielmehr zu den Klischees der Traumfabrik absolut immanent verhält.

5 Delmer Daves als Filmphilosoph

Als überragendes Beispiel eines solchen, sich zum filmischen Illusionsapparat immanent verhaltenden „Halb-sagen der Wahrheit" soll denn auch nicht ein so offensichtlicher Ironiker wie Murnau (oder Sirk) dienen, als vielmehr ein bis heute weitgehend unterschätzter Regisseur des Hollywood-Systems, der gerne despektierlich als „Profi" abgetane Autor und Filmemacher Delmer Daves. Für seinen großen Verehrer Bertrand Tavernier ist er „the most forgotten of the American directors championed by French film critics in the Fifties" (2003, S. 42). Im Gegensatz dazu gilt es – so die Ambition dieses Aufsatzes – Delmer Daves als radikalen Denker anzuerkennen, dessen *Filmphilosophie* auf derselben Komplexitätsstufe steht, wie die ambitionierte psychoanalytische Theorie eines Jacques Lacan. Dabei sollen Daves' Filme nicht etwa theoretisch unterfüttert werden, vielmehr soll umgekehrt gezeigt werden, wie diese Filme und insbesondere ihre Happy Ends – selbstverständlich unbeabsichtigt – Lacans theoretische Überlegungen ausarbeiten, sie fortführen und ihr neue, radikale Wendungen geben.

Die Virtuosität Delmer Daves' im Umgang mit der Konvention des Happy Ends zeigt sich eindrücklich bereits in seinem Film noir *Dark Passage* (1949): Der zu Unrecht für den Mord an seiner Frau einsitzende Vincent Parry flieht aus dem Gefängnis, findet bei einer Frau Liebe und Zuflucht und versucht, mit Hilfe einer Gesichtsoperation, endgültig ein neues Leben zu beginnen. Doch wie immer im Film noir holt die Vergangenheit auch diesen Protagonisten ein, und als sich schließlich aufklärt, wer in Wahrheit Parrys Gattin getötet hat, stürzt die wahre Mörderin zu Tode und Parry sitzt tiefer in der Patsche als je zuvor. Trotzdem will er den Traum vom neuen Leben nicht aufgeben. Am Telefon mit seiner Geliebten verabredet er, dass sie sich im Ausland wieder treffen werden, in einem kleinen Lokal in Peru. So unmöglich es auch scheinen mag: Der Plan gelingt, die Liebenden finden gegen alle Wahrscheinlichkeit glücklich zusammen und tanzen in dem peruanischen Nachtlokal in den Abend hinein (Abb. 5).

Abb. 5 *Dark Passage,*
Delmer Daves, USA 1947

5.1 (Rück-)Projektionen des Glücks

Der Zufluchtsort, von dem Parry am Telefon spricht, aus Perspektive des urbanen Umfelds des Film noir exotisch und unwirklich, entspricht zweifellos dem, was Michel Foucault mit dem Begriff der „Heterotopie" bezeichnet: „Gegenorte […] in denen […] all die anderen realen Orte, die man in der Kultur finden kann, zugleich repräsentiert, in Frage gestellt und ins Gegenteil verkehrt werden. Es sind gleichsam Orte, die außerhalb aller Orte liegen" (2005, S. 935). Dabei ist es umso signifikanter, dass dieses finale Glück inmitten einer kaum kaschierten Täuschung endet: Das Meer, welches wir in der Schlussszene jenseits der Veranda des Lokals sehen, ist offensichtlich nur eine Rückprojektion, also nichts als ein weiteres Filmbild, das man auf eine Leinwand im Hintergrund des Sets projiziert hat. Der Zufluchtsort der Liebenden, die Heterotopie am Ufer des Meeres, wird als irrealer Ort gezeigt, als bloße *Projektion*. Tatsächlich war bereits die Straße im Hintergrund, wenn sich die Kamera auf das Gesicht des im Bus davonfahrenden Parry zubewegt, eine Rückprojektion. So wie Parrys Blick ins Leere geht, so scheint er selbst der Welt bereits abhanden gekommen zu sein. Statt in einer realen Umgebung befindet er sich in einer phantasmatischen, bloß imaginierten Welt. Das Happy End, welches vor der Rückprojektion stattfindet, entpuppt sich somit selbst als eines, das nur in der Fantasie, einzig als Projektion möglich ist.[5] „We'll skip all the ‚ifs'. I get the idea, and that's all I need." sagt die Geliebte zu Parry als er mit ihr am Telefon die Flucht nach Peru verabredet. Was zählt ist einzig die Idee, dank der man alle, „ifs",

---

[5] Zum Zusammenhang von Fantasie und Rückprojektionstechnik siehe Binotto 2013.

alle Einwände der Realität *überspringen* (to skip) kann. Das gemeinsame Glück ist eine Vorstellung, eine Projektion, in die man hineinspringt.

Wahrhaftig ist dieses Happy End in der Hinsicht, dass es sich selbst als Wunschvorstellung der Figuren entlarvt. Wahrhaftig ist es aber auch dadurch, dass es sich damit als genuin filmische Konstruktion zu erkennen gibt. Indem an die Stelle einer realen Landschaft die Filmbilder der Rückprojektion treten, verweist der Film auf nichts als seine eigene technische Verfasstheit. So kommt über die Rückprojektion dieses Happy Ends der Film gleichsam zu sich, offenbart sich als das was er in Wahrheit ist: technisch fabrizierte Illusion.[6] In der Rückprojektion proji- ziert sich der Film auf sich selbst zurück. Doch gelingt ihm diese Selbstreflexion, dieser Moment der Wahrhaftigkeit nicht, indem er sich von einer Außenposition betrachten und kommentieren würde (wie dies der Zwischentitel bei Murnau versucht), sondern schlicht indem er seinen Filmbildern noch weitere Filmbilder, jene Filmbilder der Rückprojektion hinzufügt. So vermag diese potentierte Mimesis gleichsam sich selbst zu übersteigen. Die Rückprojektion entpuppt sich – wie es der Berliner Filmwissenschaftler Sulgi Lie so treffend genannt hat – als „antiillusorische Illusionstechnik" (2012, S. 41).[7]

Analog dazu ist auch das Ende von Delmer Daves' spätem Teenager-Melodram *A Summer Place* (1959) gestaltet, wenn das unglückliche Liebespaar, aller Unmöglichkeit ihrer Situation zum Trotz am Ende zusammen auf jene Insel zurückkehrt, auf der ihre Romanze angefangen hatte. Als die Fähre vom Steg ablegt, umarmen sich die beiden, die vorher ihre illegitime Beziehung vor jedermann hatten geheim halten müssen. „In front of god and everybody this time?" fragt das Mädchen ihren Geliebten, ehe sie sich in die Arme fallen und küssen. Doch dieser Triumph über die prüde Borniertheit ihrer Umgebung ist nur ein scheinbarer: denn die beiden können ihre Liebe nur auf einer Insel ausleben, auf die – wie das Schild am Pier klarstellt – einzig Besitzer und geladene Gäste Zutritt haben. Ist die private Insel schon ein heterotoper Ort, so wirkt dieser finale Kuss noch zusätzlich entrückt, als er wiederum nur vor einer offensichtlichen Rückprojektion stattfinden kann, die den Himmel zeigt. Die Liebenden küssen sich eben nicht „in front of god and everybody" sondern vielmehr „in front of a rear projection screen". Und wenn in der allerletzten Einstellung des Films der Landesteg aus der Entfernung gezeigt

---

[6] Diese Selbstreferentialität wird noch dadurch gesteigert, dass das Happy End von *Dark Passage* in denselben Kulissen gefilmt wurde, die bereits für den Film *Casablanca* verwendet wurden. Für die Bestätigung dieser Vermutung danke ich an dieser Stelle ganz herzlich Thomas Meder.

[7] Zu untersuchen wäre in diesem Zusammenhang auch Delmer Daves' eigenwilliges und virtuoses Spiel mit Rückprojektionen und Überblendungen am Ende seines Films *Pride of the Marines* (1945).

Abb. 6 *A Summer Place*, Delmer Daves, USA 1959

wird, über die dann der Schriftzug „The End" zusammen mit dem Logo der Warner Brothers eingeblendet wird, vermag der Zuschauer nicht einmal mehr zu erkennen, ob die beiden tatsächlich auf der Pier stehen oder nicht (Abb. 6).

So offeriert Delmer Daves' Film sowohl ein grandioses Happy End als auch dessen Subvertierung. Der Hoffnung, dass es den beiden Liebenden gelingen wird, ihre Beziehung zu leben, ist immer auch die bittere Möglichkeit mit eingeschrieben, dass ihnen die Rückkehr zur Insel ihrer Träume verwehrt bleiben wird – beide

Alternativen sind, obwohl sie sich gegenseitig ausschließen, in der Inszenierung dieses Filmschlusses inkludiert und in Spannung gehalten. Wie die halbe Wahrheit ist auch dieses Happy End in sich gespalten und gerade dadurch wahr. Sowohl *Dark Passage* wie auch in *A Summer Place* können nur glücklich ausgehen, indem die Figuren an jenen anderen Schauplatz der Heterotopie springen. Dieser Sprung aber findet sich in die Inszenierung dieses anderen Schauplatzes mit integriert, in Form jenes unüberbrückbaren Risses (oder Sprungs), der sich zwischen den Figuren und den sie einrahmenden Rückprojektionen auftut.[8]

5.2 Sprung des Glaubens

Indes geht es bei Delmer Daves nicht allein darum, mittels Verfremdungseffekten wie jener der Rückprojektion, seine Happy Ends als trügerisch zu entlarven. So wie Lacan mit seiner Rede von der „Halb-sagbarkeit der Wahrheit" den Wahrheitsbegriff zwar problematisiert, ihn aber gleichwohl nicht aufgibt, so sind auch die Happy Ends bei Delmer Daves bei all ihrer offenkundigen Halb-Wahrheit durchaus ernst gemeint. Die Risse und Sprünge, mit denen Daves seine Happy Ends inszeniert, sind nicht selbstgerechte, ironische Subvertierung, sondern ermöglichen zugleich, dass sich das Happy End tatsächlich ereignen, sich bewahrheiten kann.

Zweifellos am prägnantesten führt Delmer Daves dies in seinem Meisterwerk *3:10 to Yuma* (1957) vor. Der Western erzählt die Geschichte, des frisch verhafteten Postkutschenräubers Ben Wade, der auf jenen titelgebenden Zug gebracht werden soll, der zum Gefängnis von Yuma führt. Es ist ein lebensgefährlicher Job, den schließlich der verarmte Farmer Dan Evans übernimmt, einzig weil er das in Aussicht gestellte Honorar dringend braucht, um für die Bewässerung seiner ausgetrockneten Felder zahlen zu können. Von Ben Wades Bande belagert, wird die Zeit bis zur Abfahrt des Zuges zur zermürbenden Nervenprobe, in der sich der Farmer als einsamer Hüter des Gesetzes gegen Wades schiesswütige Bande behaupten muss. Die Konstellation erinnert dabei frappant an den fünf Jahre zuvor entstandenen Western *High Noon* (1952) von Fred Zinnemann. Doch während in *High Noon*

---

[8] Als Repräsentant dieses Sprungs, der das Happy End offen und damit wahr hält, wäre wohl auch jenes Loch zu interpretieren, welches der Protagonist Frank am Ende von *Cowboy* (1958) in die Wand des Hotelzimmers schießt. Indem er die damit die Geste seines Ziehvaters, des harten Cowboys Tom Reece vom Anfang des Film zitiert, beweist er seine endgültige Identifikation mit diesem. Zugleich aber steht das Loch in der Wand auch für all das, was in diesem Happy End fehlt, was auf dem Weg hierhin aufgegeben werden musste, wie etwa Franks unerfüllte Liebe zur Tochter eines mexikanischen Rinderbarons oder seine romantischen Vorstellungen des Lebens als Cowboy.

die Gegenüberstellung von Gut und Böse eindeutig ist, sieht sich der Zuschauer bei Delmer Daves in seinen Sympathien hin und her gerissen zwischen dem verhaltenen und unsicheren Farmer Dan, der eigentlich gar kein Held sein möchte, und dem charismatischen Anführer Wade, der nur zu gerne das unausweichliche Blutvergießen vermeiden würde. Weder möchte man den einen scheitern, noch den anderen unterliegen sehen, und doch kann der eine nur heil aus dieser Situation herauskommen auf Kosten des anderen. Zusätzlich verkompliziert wird diese ausweglose Situation dadurch, dass zwar Dans Sohn den Vater für seinen Mut zum Risiko bewundert, die Farmersgattin darin aber nur einen dummen, sinn- und verantwortungslosen Akt sehen kann. So sieht sich Dan Evans in ein unlösbares Dilemma verstrickt: Nimmt er seinen Auftrag wahr, setzt er die Liebe seiner Frau aufs Spiel, lehnt er ihn ab, riskiert er den Respekt seines Sohnes. Der Protagonist und mit ihm auch der Zuschauer ist vor zwei Alternativen gestellt, die beide nicht befriedigen. Ein glückliches Ende kann es bei solch einer unseligen Konstellation gar nicht geben – so möchte man jedenfalls meinen.

Im Showdown des Films steht Dan, gedeckt durch seinen Gefangenen, dem er das Gewehr in den Rücken drückt, neben dem bereits anfahrenden Zug, während die Outlaws immer näher kommen. Es ist ein Duell, das nicht gewonnen werden kann, würde doch der Farmer in eben jenem Moment, da er seine Geisel in den Zug bugsiert, seine Deckung und damit auch sein Leben verlieren. Da sagt der Gefangene Ben Wade: „Let's get out of here!". Wenn sie beide heil aus der scheinbar ausweglosen Situation herauskommen wollen, so nur, wenn sie beide im selben Moment auf den Zug aufspringen. „How do I know you'll jump?", fragt der Farmer unsicher, und sein Gefangener antwortet: „You'll have to trust me on this one!" In der Tat ist dieser anschließende gemeinsame Sprung, der die beiden Kontrahenten rettet, ohne dass einer dem anderen unterliegt, ein Akt des Vertrauens, mithin ein Sprung des Glaubens, den man tut, ohne vorgängig die Garantie zu haben, auch tatsächlich heil auf der anderen Seite zu landen. Vielmehr verwirklicht sich im Sprung erst das, was einem den Mut gab, den Sprung überhaupt zu wagen (Abb. 7).

5.3 Antizipation und Akt

So folgt dieser Sprung jener zeitlichen Logik der Antizipation, des „futur antérieur", wie sie Lacan bereits in seinen frühesten psychoanalytischen Texten als grundlegende Struktur des Subjekts aufzeigt. Das Kleinkind im berühmten Spiegelstadium, das sich im Spiegel bereits als jenes funktionierende Subjekt (v)erkennt, welches es erst später einmal sein wird und so „in einer Fata Morgana die Reifung seiner Macht vorwegnimmt" (Lacan 1991a, S. 64), behauptet sich eigentlich verfrüht als Subjekt, wird aber durch diesen Akt dazu. Oder die drei Gefangenen in der Denksportaufgabe aus Lacans Aufsatz *Die logische Zeit und die Assertion der antizipierten Gewissheit*, denen man schwarze oder weiße Scheiben auf den Rücken geklebt hat und die erst dann freigelassen werden, wenn sie allein aus dem stummen Verhalten der Zellengenossen schließen können, welche Farbe die Scheibe auf ihrem Rücken hat – auch sie eilen zum Wärter, um ihm die Lösung zu sagen, ehe sie sich sicher sein können, dass ihre Antwort die richtige ist. Indem sie aber alle drei zugleich losrennen, bestätigen sie sich gegenseitig, was sie vorher nur vermuten konnten, nämlich dass sie alle dieselbe Scheibe auf dem Rücken tragen (vgl. Lacan 1986, S. 101–121). Die Gewissheit, um die es Lacan geht, ist somit eine andere, als eine neutral zu bestimmende Faktizität. Sie ist vielmehr eine, die sich erst dadurch einstellt, dass man so tut, als sei sie bereits vorhanden. Und sie entsteht – auch das ein wesentlicher Aspekt von Lacans Gefangenen-Sophisma – intersubjektiv, im Zusammenspiel verschiedener Subjekte.

Was hier geschieht, ist, was Lacan einen Akt nennt: Kennzeichen eines Akts (im Gegensatz zu etwas zum bloßen Verhalten) ist, dass er nicht aus einer vorgegebenen Gewissheit heraus geschieht, sondern selbst erst diese Gewissheit schafft. Das Subjekt stützt sich auf eine Antizipation, eine Hoffnung, eine bloße Fiktion. Doch indem es das tut, verwirklicht sich die Fiktion (vgl. Langlitz 2005, S. 200–212). Gestützt auf eine nur halbe Gewissheit entsteht Wahrheit. Ein eben solcher Lacan'scher Akt ist das Happy End von *3:10 to Yuma*: So wie im Sprung des Glaubens, erst das entsteht, woran man glaubt, so erringen auch Ben Wade und Dan Evans erst in ihrem gemeinsamen Sprung jene Gemeinschaft und jenes gegenseitige Vertrauen, die sie zu diesem Sprung befähigen. Auf dem Bretterboden des Waggons finden sich die beiden wieder, nun mit einem Schlag verwandelt, zu neuen Subjekten geworden. Sie sind nicht mehr als Bewacher und Gefangener, sondern nun plötzlich Partner, Seite an Seite. Nicht nur, dass sich über diesen Akt des Sprungs die beiden Subjekte noch mal neu konstituieren, sie krempeln damit auch die gesamte Konstellation um, die eben noch so hoffnungslos verfahren schien. Zuvor sahen sich die beiden Figuren vor lauter Entweder-oder-Fragen gestellt: Du oder ich, Held oder Feigling, tot oder lebendig. Und egal wie man sich entschieden hätte, immer wäre es die falsche Entscheidung gewesen. Die Überraschung und Radikalität dieses Sprungs ins Happy End besteht darin, dass es sich all dieser Alternativen entzieht, sich weder für das eine, noch das andere entscheidet, sondern stattdessen eine zuvor unmöglich scheinende, dritte Option wählt. Es ist diese dritte Option, auf die auch Lacan abhebt, wenn er über das Unbewusste sagt, „dass es da weder um ein Sein geht noch um ein Nicht-Sein, sondern um Nicht-Realisiertes" (Lacan 1978, S. 36). Ziel der Psychoanalyse ist die Identifikation des Subjekts mit jener Offenheit des Nicht-Realisierten, und es ist genau diese Offenheit, aus der heraus und in die hinein die Helden von *3:10 to Yuma* agieren.

5.4 Offenbarung

Unlängst hat der slowenische Philosoph Mladen Dolar im Zusammenhang mit Ernst Lubitschs Komödie *To Be or Not To Be* (1942) aufgezeigt, dass die Lektion dieses Film nicht zuletzt darin besteht, auf die titelgebende Frage Hamlets nicht zu antworten. Statt sich auf das perfide Spiel der Frage einzulassen und unter den von ihnen angebotenen Optionen zu wählen, muss die Frage als Ganze abgelehnt werden: „Man muss den Ort verlassen, den zugewiesenen Platz [...] wohin uns die Frage gesetzt hat, und dadurch den Zirkel aus Frage und Antwort durchbrechen. Wenn das Stellen der Frage in diesen Begriffen bereits die notwendige Antwort ‚Nichtsein' beinhaltet hat, dann besteht die einzige Möglichkeit, ‚Sein' zu wählen, darin, ein Sein außerhalb-des-Orts zu wählen, ein unpassendes Sein, das in dieser Alternative keinen Platz hat, weder Nichtsein, noch Sein [...] etwas, das kein festes Sein hat, ohne dadurch in das ‚Nichtsein' zu fallen, ein plötzlich auftauchendes Sein, ein Stand-up-Sein" (2013, S. 142 f.). Es ist dieses plötzlich auftauchende Sein, das seinen zugewiesenen Ort verlassen hat, welches sich im Sprung von Ben und Dan herausbildet. Ein subversiver Akt, der nicht aus einer Palette von Möglichkeiten auswählt, sondern vielmehr ein vollkommen neues Feld von Möglichkeiten erst eröffnet. Es ist diese Freiheit einer anderen Wahl, die wohl auch Bertrand Tavernier meint, wenn er *3:10 to Yuma* so treffend als „magnificent parable of liberty" charakterisiert (vgl. Jones 2014).[9]

Statt sich folgerichtig und konsequent aus der Handlung zu ergeben, wie dies die zeitgenössischen Handbücher für Drehbuchautoren im klassischen Hollywood als anzustrebendes Ideal für Filmschlüsse anpreisen (vgl. Marion 1937, S. 52), besteht die Brillanz von Delmer Daves' Happy End im Gegenteil darin, alle scheinbaren Zwangsläufigkeiten der Handlung mit einem Schlag, oder genauer: einem Sprung auszuheben. Wird die Unwahrscheinlichkeit und Implausibilität eines Happy Ends gemeinhin als Indiz dafür genommen, es als „falsch" zu diffamieren, so besteht aus Lacan'scher Perspektive gerade im Ausscheren aus dem vorgegebenen Raster die überragende Wahrheit dieses Schlusses. In Elmore Leonards Kurzgeschichte, welche diesem Film zugrunde liegt, hatte sich der Farmer Dan noch seinen Weg durch die gegnerischen Reihen freigeschossen (vgl. Walker 1996, S. 143). In der Entscheidung, diesen klassischen Heroismus des Showdowns zu

---

[9] http://www.criterion.com/current/posts/2766-3-10-to-yuma-curious-distances.

Abb. 7 *3:10 to Yuma*, Delmer Daves, USA 1957

unterlaufen, zugunsten eines verblüffenden Happy Ends, erweist sich Delmer Daves endgültig als radikaler Denker des Films.[10] Die letzten Einstellungen von *3:10 to Yuma* unterstreichen zusätzlich, wie das Happy End die gesamte Situation des Films komplett umstrukturiert. Zusammen mit Ben an der offenen Tür des Waggons stehend, blickt Dan der Farmer nach draußen und sieht am Bahnübergang seine Frau mit dem Pferdefuhrwerk stehen. Ihr Blick versichert ihn ihrer Liebe, daneben steht der Postkutschenunternehmer, der ihm das versprochene Honorar geben wird. In diesem Moment, als das Glück ohnehin vollkommen scheint, fängt es plötzlich an zu regnen. Die Dürre, die zu bekämpfen, den Farmer überhaupt erst dazu trieb, sich auf dieses riskante Unterfangen einzulassen, endet ganz von selbst. Es ist, als hätte der gemeinsame Akt von Ben und Dan sogar das Wetter erschüttert und verändert (vgl. Pye 1986, S. 253 f.). So wird im Akt des Happy Ends alles errungen: das Geld ebenso, wie das dringend benötigte Wasser, für das man es eigentlich hatte ausgeben wollen. Dan ist zugleich mutiger Held und musste doch von seinem Kontrahenten erst gerettet werden, und auch der Outlaw Ben Wade, der sogleich im Zug damit prahlt, aus Yuma bereits ausgebrochen zu sein, geht als Sieger vom Platz. Besonders signifikant dabei aber ist, dass Delmer Daves diese Schlusssequenz als eine jener Kran-Sequenzen gefilmt hat, für die er berühmt war. Während Dans Frau verzückt ihre Hände in den Himmel streckt, von wo der Regen auf sie herunter prasselt, erhebt sich die Kamera über sie in den Himmel. Doch ist es nicht die Perspektive eines gütigen Gottes, welche die Kamera hier einnimmt. Es ist vielmehr die Perspektive der Figuren, die – wie in dem von Mladen Dolar verwendeten Bild – von ihren angestammten Plätzen aufgesprungen sind (Abb. 7).

---

[10] Umso sprechender, dass die Macher des Remakes von *3:10 to Yuma* von 2007 glaubten, ausgerechnet das Ende korrigieren zu müssen und das Happy End von Delmer Daves durch ein tragisches ersetzten. Gerade in dieser scheinbaren Radikalität erweisen sie sich als bloße Epigonen.

Abb. 8 *Spencer's Mountain*, Delmer Daves, USA 1963

Später wird Delmer Daves in seinem Film *Spencer's Mountain* (1963) eine ähnliche Kranbewegung verwenden, wenn dort der Familienvater Clay das Gerüst seines zukünftigen Hauses anzündet. Das neue Haus auf dem titelgebenden Familienberg, dieses Herzensprojekt, in welches der Vater alle Energie und alles Geld investiert hat, wird aufgegeben, um stattdessen den ältesten Sohn aufs College schicken zu können. Auch hier springt der Protagonist in einem riskanten Akt aus dem ausweglosen status quo hinaus und schafft damit ganz neue Verhältnisse (Abb. 8).

Hier wie dort setzt die Kranbewegung der Kamera jenen Sprung des Glaubens ins Bild, den zuvor die Figuren riskieren mussten. „Revelations of beauty" – Offenbarungen der Schönheit hatte Delmer Daves diese Kranaufnahmen genannt (vgl. Wicking 1969, S. 66). Doch sind es Offenbarungen auch in einem absoluteren Sinne: in den Kran-Aufnahmen am Ende von *3:10 to Yuma* und *Spencer's Mountain* offenbart sich Wahrheit – die gesprungene und ersprungene Wahrheit eines Happy Ends, das, statt zwischen vorgegebenen Alternativen, die Halbheit in der Mitte wählt, jene einzige Wahrheit, die es überhaupt geben kann, die volle Wahrheit des Halbgesagten.

Literatur

Adorno, Theodor W. 1951. *Minima Moralia: Reflexionen aus dem beschädigten Leben*. Frankfurt a. M: Suhrkamp.
Affron, Charles. 1991. Performing performing: Irony and affect. In *Imitation of life*, Hrsg. Lucy Fischer, 207–215. New Brunswick: Rutgers University Press.
Binotto, Johannes. 2013. Rück-Sicht auf Darstellbarkeit: Zur Ästhetik und Aussagekraft der Rear Projection. *Filmbulletin – Kino in Augenhöhe* 13 (2): 37–43.
Bordwell, David. 1982. Happily ever after, part two. *The Velvet Light Trap* 19:2–7.

Christen, Thomas. 2003. Mehr als ein Ende: Wie Filme zu verschiedenen Schlüssen kommen. *Montage a/v* 12 (2): 155–168.
Dolar, Mladen. 2013. Sein oder Nichtsein? Nein danke. *Neue Rundschau* 4:130–150.
Foucault, Michel. 2005. Von anderen Räumen. In *Schriften: Dits et Écrits, Bd. 4, 1980–1988*, 931–942. Frankfurt a. M: Suhrkamp.
Freud, Sigmund. (1905). *Der Witz und seine Beziehung zum Unbewußten*. Wien: Franz Deuticke.
Jones, Kent. O. J. *3:10 to Yuma*: Curious distances. http://www.criterion.com/current/posts/2766-3-10-to-yuma-curious-distances. Zugegriffen: 2. Feb. 2014.
Klinger, Barbara. 1994. *Melodrama and meaning: History, culture, and the films of Douglas Sirk*. Bloomington: Indiana University Press.
Lacan, Jacques. 1973. *Télévision*. Paris: Seuil.
Lacan, Jacques. 1978. *Seminar XI (1964): Die vier Grundbegriffe der Psychoanalyse*. Olten: Walter.
Lacan, Jacques. 1986. Die logische Zeit und die Assertion der antizipierten Gewissheit. In *Schriften III*, 101–121. Weinheim: Quadriga.
Lacan, Jacques. 1991a. Das Spiegelstadium als Bildner der Ichfunktion. In *Schriften I*, 61–70. Weinheim: Quadriga.
Lacan, Jacques. 1991b. Die Wissenschaft und die Wahrheit. In *Schriften II*, 231–257. Weinheim: Quadriga.
Lacan, Jacques. 1991c. *Le séminaire Livre XVII: L'envers de la psychanalyse*. Paris: Seuil.
Lacan, Jacques. 2003. *Seminar IV: Die Objektbeziehung*. Wien: Turia + Kant.
Langlitz, Nicolas. 2005. *Die Zeit der Psychoanalyse*. Frankfurt a. M: Suhrkamp.
Lie, Sulgi. 2012. *Die Außenseite des Films*. Zürich: Diaphanes.
MacDowell, James. 2013. *Happy endings in Hollywood cinema: Cliché, convention and the final couple*. Edinburgh: Edinburgh University Press.
Marion, Frances. 1937. *How to write and sell film stories*. New York: Couvici Friede.
Mulvey, Laura. 1987. Notes on Sirk and melodrama. In *Home is where the heart is: Studies in melodrama and the woman's film*, Hrsg. Christine Gledhill, 75–79. London: BFI.
Pfaller, Robert. (Hrsg.). 2005. *Schluss mit der Komödie! Zur schleichenden Vorherrschaft des Tragischen in unserer Kultur*. Wien: Sonderzahl.
Prinzler, Hans Helmut. (Hrsg.). 2003. *Friedrich Wilhelm Murnau: Ein Melancholiker des Films*. Berlin: Bertz + Fischer.
Pye, Dougals. 1986. The western (genre and movies). In *Film Genre Reader IV*, Hrsg. Barry Keith Grant, 239–254. Austin: University of Texas Press.
Rodowick, D. N. 1991. Madness, authority and ideology in the domestic melodrama of the 1950s. In *Imitations of life: A reader on film & television melodrama*, Hrsg. Marcia Landy, 237–247. Detroit: Wayne State University Press.
Sirk, Douglas. 1997. *Imitation of Life: Ein Gespräch mit Jon Halliday*. Frankfurt a. M: Verlag der Autoren.
Tavernier, Betrand. 2003. The ethical romantic. *Film Comment* 39 (1): 42.
Walker, Michael. 1996. The westerns of Delmer Daves. In *The movie book of the western*, Hrsg. Ian Cameron und Douglas Pye, 123–160. London: Studio Vista.
Wicking, Christopher. 1969. Interview with Delmer Daves. *Screen* 10 (4–5): 55–66.
Žižek, Slavoj. 2000. *Lacan in Hollywood*. Wien: Turia + Kant.

Johannes Binotto Kulturwissenschaftler, freier Autor und Mitarbeiter am Englischen Seminar der Universität Zürich. Aktuelle Forschungsschwerpunkte: Filmtechnik und/als Psychoanalyse, Signalstörung und Affekt sowie die Schnittstellen zwischen Raumtheorie, Literatur- und Medienwissenschaft. Promotion zum Freudschen Unheimlichen und dessen Räumlichkeit in Kunst, Literatur und Film mit *TAT/ORT: Das Unheimliche und sein Raum in der Kultur* (2013). Zahlreiche Publikationen u.a. zu Digitalität und Fragmentierung bei James Bond; zum Mafioso als männlichem Hysteriker; zu der Übernatürlichkeit von Technicolor oder zur subversiven Aussagekraft der Rückprojektions-Technik im klassischen Hollywoodkino.

Nonstop Nonsolution: Chaplins Slapstick als Denkbild von (Nicht) Philosophien politischer Macht bei Kracauer, Žižek, Badiou und Rancière

Drehli Robnik

Ich spreche bzw. schreibe hier nun nicht zu und über Charlie Chaplin, auch nicht mit Chaplin. Ich nutze Bilder aus Chaplins heute prominentestem Film als Denkbild-Ort, um einige theoretisierende Stimmen zu Film und Politik (auch zu Chaplin) zu versammeln, Stimmen in jeweils noch ansatzweise zu klärender Beziehung zur Philosophie. Zu diesem Versammeln dient mir nahe liegender Weise v. a. die Szene einer Wortergreifung aus *The Great Dictator* (1940); die Szene selbst ist kein Slapstick-Moment, aber ihr Sinn rührt nicht zuletzt davon her, dass und wie sie aus dem Register der Slapstick-Komik und ihrer notorischen Wortlosigkeit heraus „geschieht", sich davon absetzt, ohne sich gänzlich davon zu trennen.

Slavoj Žižek – kein *straightforward* Philosoph, aber ein an v. a. Lacan, Hegel und Marx orientierter Ideologiekritiker – interpretiert in Sophie Fienne's *The Pervert's Guide to Cinema* (2006), einem satirischen Filmdeutungs- und Sozialtheorie-Essayfilm, der in prägnanter Weise bekannte Filmszenen zur Inszenierung von Žižeks Gedanken und kritischen Einsichten nutzt, die Rede, die der von Chaplin gespielte jüdische Frisör gegen (den ebenfalls von Chaplin gespielten) Hitler/Hynkel hält. Žižeks fünfminütige Ausführungen zu *The Great Dictator*, in denen er einige andere Szenen und Aspekte des Films kommentiert, münden in seine Interpretation dieser finalen Rede; ich komme darauf nach und nach zurück (Abb. 1).

Hier zunächst Žižeks zum Teil als Voice-over über Bild und Ton von *Great Dictator*-Clips gesprochener Wortlaut: „The Jewish barber – the tramp figure – is,

D. Robnik (✉)
Wien, Österreich
E-Mail: robnik@monochrom.at

Abb. 1 *The Great Dictator*,
Charles Chaplin, USA 1940

of course, the figure of silent cinema. Silent figures are basically like figures in the cartoon [zu sehen und zu hören dazu ist, wie das Mädchen aus dem Ghetto SA-Männern und versehentlich auch dem Barbier eine Bratpfanne auf den Kopf haut und die Geschlagenen in das Betäubungsidyll eines der Ohnmacht oder dem Automatismus nahen Stolpertanzes verfallen]. They don't know death, they don't know sexuality even, they don't know suffering. They just go on in their oral egotistic striving like cat and mouse in a cartoon. You cut them into pieces – they're reconstituted. There is no finitude, no mortality here. There is evil, but a kind of a naive, good evil: You're just egotistic, you want to eat, you want to hit the other, but there is no guilt proper. What we get with sound is interiority, depth, guilt, culpability, in other words: the complex oedipal universe [ab hier Clips, die den Furor und die fast physische Gewalt von Hynkels/Hitlers Diktatorenreden haltender Stimme zeigen]. The problem of the film is not only the political problem: how to get rid of totalitarianism, of its terrible seductive power, but also this more formal problem: how to get rid of this terrifying dimension of the voice. Or, since we cannot really get rid of it, how to transform this voice nonetheless into a means of expressing humanity, love and so on" [dazu nun die finale Rede des mit Hynkel verwechselten Frisörs, zunächst deren Beginn: „I'm sorry, I don't want to be an emperor, that's not my business. I don't want to rule or conquer anyone. I should like to help everyone if possible: Jew, Gentile, Black man, White"]. Žižek weiter: „He delivers his big speech about the need of love, understanding between people – *but* there is a catch, even a double catch" [nun das Ende der Rede – der Frisör, jetzt laut und in euphorischer Heftigkeit sprechend: „Soldiers! In the name of democracy – let us all unite!", dann eine Totale mit dokumentarischem Archivmaterial]. „People applaud exactly in the same way as they were applauding Hitler. – The music that accompanies this great humanist finale, the overture to Wagner's opera *Lohengrin,* is the same music as the one we hear when Hitler is daydreaming about conquering the world, when he has a balloon in the shape of the globe" [dazu die entsprechen-

Abb. 2 *The Great Dictator*,
Charles Chaplin, USA 1940

de Tanz-mit-der-Erdkugel-Szene]. „The music is the same. This can be read as the ultimate redemption of music: that the same music which served evil purposes can be redeemed to serve the good. Or it can be read, and I think it should be read in a much more ambiguous way – that with music, we cannot ever be sure" (Abb. 2).

Ähnlich – und ähnlich andeutungshaft – wie über den gedoppelten/gespaltenen Wagner in *The Great Dictator* äußert sich Žižek im Quasi-Fortsetzungsfilm zu *The Pervert's Guide to Cinema* mit dem Titel *The Pervert's Guide to Ideology* über die Eigenlogik und politische Mehrfachgültigkeit des Pathos im Sound von Beethovens Neunter in ihrem Einsatz vom Nazismus über Maoismus bis hin zur EU-Hymne. Wenden wir uns hier aber Žižeks ebenso programmatischem wie entfaltungsbedürftigem „We cannot ever be sure" zu. Die Massen – gemeint sind die im „Anschluss"-Wien 1938, Chaplins Archivmaterial-Totale zeigt allerdings vermutlich nicht Wien – applaudieren der Rede des Frisörs so ferngelenkt (wie auf Knopfdruck, und was der Automatismus-Metaphern mehr sind) wie zuvor den Tiraden Hitlers. *Wir können uns nicht sicher sein.* Halten wir fest: Chaplins Inszenierung macht den Unterschied von Faschismus und Demokratie prekär, situiert ihn im ostentativ unsicheren Terrain von Entsprechungen. Halten wir das auch mit Gilles Deleuze fest: Deleuze lässt in Passagen zu Chaplin, besonders zum *Great Dictator*, dem differenztheoretischen Moment seiner Film-Philosophie freien Lauf, zeigt Chaplins Humanismus als gänzlich aus Differenzen gesponnen. Deleuze argumentiert so: Ein kleiner Unterschied, etwa der (schon von Bazin kommentierte) unmerkliche zwischen den Bärtchen des Tramps und Hitlers, verweist auf einen großen Unterschied – den von Opfer und Mörder. Chaplin zeigt, dass in einer unegalitären Gesellschaft ein Nichts genügt, dass

„jeder Geschäftsmann buchstäblich ein Mörder werden kann" (1989, S. 232; diese griffige Formulierung nimmt Deleuze am Beginn von *Das Zeit-Bild* anhand des *buchstäblichen Bildes* im Neorealismus wieder auf). Dieses Nichts-an-Unterschied formt Deleuze dann anhand der Schlussrede zu einem großen Unterschied zwischen Zuständen bzw. Staats-Formen von Gesellschaft aus; dessen Kriterium ist, wie jeweils Unterschiede verrechnet werden: Unterschiede einerseits als Grundlagen extrem differenzierter Situierungen (wie im Faschismus; Deleuze sagt „Diktatur") – oder aber als Variable in einer gemeinschaftlichen Situation, Deleuze nennt sie Demokratie.

Diese Zwei-Staatsformen-Unterscheidung sieht Deleuze quasi als gesichert durch Chaplins Schlussrede, die für ihn, ungeachtet aller Einwände gegen ihren Inhalt, „mit der Sprache des Menschen überhaupt" (1989, S. 233) zusammenfällt. Von diesem Allgemeinmenschlichen aus zielt Deleuze auf eine Implizit-Gleichsetzung radikaler Demokratie mit einem Vitalismus der „Lebensenergie" und des sich differenzierenden Lebens, den er im späten Chaplin verbildlicht sieht (vgl. Deleuze 1989, S. 234). Damit aber gibt Deleuze zweierlei preis (bzw. übersieht es im Schreiben aus der Erinnerung): erstens die minimale Differenz zwischen den jeweils jubelnden Massen, zunehmend klein auch schon zwischen Hynkels Gebrüll, und der Rage, in die der jüdische Frisör sich redet; zweitens diejenige Unterscheidung, die dann den Unterschied macht, wenn wir an Demokratie das irreduzibel politische Moment festhalten, dass sie nicht aufs Menschliche (oder Lebendige) schlechthin gründbar ist. Ohne dass sie gleich mit dem Menschlichen in eins fiele, steht Demokratie dennoch gegen Faschismus: Das scheint mir zu sein, was Žižek, seinen Andeutungen zufolge, sieht; er sieht es in Chaplins Blick. Der Frisör schaut kurz bestürzt, als besagte es: „Was hab ich jetzt angerichtet? Sie jubeln ja wie ferngesteuert" – droht da die Differenz der Reden zu kollabieren (so wie jene zwischen dem, was die Wagner- und Beethoven-Klänge uns jeweils „sagen")? Nun, eher heißt es: Wir sind im Feld der Politik als eines kategorischen Unsicher-Seins aber dennoch Nicht-nichts-tun-Könnens. Ich könnte auch sagen: Politik als kontingente Entscheidung im nie ganz Entscheidbaren.[1] Aber da schwingt viel dezisionistische Hybris mit, die ich weder mittragen muss noch will. Vielmehr geht es „in Chaplins Blick" darum: Formung, Manipulation von massenhaftem Wahrnehmen und Empfinden – das Machtförmige, auch das Populistische von Politik, das ist etwas, auf das demokratische Projekte nicht (etwa in humanistischer Sicherheit oder nobler Zurückhaltung) ganz verzichten können. Žižek aber, Salon-Stalinist, der er ist, geht

---

[1] Mein Politikverständnis folgt in vielen Punkten der Antagonismus- und Kontingenzorientierung in den postfundamentalistischen Politik- und Gesellschaftstheorie-Synopsen von Oliver Marchart; vgl. Marchart 2010, 2013.

so weit, dass er das Denkmotiv einer Demokratie, die sich *gerade* in Unsicherheit machtförmig (hegemonial) artikulieren muss, an anderer Stelle[2] hochschraubt in ein Votum für antiliberale Disziplin: Die Linke müsse sich, so Žižek, den von den Nazis geraubten Wert *Disziplin* zurückholen (vgl. 2004, S. 77–79). Žižek schreibt das in einem Text zu Rancière; darin wendet er sich gegen die verbreitete These, wonach Immersion ins Gemeinschaftliche etwas Faschistoides sei, das Links und Rechts gemeinsam ist. Eben diese These, Gemeinschaftsdisziplin sei per se faschistoid, schreibt er ausgerechnet Siegfried Kracauer zu: „[D]oes this mean that the Left in the 30s participated in the same ‚proto-Fascist' totalitarian experience of the ‚regressive' immersion into pre-individual community as Nazism (the thesis of, among others, Siegfried Kracauer)?" (Žižek 2004, S. 78).

In Žižeks Kritik am postpolitischen Konsens, der jede kollektive Macht-Formung als totalitär verwirft, erfolgt sein Hieb gegen Kracauer en passant; allerdings eröffnet er damit unversehens eine spannende Konstellation – an der manches umzurücken ist.[3] Žižek bezieht sich wohl auf Kracauers „Ornament der Masse"-Theorem. Dieses 1927 geprägte Konzept hat seine markantesten Para- und Paralleltexte in Kracauers Essays zu Chaplin von 1925 und 1931 (vgl. 1963, 1974a, b). Nun geht ja im Allgemeingebrauch, aber auch schon bei Kracauer selbst dieses Konzept seiner befreienden, auflösenden Aspekte rasch verlustig (vgl. Robnik 2012). Aber um 1930 ist „Massenornament" bei Kracauer der Name für ein Denkbild, zugleich eine Erfahrungsform, „zweideutiger Abstraktheit": Gemeint ist Abstraktion als ein Herauslösen, Abstrahieren als ein Abziehen, sozialen Lebens, das, wiewohl es in den Rationalisierungsmustern der fordistischen Kapitalisierung stecken bleibt, seinen Zug zum Auszug noch verrät, den Zug zum Exodus aus dem Individuellen und dem Organischen jeweils als Module (deleuzianisch gesagt), nach denen Subjektivität und Sozietät geprägt sind. Viel besser und schöner formuliert dies Kracauer: „Zweideutig wie die Abstraktheit ist das *Ornament der Masse*. […] Die im Massenornament eingesetzte menschliche Figur hat den *Auszug* aus der schwellenden

---

[2] Vielmehr: an anderen Stellen – mindestens etwa auch in seinen Bemerkungen zum postklassischen Film *300* (2006) oder zur Band Rammstein.

[3] Weil wir eben von minimaler Bärtchen-Differenz zwischen Chaplin und Hitler, beide fast am selben Tag geboren, beide 1914 zum Kino bzw. zum Krieg gekommen, zu Kracauer gelangt sind: Auch Kracauer ist Jahrgang 1889, und in dem Jahr, in dem er, als Architekt kriegswichtig an der „Heimatfront" eingesetzt, sein einziges Bauprojekt entwirft, nämlich ein Ehrenmal mit Soldaten-*Friedhof* im Jahr 1916, realisiert der verhinderte Künstler und, nun ja, Hobby-Architekt Hitler während seines Kriegsdiensts im besetzten Frankreich sein einziges Bauprojekt, die Fassade eines Soldaten-*Kinos*. Später haben sich die Zuständigkeiten der beiden – für Leichenberge bzw. Kinos – vertauscht (Der anekdotische Verweis auf Hitlers Kinofassade, samt Foto derselben, stammt aus einer Filmdoku über – Chaplin und Hitler: *The Dictator and the Tramp* [2002]).

Abb. 3 *The Gold Rush*,
Charles Chaplin, USA 1925

organischen Pracht und der individuellen Gestalthaftigkeit zu jener Anonymität angetreten, zu der sie sich entäußert, wenn sie in der Wahrheit steht und die aus dem menschlichen Grund herausstrahlenden Erkenntnisse die Konturen der sichtbaren natürlichen Gestalt auflösen. [In] dem Massenornament wird die Natur entsubstantialisiert" (1963, S. 59).

Anhand solch chancenreicher Desorganisation und gestreuter Agentur hallt das Massenornament in Kracauers Texten zu Chaplin wider; dessen Tramp steht gleich neben dem Tanz anonymer Glieder der am Beginn des Massenornament-Essays aufmarschierenden Tillergirls. Im Massenornament und in Kracauers Sicht auf Chaplin sind Motive der Entformung wirksam, die heute deleuzo-latourisch anmuten, oder denen man ihre Herkunft aus einem Messianismus der Offenbarung anmerkt. Da wird ein Universalismus des Unter-den-Dingen-in-der-Welt-Seins in Stellung gebracht gegen den Subjekttypus Identität als Privatbesitz: Dem Tramp sei das Ich abhanden gekommen; penetriert von Tieren und Dingen, sei er eine Leere, „ein Loch", aus dem „das reine Menschliche unverbunden heraus[strahlt]" (Kracauer 1974a, S. 166). Das schreibt Kracauer über Chaplins *The Gold Rush* (1925) (Abb. 3).

Und über Chaplins Berlinbesuch 1931 heißt es da: „Chaplin beherrscht die Welt von unten her, als einer, der gar nichts repräsentiert. Die Frage ist: was noch übrig bleibt, wenn die Merkmale fortfallen, durch die sich die Menschen gemeinhin erst in bestimmte Menschen verwandeln. Übrig bleibt bei Chaplin der Mensch schlechthin, oder doch ein Mensch, wie er allerorten zu verwirklichen ist. [N]ur wenn die Attribute ausgeschieden sind, die den einen eignen und den anderen nicht, kann der Mensch sichtbar werden, der eine Möglichkeit sämtlicher Menschen wäre" (Kracauer 1974a, S. 177 f.).

Ein Aus-dem-Loch-Herausstrahlen des rein Menschlichen als universeller Möglichkeit, bedingt durch Abzug von Eigentum und Eigenheit. Zeitgleich, 1929, erscheint Kracauers Studie über Habitus und ganzheitliche Verwertung der „Angestellten" (1971); dies nur als ein wenn auch arg verknappter Verweis darauf, dass Kracauers „dividueller" Chaplin durch soziologische Erfahrung und Diagnostik vermittelt ist und keineswegs im Luftig-Poetischen schwebt (so etwa auch in seiner *solidarischen* Kritik an einem kollektivistischen Konzept von Gerechtigkeit: Kracauers Trauer um den durchgestrichenen Individualismus erfolgt nichtsdestotrotz im Horizont einer Orientierung am Dividuellen der Masse: vgl. Robnik 2010)

Auch hier kommt minimale Differenz ins Spiel: wie klein der Unterschied ist zwischen Chaplin-Passagen von Kracauer, den nicht nur Žižek als antipolitisches Weichei missdeutet, und dem, was Žižeks Hauptverbündeter und Verbalradikalist politischen Hardcore-Denkens, Alain Badiou, heute über Chaplin schreibt. Der Tramp, so Badiou in seinem Aufsatz über das „Kino als demokratisches Emblem", äußert sich im Modus einer ‚„generic humanity', or humanity subtracted from its differences" (2013, S. 234), die allen verständlich und für alle gleich ist.

Worin sieht Badiou Chaplins egalitär-universalistischen Anspruch verbürgt? Er spricht kurz Slapstick als exemplarisches Bild der „vital energy of the people, the strength and cunning of survival in society" (2013, S. 234) an; das entspricht in etwa dem, was der Kracauer der *Theory of Film* an Chaplin festgemacht hat, wo Kracauers 1931 formuliertem Vergleich des Tramps mit Straßenstaub ein pflanzlich-vitalistisches Film-Sinnbild folgt: „[D]ie Lebenskraft, die er verkörpert, erinnert an Filme über das Wachstum von Pflanzen" (1985, S. 366). Doch zweifellos liegt Badious Akzent gerade nicht auf solch einer Emphase unverwüstlichen Überlebens; ein solcher Vitalismus würde ja eher an das anknüpfen, was Žižek in *The Pervert's Guide to Cinema* über die wortlose Körperkomik im *Great Dictator* sagt: ein Stand vorsprachlicher Unschuld, polymorphe Bewegung, die den Tod nicht kennt, nicht Schuld, nicht das Böse. Badiou allerdings zielt in eine andere Richtung: Das Böse des Faschismus wie auch das Gute des demokratischen Universalismus treten erst im Register des gesprochenen Worts auf, das Chaplin im *Great Dictator* in so prekären Bahnungen erschließt (nicht weit von Žižek entfernt, in eine ähnliche Richtung gedacht, hat Pascal Bonitzer (1992) argumentiert, dass erst der Blick in den polymorph-perversen Bewegungsvitalismus des frühen Kinos die Schuld, den Tod, die Negativität einführe. Das läuft auf Ähnliches hinaus wie Žižeks Rede von Chaplins Rede, und dass es Chaplins Blick ist, in dem Žižek das sieht, was ich in seinen Worten lese, darauf habe ich oben hingewiesen).

Übersetzen wir Žižeks Rede über Chaplin (sowie über die vitalistische Komik bestimmter „Camp Comedies", gemeint ist das *concentration camp*; Žižek 2000) und Badiou (insbes. dessen Schrift zur Ethik: Badiou 2003a, Kap. V) ineinander, so ergibt sich in etwa dieses Bild: Slapstick zeigt zunächst nur das Sein als Vielheit, die Gewaltakte des Menschentiers in seiner kapitalen Individualität, die, so Badiou (2011, S. 156), das gleiche wie Animalität ist. In diese Welt bricht das Gute als revolutionäre Operation der Gleichheit aller – und das Böse als deren Trugbild und Kehrseite: die national-sozialistische Revolution. Diese Nicht-Revolution macht ein Ereignis nicht – wie die kommunistische Revolution – aus der Leere der Situation, aus der proletarischen oder (kracauerisch gedacht) *angestellten* Beliebigkeit der Vielen, sondern aus dem, was sie als Fülle der Situiertheit in einem Volk fasst. Nazismus ist in diesem Sinn Anti-Revolution: Das nazistische Ereignis ist nicht für alle gleich, sondern strikt exklusiv und für viele der Tod. In Badious Sicht zählt am *Great Dictator*, dass er vom Slapstick-Animal übergeht zur Kehrseitenbeziehung von Bösem und Gutem, nämlich vom dem Bösen als Substanzialisierung einer Besonderheit und dem Guten, das sein Wort emphatisch *an alle* in ihrer Wahrheits- und Gleichheitsfähigkeit richtet. Wenn sich Badiou auf dieses Universelle beruft, kommt schließlich auch so etwas wie Schuld zum Tragen: Aus den einander (wie bei Chaplin) mit der Pfanne oder (wie im Leben) in die Pfanne hauenden Raubtieren bilden sich Subjekte erst durch Treueprozeduren, die einem Wahrheitsereignis unverbrüchlich geschuldet sind.

Mit dieser groben Skizze einiger Pointen von Badious Ereignisphilosophie lässt sich im Folgenden umreißen, welchen Platz sie dem Film zuweist, zumal in dessen Verhältnis zur Politik. Politik ist ja bei Badiou nur eine von vier Wahrheitsordnungen, die Sache der Philosophie sind, neben den Wahrheiten von Kunst, Wissenschaft und Liebe; Badious Vergleiche von revolutionären mit Liebes-Ereignissen tragen zweifellos zur Sexyness seines Denkens bei. Die Kunst- und Liebesseligkeit wie auch der Fokus auf Treue, mit ihrer Forderung nach unnachgiebigem „Weitermachen!", sie fügen sich jeweils ein in Badious Erhebung von mao-platonistischer Philosophie zur umfassenden Lebenskunst: einer Lebenskunst (in Kontrast mit Existenzkünsten der Diäten oder des Werdens bei Foucault bzw. Deleuze), deren heroische Gesten und puristische Vorschriften schließlich auch auf Badious Konzeption von Film durchschlagen. Zugespitzt gesagt: Ähnlich wie die Politik selbst wird auch der Film in Badious Konzeption letztlich (letztinstanzlich) politisch nur um den Preis, dass er einer Kunst des wahrheitsgemäßen, auf Reinheit hin orientierten Lebens zuträgt.

Konkret: In Chaplins generischer Humanität gipfelt Kino als Massenkunst; so formuliert es Badiou (2013, S. 235), nicht viel anders als Kracauer – der allerdings mit Kunst nix im Sinn hat, Badiou aber umso mehr: Steht Masse in Badious Kino-Definition für das Eruptive bzw. Irruptive von Demokratie[4], so hat Kunst die

---

[4] „In ‚mass art' there is the paradoxical relationship between a pure democratic element (in terms of eruption and evental energy) and an aristocratic element (in terms of individual

Aufgabe, die Demokratie rein zu halten; Demokratie, bei Badiou ansonsten vielgeschmähtes Synonym für westliche Konsumkultur in ihrer Wahrheitsunfähigkeit, wird gereinigt, ja, nobilitiert durch die Wahrheit der Kunst, sodass sie nun für den Titel des Essays *Cinema as a Democratic Emblem* taugt. Kunst übersetzt Badiou in Aristokratie; heraus kommt die Affirmation eines „proletarischen Aristokratismus", wobei Badiou schwankt (wie auch sein Exeget und Übersetzer Alex Ling festhält), ob Film im Verhältnis zur Demokratie nun *typisch* oder im Sinn einer Abweichung *spezifisch* ist. Jedenfalls sieht Badiou am Film eine in unserer Kommerz-Welt kostbare Treue zum Heldenmythologischen: „At bottom, cinema is the last place populated by heroes. Our world is so commercial, so family oriented, so unheroic" (Badiou 2013, S. 239) lautet sein ressimentales Lamento, und er lässt auch dieses – explizit als solches adressierte – Ethische in Exerzitien der Reinigung gipfeln: Was alle Kunst tut – nämlich aus der Situiertheit im bloß Sinnlich-Spürbaren ein unspürbares Ereignis der Idee zu machen (Badiou 2007, S. 26 ff.) –, das eignet dem Film besonders: Aus tiefster Verstrickung ins Alltagsbanal-Unreine muss Film zur Wahrheit-als-Reinheit aufsteigen: „At the cinema we get to the pure from the impure" (2013, S. 239). Dieses Reine kann für Badiou, wie er anhand der postulierten Purgatorien der Kino-Massenkunst anmerkt, auch etwa die „slowed calligraphy of general explosion" im Actionkino eines John Woos sein (vgl. 2003b, S. 86). Damit ist Badiou, was nur einmal die puristische Positionierung zum Film betrifft – die Reinigung urbaner *riots* etwa fordert er an anderer Stelle –, in seinem wahrheitsethischen Befehlston mitunter in etwa auf der Höhe jener neoromantischen Schwärmerei im Kino-Wertschätzungsdiskurs, die sich immer wieder am Auftauchen des „reinen Lärms", der „reinen Raserei", des „reinen Sehens" oder des „reinen Akts" in den Niederungen filmisch-narrativer Repräsentationen ergötzt. Umso wohltuender ist da die Art, wie – um kurz vorzugreifen – Rancière den Wert von Reinheit und Unreinheit bzw. Selbstgemäßheit und deren Preisgabe in Sachen Filmästhetik stellenweise genau umgekehrt veranschlagt (vgl. Rancière 2006, S. 11).

Noch einmal Badiou mit Kracauer zusammengeschaut, zusammengedacht am Bild-Ort Chaplin: Es hat seine Ironie, wie schöngeistig Badiou und wie politisch Kracauer da erscheint; wie viel an politischem Pathos, wie viel aber auch an Ekel vor der kapitalisierten Welt Badiou ins Ethische überführt – zur Wahrheit, die abseits aller sozialen Konfliktlagen ewig wahr ist; zur Gelungenheit eines Lebens oder einer Bildlichkeit im Reinen; und wie dem gegenüber Kracauer, der ja für politische Verachtungs- und Verzweiflungsgesten oder für Treueethik und Lebenskunst wenig hergibt, dieselbe Chaplin-Stelle des Sich-Ereignens generischer Hu-

---

education and differential registers of taste" (Badiou 2013, S. 235). In einer älteren Online-Übersetzung des betreffenden Aufsatzes hieß es „irruption" statt „eruption".

manität als Krisenfall des Sinnlich-Situierten bezieht; dies allerdings *ohne* Ressentiment gegen die Zerstreutheit der Vielen, Beliebigen, Verdinglichten, vielmehr indem er die Zerstreuung auf ihre Grade an Wahrheitsfähigkeit im massenhaften Selbsterfahren befragt (am prominentesten und explizitesten am Ende seines *Kult der Zerstreuung*-Essays), und indem er die Machtfrage anspricht, die Frage der Subjektivierung und der Agency von nicht als machtbefugt Gezählten: „Chaplin beherrscht die Welt von unten her, als einer, der gar nichts repräsentiert" – „Seine Ohnmacht ist Dynamit" – auf dass „das Ohnmächtigste die Welt bewege" (Kracauer 1974a, S. 165, 167, 1974b, S. 177).

Mixen wir in den Schuss-Gegenschuss Krac-Badiou noch eine Stimme, die sich zu Chaplin wie auch zu Kracauer geäußert hat. Adorno moniert einmal, dass die Szene im *Great Dictator*, in der das Ghetto-Mädchen SA-Männer mit der Pfanne auf den Kopf schlägt, ohne dafür sofort in Stücke gerissen zu werden, die Vernichtungsgewalt der Nazis um des Antifa-Engagements willen zu leicht wiegt (mit Žižek gesagt, wäre dies ein Fall von Slapstick, der kategorisch den Tod nicht kennt und empirisch Auschwitz nicht kennt). Adorno schreibt dies in *Engagement* (1965a), einem Text in etwa zeitgleich verfasst mit – in seinen *Noten zur Literatur* bezeichnender Weise platziert unmittelbar nach – seinem Porträt seines Jugendfreundes Kracauer. In diesem Aufsatz über den „wunderlichen Realist" sieht Adorno Kracauer „in Chaplin" (nicht in Chaplins Blick, sondern in Chaplin als einer Art Optik): Adorno sieht Kracauer in einer Mimikry an den Tramp begriffen, und er erblickt darin ein ähnliches Zurückscheuen vor konsequenter Totaleinsicht wie am genannten Beispiel aus *The Great Dictator*. Die Beziehung Kracauer-Adorno, ihre Passionen, ihre Ding- und Realismus-theoretischen Facetten, das ist ein Ding für sich. An dieser Stelle daher nur ein Streiflicht auf Adornos Inkonsequenzkritik an Kracauers „Denken, das vorm Denken [scheut]" (Adorno 1965b, S. 92): „Wie Kracauers Selbstverständnis des Individuellen aussah, projizierte er auf Chaplin: er sei ein Loch. Was da die Stelle von Existenz eroberte, war der Privatmann als imago, der Sokratische Sonderling als Ideenträger", und: „Der utopische Zug, der sich fürchtet vorm eigenen Namen und Begriff, verkriecht sich in die Gestalt des nicht recht Hineinpassenden" (Adorno 1965b, S. 89 f., S. 106).

Hat er Recht mit dem Vorwurf, Kracauers Einbildung in den Misfit heiße hinnehmende Anpassung ans Unabänderliche? Das sei dahingestellt. Relevant ist hier dies: Kracauer hat in seinen letzten Büchern, in *Theory of Film* und in *History: The Last Things before the Last*, ein Positiv-Verständnis skizziert von eben dieser Geste des Anhaltens vor einem In-die-letzte-Konsequenz gehen des Denkens, Anhalten vor „letzten Dingen", jenen Ultimativa, denen Philosophie und Kunst sich zuwenden. Es geht ihm um ein Ausloten der Handlungs- und Wahrheitsfähigkeit von Namenlosen, das sich an Film und Geschichte als wahrnehmende Erfahrungsweisen orientiert. Und unter einem seiner im Vorübergehen geprägten Namen für solches Wenden zum Vorletzten kommen Chaplin und dessen „Anpassungsfähigkeit als Waffe in einem nicht endenden Kampf" (1985, S. 353) ins Spiel. Der Name lautet *nonsolution* (ausführlicher zu diesem Konzept bei Kracauer: Robnik 2013). Dieser Neologismus wird mit „Verzicht auf eine Lösung" übersetzt (was allerdings die Lösung, die in ihrem Vollzug ihre Durchkreuzung mit artikuliert, nicht trifft) – bis auf eine Stelle in *Theorie des Films*, in der eben (wenn auch mit einem Bindestrich, der das nachgerade Obszöne von Kracauers Wortverbindung abschwächt) die deutschsprachige Formulierung „Nicht-Lösung" zu lesen ist: In „vielen Nicht-Lösungen, darunter denen der alten Chaplin-Komödien" wirkt, so Kracauer, „der Wunsch, die Widerstandskraft des scheinbar Schwachen zu preisen" (Robnik 2013).

Verglichen mit „Ornament der Masse" oder „redemption of physical reality" ist „nonsolution" kein prominenter Kracauer-Begriff. Gemessen an Adornos Zug zum Begriff, der in der Schärfe seiner Prägung um das Wirkliche trauert, das er aufhebt, ist „nonsolution" überhaupt kein Begriff.[5] Manche werden wissen, dass Kracauer die „nonsolution" anhand von D. W. Griffith einführt: An Griffiths Filmen bewundert er, dass sie voller *Risse* sind, dass in ihnen eine Kluft offen bleibt zwischen geschlossener Erzählform und filmischem Sammeln namenloser Dinge (vgl. Robnik 2013, S. 231). In jenen Passagen seines *History*-Buchs schließlich, die der *Theory of Film* ganz nahe sind, bis hin zur wortgleichen Selbstparaphrase, formalisiert Kracauer solche Nichtlösung als Verhältnis von Close-up und Totalansicht, das er – recht stur eigentlich, wenn man bedenkt, wie sehr es im Kern einer seit Griffiths Tagen normalisierten Découpage des klassischen Films steht – als *Paradox* versteht; und er vergleicht dieses Nicht-ineinander-Aufgehen von Großaufnahme und Totale mit der wechselseitigen Irreduzibilität, der Nicht-aufeinander-, Nicht-zueinander-, Nicht-ineinander-Reduzierbarkeit/Rückführbarkeit von Mikro-Partikularem und Makro-Allgemeinen.

Um da einer Engführung mit Deleuzianismen vorzubeugen: *Nonsolution* ist keine Chiffre für Immersion ins Mikromaterielle und die Synästhetik chaotischer Werdenskräfte; eher heißt *nonsolution* Weiterlaufen mit dem Riss und der Unvollständigkeit – aber *ohne* eine Heroik von Kunst und Begriff als Negationen in Anspruch zu nehmen. Und wenn wir, um mit dem späten Deleuze (und Guattari) auf Kracauer zuzugehen, sagen wollten: Okay, Begriffe sind ja nun keine Subsumtionen oder Negationen von Wirklichkeiten, sondern sie sind Sinn-Ereignisse, und

---

[5] „Im Zeichen ihrer Undurchdringlichkeit läßt sein [Kracauers] Gedanke die Realität, an die er erinnert und die er durchdringen sollte, stehen. Von da an bietet sich ein Übergang zu ihrer Rechtfertigung als der des Unabänderlichen an. Dem entspricht, dass die Inthronisation einer sei's noch so queren individuellen Erfahrung, die bei sich selber zuhause ist, gesellschaftlich akzeptabel bleibt" (Adorno 1965b, S. 90).

Philosophie ist die Kunst, sie aus Dingen und Sätzen zu extrahieren? (vgl. Deleuze und Guattari 2000, S. 27–31). Dann würde Kracauer erwidern: Schön und gut, aber das Wahrnehmen im Vorletzten, das Film und Geschichte kunstlos betreiben, ist ja gerade „Nichtphilosophie". Ein zweites bindestrichloses „Non"-Wort: Seine „nonphilosophy" leiht Kracauer sich von einem Historiker: „Geschichte, d. h. das Koordinieren, ist Nichtphilosophie und Philosophie, d. h. das Subordinieren, ist Nichtgeschichte", so zitiert Kracauer gegen Ende seiner *History* Jacob Burckhardt (1969, S. 211).

Nonsolution, nonphilosophy: Wofür stehen diese Wortbildungen hier? Nehmen wir das dritte „Non" in meinem Aufsatztitel hinzu: das Nonstop. Es soll für ein Nicht-an-ein-Ende-Kommen stehen, das in Kracauers Anhalten vor letzten Dingen ausagiert ist (und schon in seiner Emphase der Affinität von Film zum Endlosen in der *Theorie des Films* angepeilt ist). Auch das mag paradox anmuten: Stehenbleiben als *non-stopping*. Aber es geht eben um ein Verweilen dort, wo nichts ultimativ aufhört, nichts sich definitiv erledigt (wenn es auch zu zeitweiligen Ruhigstellungen kommen kann): Bei Kracauers nichtphilosophischer Denkgeste des Anhaltens im Vorraum vor dem Ultimativen haben wir es auch mit einem Anhalten, mit anhaltendem Problematisch- und Ungelöst-Bleiben (um nicht zu sagen „Nicht versöhnt"-Bleiben) zu tun. In diesem Sinn steht das Nonstop für das eben mit Kracauers Burckhardt-Zitat angesprochene „Koordinieren", ein „Nicht-Subordinieren" – um es gelassen auszusprechen: ein „Insubordinieren"; dies etwa in Form des *Seite an Seite* Zu-liegen-Kommens etwa des Gesellschaftlich-Allgemeinen und seiner Gründung an kontingenten partikularen Punkten, woraus folgt, dass diese Gründung nie zur End-Erfüllung kommt, dass sie vorläufig, antagonistisch, politisch bleibt. Mit Kracauers „nonsolution" und deren Begleitkonzept einer „side-by-side"-Beziehung des Allgemeinen und Besonderen ist eine Insistenz, ein Nonstop, des Konflikthaften anvisiert.[6] Diese Chiffren helfen auch, uns Kracauers Anhalten vor den letzten Dingen *nicht* als ethische Haltung demütiger Bescheidenheit vorzustellen; ebenso aber steht dieses Verweilen im Vorläufigen, Noch-nicht-Ausgetragenen, Strittigen gegen puristische Anmutungen eines Totalbruchs mit einer bestehenden Situation bzw. Welt, wie sie bei Badiou auftauchen (in seinen Schriften scheint die Treue, die das Leben rein hält, einer Größe der Wahrheit zu bedürfen, die immer schon den Niederungen strittiger Artikulation enthoben ist).

---

[6] Bei Heide Schlüpmann hingegen, die in ihrer Kontrastierung und bisweiligen Überlagerung der Denk- und Erfahrungs-Nicht-Orte Kino und Philosophie am nachhaltigsten in der heutigen Filmtheorie der Kracauer'schen Nonphilosophy verpflichtet bleibt, liegt der Akzent eher auf dem Nachleben, dem Unerledigten und Wiederaufzunehmenden von „verlorenen Prozessen" bzw. „lost causes" (eine weitere Kracauer-Begriffs-Adaption) wie etwa der verschütteten radikaldemokratischen Utopie des frühen Kinos (vgl. Schlüpmann 2007).

Nicht zuletzt schließlich zieht das Nonstop zum Nonsense, an den einige wohl schon bei der Lektüre meines Aufsatztitels gedacht haben; zu *Nonstop Nonsens*, so der mit Ehrfurcht auszusprechende (deutsch bzw. falsch geschriebene) Name der Fernsehcomedy mit Dieter „Didi" Hallervorden (1975–1980). Von Hallervorden, vielmehr: vom Nonsense her ließe sich ein Nachhall anderer Verknüpfungen von Kracauer mit Deleuze vernehmen (der, seine Fans wissen das, in einem seiner ABC-Gespräche mit Claire Parnet einmal Wertschätzung für den mit Hallervorden ungefähr zeitgleich erfolgreichen britischen Fernseh-Slapstickkomiker Benny Hill verraten hat). Nonsense und dessen *nonstop-insistence* taucht vor allem auf in Deleuzes früher – noch prä-antiödipalen – Studie zur *Logik des Sinns*, die bei ihm bis in sein Konzept des filmischen Affektbilds nachklingt (vgl. Robnik 2014): „Der Unsinn ist zugleich das, was keinen Sinn hat, sich aber als solcher der Abwesenheit des Sinns entgegensetzt, indem er die Sinnstiftung vornimmt. Und genau das hat man unter *nonsense* zu verstehen" (Deleuze 1993, S. 98). Kein Sinn ohne Heimsuchung durch den Nonsense, dem er entspringt, denn der Nonsense (als Unsinn weder Sinn noch Nicht-Sinn) ist der Platzhalter, der Rest, der gewährleistet, dass wir weder auf einen vorgelagerten Nicht-Sinn stoßen, dem der Sinn entspränge, noch auf ein Immer-schon-überall-etabliert-Sein von Sinn; Sinn als das, was weder in einer Realisierung in Dingzuständen noch in Bedeutungsstiftungen und intentionalem Ausdruck von Sätzen (oder, im Fall des Affekts, von Bildern von Handlungsabläufen und Situationskoordinaten) aufgeht. Vom Nonsense und Sinn-Affekt her gesehen, treten bei Kracauer Stellen hervor, an denen er Film und Geschichte als Erfahrungsweisen der Risse zwischen Ursache und Wirkung denkt; so etwa in seiner Rede von „historischen Ideen", die ein Stück weit „from nowhere" kommen (1969, S. 155). Kracauer nennt da als ein Beispiel die Ideen von Marx, zumal die Art, wie deren Sinn, jenseits der antipolitischen Frage nach ihrer Richtigkeit, in dem liegt, was sie schockartig an Neuem zu denken und wahrnehmen ermöglichen (Kracauer 1969, S. 101, 144).

Da will ich nun aber gar nicht hin. Ich will nicht Kracauer als Philosoph rehabilitieren, als einen, der Platz einräumt für die Idee, zumal die ereignishafte kommunistische, die ja bei Badiou so zentral ist. Da wäre denn wohl auch zu fragen, wie Ideen zu Begriffen stehen und diese jeweils zu Film oder zur „Projektion" (vgl. Badiou 2011, S. 159 f.); das aber ist ein endloses, ein Nonstop-Projekt, vor dem ich an dieser Stelle zurückscheue. Es geht mir eher um Arten „anhaltender" Nichtphilosophie, hier, am Schauplatz Chaplin und *The Great Dictator*.

Einer findet sich da zuletzt noch ein, dessen „Nichtphilosophie" des Films mit der Kritik der Ethisierung von Politik verschnitten ist, sowie mit Demokratie und auch mit Chaplin. Jacques Rancière merkt 1998 an, dass *The Great Dictator* „die Kontingenz der Herrschaft auf[deckt], die das erste Axiom der Politik bildet" (2012,

S. 24). Rancière setzt hier Termini aus seinem politiktheoretischen Hauptwerk *Das Unvernehmen* ein, was er eigentlich sonst selten tut, wenn er über klassisches Kino schreibt. Sein Argument geht in etwa so: Chaplins Film ist insofern politisch, als er sich einen Zugriff der Fiktion auf die Macht anmaßt; ebendiese Anmaßung ist im heutigen Kino selten, denn dieses steht, so sieht es Rancière, ganz im Bann der „Wiedererkennungswerte" von Seinsweisen der Alltagskultur oder aber des „Kalküls sensorischer Effekte" beim Beschwören von Katastrophen, in die, dem postpolitischen Konsens zufolge, alle Anmaßung populärer Ermächtigung mündet. Rancière bringt also Chaplin gegen Neutralisierungen, Nihilisierungen von Politik in Stellung. Für die Formen dieser Nihilisierung prägt er in seiner Demokratietheorie verschiedene Namen – „platonsche Archipolitik", „Metapolitik", „Postpolitik" und deren jeweilige Ethiken –, vor allem aber gibt er ihr einen vielsagenden Sammelnamen, den der „politischen Philosophie". Politische Philosophie, so Rancières Sinngebung, will den Skandal der Politik, dass sie auf nichts als die Abwesenheit von Gründen für soziale Ordnung baut und setzt, auf gute Gründe, sichere Terrains zurückzuführen (vgl. Rancière 2002).

Das ist einer der Punkte, an denen Rancières Theoretisieren sich mit dem sonst in einiger Hinsicht verwandten Denken von Badiou spießt.[7] Badiou sagt, kurz gefasst: Okay, politische Philosophie mache ich auch nicht (weil Philosophie Wahrheiten denkt, von denen Politik nur eine ist), aber Rancière macht ja gar keine Philosophie, weil er keine Ontologie zugrundelegt, und er macht auch keine Politik (Badiou 2005, S. 116–119), u. a. weil er am Konzept Demokratie festhält, das ultimativ korrumpiert ist, nicht zu retten für egalitäre Projekte. Jedoch: Auch in dieser Konstellation scheint Distanz zum Pathos der Philosophie ein Preis zu sein für den Versuch, Film und Politik in einer Weise zusammenzudenken, die nicht ethisch und puristisch ist, und Demokratie als einen Defekt zu verstehen, etwa einen Fehler in der Zählung des Sozialen, der subjektivierbar ist.

Um dies ein wenig anzureichern und meinen Beitrag mit einer schnellen Montage abzuschließen: Diese Subjektivierung einer Lücke, eines Abstands, eines Lochs in der Schließung, Füllung, „Voll-Zählung" von Gesellschaft – sie müsste, mit Blick auf die Verknüpfung von Film-Bildlichkeit mit Politik und ganz konkret mit Chaplin gesagt, dreierlei Konstellationen ausweichen. Die erste Konstellation, der es auszuweichen gilt, betrifft Rancières eigene Tendenz, seinen Politikbegriff zu verengen, letztlich zu purifizieren; nämlich so, dass Politik als immer und ausschließlich emanzipatorische nobilitiert ist. Einer solchen Engführung, die das

---

[7] Die Verwandtschaft reicht etwa bis zum Punkt der Emulation von Badious Emphase des Unterbrechungsakts als Glaubensereignis im Rossellini-Kapitel von Rancières *Film Fables* (2006).

theoretisierte „gute Objekt" – bei Rancière eben: die Politik – als quasi immer auf der sicheren Seite situiert sehen will, begegnen wir im Spektrum politisierender Blicke auf Chaplin zu einem frühen Zeitpunkt bei Walter Benjamin. 1929 beendet Benjamin seinen „Rückblick auf Chaplin" so: „Chaplin hat sich in seinen Filmen an den zugleich internationalsten und revolutionärsten Affekt gewandt, das Gelächter" (2003, S. 155). Jedoch: Wie können wir diesbezüglich so sicher sein? Was lässt uns so sicher annehmen, dass das Gelächter immer und gesicherter Weise ein international(istisch)er und vor allem revolutionärer Affekt ist – und nicht etwa eine harte Erziehungsmaßnahme, z. B. in der Art, wie Bergson das Lachen versteht, als Lebens-Verflüssigungs-pädagogische Technik gegenüber unflexiblen Verhaltensweisen? (Womöglich wären wir mit einer solchen Pädagogik eines Lachens, das soziale Mobilität und Wendigkeit erzwingt, unversehens näher bei der Art, wie sich Benjamin an einigen Stellen seines *Kunstwerk*-Aufsatzes der Modernität des Chaplin'schen Filmbildes nähert, nämlich voller Emphase des psycho- und physiotechnischem Trainings – wobei das Revolutionäre solcher Massen-Einübung, zumal durch Slapstick-Kino, auch hier keineswegs ein „gesichertes Gut" darstellt).

Zweitens gilt es, Chaplins Proto-Politik von einer Konzeption des reinen sozialen Nicht-Seins und Nichts-Seins abzusetzen, wie sie zunächst bei Giorgio Agamben im Zeichen einer „Politik der Geste" gedacht ist. Agambens gänzlich ethisierte Politik hängt, wo sie mit Film zusammengedacht ist – und dort durchaus in Übereinstimmung mit seinem Konzept des von aller Macht-Bestimmung reinen „beliebigen Seins" in der „kommenden Gemeinschaft" (Agamben 2003) – an der Vorstellung einer Medialisierung des Menschen im Kino-Bild, die einer Enteignung des Selbst gleichkommt; diese Enteignung lässt Agamben im Wort-Bild-Konzept des *gag* kulminieren, und zwar im Doppelsinn von Pointe wie auch Mund-Knebel, sprich: in einer Situation sprachlosen Ausgesetzt-Seins im Unangeeigneten, Sich-Entziehenden, in diesem Sinn *Medialen* von Sprache (Agamben 2001, S. 61 f.). Diesem Agamben'schen Verständnis vom Gag als Form eines Aufbruchs zum post-identitären, post-nationalen „beliebigen Sein", der in der *medialitá* filmischer Bilder lesbar wird, entspricht ein Stück weit die Art, in der Hannah Arendt in ihrer Chaplin-Deutung die Tramp-Figur liest – nämlich als Paria, entworfen nach dem Bild jahrhundertelanger jüdischer Ausschluss- und Verfolgungserfahrung. Chaplins Form von Internationalismus sieht Arendt nicht als der Universalität einer zeit- und streitenthobenen Wahrheit geschuldet (wie Badiou), auch nicht als dem Revolutionären des Lachens beigestellt (wie Benjamin), sondern als ins Werk gesetzt durch eine Funktion der Selbsterkenntnis im Minoritären: „In diesem kleinen, erfindungsreichen, verlassenen Juden, der aller Welt suspekt ist, begriff sich der kleine Mann aller Länder". Und weiter heißt es bei Arendt 1948, nun über Chaplins beginnende Unzeitgemäßheit in einer Zeit, in der Superman den Tramp abgelöst habe, in Hinblick darauf, in welche Figuration nicht-normaler Subjektivität sich Leute weltweit einzubilden vermögen (wobei ja übrigens der Superman der DC Comics oft stringent als Subjekt jüdischen Assimilationswillens gelesen wird, allerdings nicht in Arendts kurzem Verweis auf ihn): „Als Chaplin im *Diktator* versuchte, das Monströs-Tierische des Superman zu spielen, als er in der Doppelrolle den kleinen Mann mit dem großen Mann konfrontierte und am Ende gar die Maske abwarf, den wirklichen Menschen Chaplin aus dem kleinen Mann herausspringen ließ, um der Welt in einer verzweifelten Ernsthaftigkeit die einfache Weisheit des kleinen Mannes vor Augen zu führen und wieder begehrenswert zu machen – da wurde er, der einst der Liebling der ganzen bewohnten Welt gewesen, kaum noch verstanden" (Arendt 2003, S. 140 f.). Nun, dass Chaplins Wendung gegen den faschistisch superioren Mann im *Great Dictator* unverstanden geblieben sei, mutet unintuitiv an; allerdings kann Arendts Deutung für sich verbuchen, dass Chaplins Film von 1940 ja erst zeitverzögert, nach dem Kriegseintritt der USA, auf große Resonanz in seinem Entstehungsland gestoßen war, und dass der „In the name of democracy!"-Rede bis heute immer wieder Kopfschütteln entgegengebracht wird. Bleibt nun noch Arendts Beharren darauf, dass das, was bei diesem Demokratie-Appell „herausspringt", einzig ein wirklicher Chaplin ist, der von der Position eines universellen Paria aus eine minoritaristische „Weisheit der Kleinen" ausspricht, in welcher der Flüchtling als moderner Subjektstatus anklingt.

Einem mehr als minoritären Chaplin kommen wir mit Adornos Bemerkungen näher, die sich ebenfalls zunächst auf den wirklichen Chaplin – eher denn auf die Tramp-Figur im Film-Bild – beziehen: „Etwas an dem empirischen Chaplin ist, als wäre er nicht Opfer, sondern suche solche, spränge sie an, zerrisse sie: bedrohlich". Und weiter heißt es, „daß er gleichsam auf die Umwelt sein Gewaltsames und Beherrschendes projiziert und erst durch diese Projektion der eigenen Schuldhaftigkeit jene Unschuld herstellt, die ihm dann mehr Gewalt verleiht, als alle Gewalt hat. Ein Königstiger als Vegetarianer" (Adorno 2003, S. 134). Mit dieser Tropik masochistisch-projektiver Veräußerung und Selbstempfindung der eigenen, ihm von der Welt zurück-zugefügten Gewalt geht Adorno bereits zu Chaplin als Performer über – und sei es jener Abendgesellschafts-Performer von *impersonations*, auf den sich sein Erinnerungsessay bezieht; im weiteren steuert Adorno eine Denkfigur der Versöhnung an: „Es ist, als bildete er das erwachsene, zweckvolle Leben, das Rationalitätsprinzip selbst zurück in mimetische Verhaltensweisen, und versöhnte es dadurch" (2003, S. 135). Damit ist die Mimesis aber von einer potenziell politischen Rolle, die ihr als Parodie (und humoristischer Akt generell) zukommen kann, gleichsam ins Anthropologische hin entschärft worden, in einer für Adorno typischen Wendung hin zur Herkunft von Ausbeutung und Unterdrückung im rationalen Selbstverhältnis des Subjekts selbst, dem sich mitunter regressiv Abhilfe schaffen lässt, mehr noch, dem Heilung zuteil werden kann. An dieser Stelle teilen sich die Denkwege zur Fragen der Macht, die Adorno mit dem „Königstiger als Vegetarianer" (schon die Metapher lässt eine vormenschliche, vorrationale, paradiesische Vergangenheit als verlorene anklingen) und Kracauer mit dem „Ohnmächtigsten, das die Welt bewege" jeweils einschlagen.

Chaplins demokratische Politik, angepeilt mit Rancières Zählfehlern und fehlenden Gründen der Gesellschaftsordnung und mit Kracauers Frei- und Getrennt-Halten der Machtfrage von versöhnungsethischen bzw. -messianischen Perspektiven, Chaplins Demokratie ist also nicht garantierte lachende Revolution wie bei Benjamin, nicht Erhebung des Paria zum Universalsubjekt wie bei Arendt; und sie ist auch nicht jene Geste, die Chaplin ursprünglich als Schlussszene für *The Great Dictator* vorgesehen und (zu sehen in der Doku *The Tramp and the Dictator*) auch schon gedreht hatte, mit der wir Adornos Versöhnungsgedanken nahe kämen: Zunächst sollte der Film so enden, dass die Massen, zumal die Uniformierten, auf die Demokratie-Rede des Tramps mit pazifistischer Gewaltlosigkeitseuphorie reagieren, die Stormtroopers ihre Waffen wegwerfen und einander bzw. den Menschen im eben an Tormania angeschlossenen Osterlitsch um den Hals fallen (bittere Ironie: Der faktische „Anschluss" Österreichs an Deutschland hat sich ja 1938 in etwa so – eher so denn als Akt zwischenstaatlicher Aggression – vollzogen: Deutsche und österreichische Nazis fielen einander um den Hals, und im Rahmen einer der zahllosen Wiener „Anschluss"-Feierlichkeiten wurden die Gummiknüppel, wie sie bis zum März 1938 bei der austrofaschistischen Polizei im Einsatz waren – gegen die Roten, aber oft auch gegen die Braunen –, mit einer großen Geste der Gewaltlosigkeit einer nun ganz mit dem Volkskörper ausgesöhnten Regierung entsorgt).

Der schlussendliche Schluss von *The Great Dictator* sieht, wie wir wissen, anders aus. Die Massen jubeln über die Rede, die mit dem frenetischen Ausruf „In the name of democracy: Let us all unite!" endet; aber sie bleiben dabei durch das Bild unbestimmt, sind nur als dröhnendes Jubeln zu hören, nur als insertierte Archivmaterial-Totale zu sehen. Und auf eben dies – darauf, dass demokratische Macht, Massen und Mobilisierung nicht durch ethische Garantien kategorisch von jenen des Faschismus oder weniger drastischer „Polizeien" geschieden ist – reagiert der Tramp in der Uniform des Diktators mit seinem bestürzten Blick: *Was habe ich da jetzt nur getan?* (quasi: durch mein politisches Handeln getan – anstatt passiv, Paria, Vegetarier oder lachend-revolutionärer Vagabund zu bleiben…?).

Rahmen wir diesen bestürzten Blick Chaplins, seine in mehr als nur einem Sinn defekte – nicht perfekte, nicht gereinigte – Demokratie zuletzt durch zwei Auftritte, die wie der Hallervorden'sche „gespielte Witz" am Ende kommen. Es geht um zwei rezente Auftritte des britisch-jüdischen Komikers Sacha Baron Cohen. Bei der Verleihung des *Charlie Chaplin Britannia Award for Excellence in Comedy*

2013 an ihn warf er nicht den Gummiknüppel weg, sondern den Spazierstock, der ihm überreicht worden war, und das kam so (auf Youtube ausgiebig rezipiert, etwa unter http://www.youtube.com/watch?v=lnRbxIHi9zw): Bei der Live-Zeremonie – mit Promis vom Kaliber eines George Clooney im Publikum – übergab ihm die 87jährige Grace Collington, die in den frühen 1930er Jahren noch als Kinderdarstellerin mit Chaplin gedreht hatte, im Rollstuhl sitzend „Charlie's actual cane from *City Lights* [1931], just for you". Cohen bedankte sich mit einem Küsschen und einer lächelnden Nachahmung des markenzeichenhaften Watschelganges des Tramps. Einen Moment lang schien es, als vollzöge der für seinen galligen, oft in Form boshafter Fallen-Situationen ausgespielten Humor bekannte Komiker eine Geste der Versöhnung, der Zurücknahme seiner Bosheit in einem mimetischen Akt der Demut, der an ihm selbst wie auch an Chaplins Imago vor allem das Moment putziger Unbeholfenheit, weit abseits aller Tigersprünge oder welt-bewegender Gewalten, hervorkehrte. Aber aus ebendieser Putzigkeit heraus gab Cohen der Situation und der in sie projizierten Rührungen (angesichts der Vegetarier-Werdung eines Königstigers) eine jähe Wendung: Der gebogene Chaplin'sche Spazierstock, auf den er sich watschelnd stützte, zerbrach, Cohen stürzte nach vorne und schubste dabei die betagte Mimin neben ihm samt ihrem Rollstuhl von der Bühne. Nach gespielter Panik samt vergeblichen Wiederbelebungsversuchen an der Dame (de facto eine Stuntfrau im Rahmen eines, wie später offenbar wurde, durchgeplanten Sketches) begann Cohen seine Dankesrede vor einem zwischen Schrecksekunde und Lachausbruch changierendem Saalpublikum mit den Worten: „Grace Collington is the oldest – sorry, *was* the oldest surviving actress to have worked with Chaplin". Dass ein jüdischer Komiker den späten gewaltsamen Tod einer im Rollstuhl als Zeitzeugin und *Survivor* einer in den 1930ern untergegangenen Ära vorgeführten Dame bewirkt und verkündet, noch dazu bei einer Gala just am 9. November 2013, dem Datum des von den Nazis als „Reichskristallnacht" etikettierten Pogroms 1938, das hat seinen im Nonsense mitklingenden Sinn – und würde uns beinah wieder in jenes Osterlitsch bzw. Wien zurückführen, in dem im „Anschluss"-Jahr die Synagogen besonders zahlreich brannten.

Der Spazierstock-Slapstick war allerdings nicht der einzige Moment, in dem Sacha Baron Cohen in jüngerer Zeit Chaplins Position einnahm und einer vermeintlich kuschelig-harmonischen Situation eine unerwartete bittere Wendung gab. *Nonstop nonsolution,* oder: *With democracy, we cannot ever be sure* – denn: *Democracy is flawed.* Mit dem großen, (nahezu) finalen Demokratie-Monolog des von Cohen verkörperten arabischen Alleinherrschers – der zeitweilig wenn schon nicht als jüdischer Barbier, so doch in einer New Yorker queer-multikulturalistischen Öko-Links-Szene untertauchen muss – in der von Cohens Konzept-Komik getragenen Politkomödie *The Dictator* (2012) sind wir zum einen wieder bei Žižek angelangt: nämlich bei Žižeks ideologiekritischem Gedanken, dass das obszöne

Genießen sozialer Macht in Form politischer Gewalt seitens des „östlichen" (Balkan- bzw. orientalischen) Raubtier-Subjekts dem liberalen Westen lediglich die Konsequenzen einer ungehemmt „ausgelebten" Form von Kapitalherrschaft vor Augen führe (vgl. Žižek 1994). Zum anderen hält Cohens/Aladeens gestenreiche Rede, mit der er vor versammelten UNO-PolitikerInnen und westlichen Investoren in New York die Diktatur durch Aufweis ihrer allzu vertrauten Vorzüge kompromittierend affirmiert, Chaplins Demokratie-Aufruf mit bestürztem Blick die Treue; und zwar noch insofern, als sich hier der Name der Demokratie und ein gedoppeltes Ausstellen ihrer *flaws* gegen eine Form ihrer unegalitären Realisierung wenden lässt: „Why are you guys so anti-dictator? Imagine if America was a dictatorship! You could have one percent of the people have all the nation's wealth! You could help your rich friends get richer by cutting their taxes and bailing them out when they gamble and lose! You could ignore the needs of the poor for healthcare and education! Your media would appear free, but would secretly be controlled by one person and its family! You could wiretap phones! You could torture foreign prisoners! You could have rigged elections! You could lie about why you go to war! You could fill your prisons with one particular racial group, and no-one would complain! You could use the media to scare the people into supporting policies that are against their interests! I know this is hard for you Americans to imagine; but please, try! I will tell you what democracy is: democracy is the worst! Endless talking and listening to every stupid opinion! And everybody's vote counts, no matter how crippled or black or female they are!" Nun ändert sich Aladeens Rede, weil er seine linksaktivistische Geliebte im Publikum erblickt, und seine Liebeserklärung an eine defekte und *unmögliche* Demokratie endet mit der Deklaration: „Democracy has hairy armpits! [...] Democracy is flawed! She is not perfect! But – democracy: I love you!"

Literatur

Adorno, Theodor W. 1965a. Engagement. In *Noten zur Literatur III*. Frankfurt a. M.: Suhrkamp.
Adorno, Theodor W. 1965b. Der wunderliche Realist: Über Siegfried Kracauer. In *Noten zur Literatur III*. Frankfurt a. M.: Suhrkamp.
Adorno, Theodor W. 2003. Zweimal Chaplin. In *Charlie Chaplin: Eine Ikone der Moderne*, Hrsg. Dorothee Kimmich, 132–135. Frankfurt a. M.: Suhrkamp.
Agamben, Giorgio. 2001. Noten zur Geste. In *Mittel ohne Zweck: Noten zur Politik*, 53–62. Freiburg: Diaphanes.
Agamben, Giorgio. 2003. *Die kommende Gemeinschaft*. Berlin: Merve.
Arendt, Hannah. 2003. Die verborgene Tradition. In *Charlie Chaplin: Eine Ikone der Moderne*, Hrsg. Dorothee Kimmich, 136–152. Frankfurt a. M.: Suhrkamp.

Badiou, Alain. 2003a. *Ethik: Versuch über das Bewusstsein des Bösen.* Wien: Turia + Kant.
Badiou, Alain. 2003b. *Infinite thought: Truth and the return to philosophy.* London: Continuum.
Badiou, Alain. 2005. *Metapolitics.* London: Verso.
Badiou, Alain. 2007. *Dritter Entwurf eines Manifests für den Affirmationismus.* Berlin: Merve.
Badiou, Alain. 2011. *Die kommunistische Hypothese.* Berlin: Merve.
Badiou, Alain. 2013. *Cinema.* Cambridge: Polity.
Benjamin, Walter. 2003. Rückblick auf Chaplin. In *Charlie Chaplin: Eine Ikone der Moderne,* Hrsg. Dorothee Kimmich, 153–155. Frankfurt a. M.: Suhrkamp.
Bonitzer, Pascal. 1992. Hitchcockian suspense. In *Everything you always wanted to know about Lacan (But were afraid to ask Hitchcock),* Hrsg. Slavoj Žižek, 15–30. London: Verso.
Deleuze, Gilles. 1989. *Das Bewegungs-Bild: Kino 1.* Frankfurt a. M.: Suhrkamp.
Deleuze, Gilles. 1993. *Logik des Sinns: Aesthetica.* Frankfurt a. M.: Suhrkamp.
Deleuze, Gilles, und Félix Guattari. 2000. *Was ist Philosophie?* Frankfurt a. M.: Suhrkamp
Kracauer, Siegfried. 1963. Das Ornament der Masse. In *Das Ornament der Masse: Essays,* 50–63. Frankfurt a. M.: Suhrkamp.
Kracauer, Siegfried. 1969. *History: The last things before the last.* Princeton: Princeton University Press.
Kracauer, Siegfried. 1971. *Die Angestellten. Aus dem neuesten Deutschland.* Frankfurt a. M.: Suhrkamp.
Kracauer, Siegfried. 1974a. The Gold Rush. In *Kino: Essays, Studien, Glossen zum Film.* Frankfurt a. M.: Suhrkamp.
Kracauer, Siegfried. 1974b. Chaplins triumph. In *Kino: Essays, Studien, Glossen zum Film.* Frankfurt a. M.: Suhrkamp.
Kracauer, Siegfried. 1985. *Theorie des Films: Die Errettung der äußeren Wirklichkeit.* Frankfurt a. M.: Suhrkamp.
Marchart, Oliver. 2010. *Die politische Differenz: Zum Denken des Politischen bei Nancy, Lefort, Badiou, Laclau und Agamben.* Berlin: Suhrkamp.
Marchart, Oliver. 2013. *Das unmögliche Objekt: Eine postfundamentalistische Theorie der Gesellschaft.* Berlin: Suhrkamp.
Rancière, Jacques. 2002. *Das Unvernehmen: Politik und Philosophie.* Frankfurt a. M.: Suhrkamp.
Rancière, Jacques. 2006. *Film fables.* New York: Berg.
Rancière, Jacques. 2012. *Und das Kino geht weiter: Schriften zum Film.* Berlin: August.
Robnik, Drehli. 2010. Warten und Werten. Lebensbegriffe und Denk-Raum-Bilder in Siegfried Kracauers Kinotheorie der Geschichte. In *Ambiente: Das Leben und seine Räume,* Hrsg. Thomas Brandstetter, et al., 131–153. Berlin: Turia + Kant.
Robnik, Drehli. 2012. Among other things – a miraculous realist: Political perspectives on the theoretical entlanglement of cinema and history in Kracauer. In *Culture in the Anteroom: Legacies of Siegfried Kracauer,* Hrsg. Gerd Gemünden und Johannes von Moltke, 258–275. Ann Arbor: University of Michigan Press.
Robnik, Drehli. 2013. Side by side als wirkliche Gegner: Zu politischen Einsätzen im Film-Denken von Kracauers History. In *Film als Loch in der Wand: Kino und Geschichte bei Siegfried Kracauer,* Hrsg. Drehli Robnik, et al., 160–182. Berlin: Turia + Kant.

Robnik, Drehli. 2014. *Intim, im Team, in time mit Deleuze: Vom Affektbegriff, Richtung Politik gewendet, zu Coppolas Komplotten und Patton, Mindgame Movies und Inglourious Basterds*. In Vorb.
Schlüpmann, Heide. 2007. *Ungeheure Einbildungskraft: Die dunkle Moralität des Kinos*. Frankfurt a. M.: Stroemfeld.
Žižek, Slavoj. 1994. Genieße deine Nation wie dich selbst! Der Andere und das Böse – Vom Begehren des ethnischen ‚Dings'. In *Gemeinschaften*, Hrsg. Joseph Vogl, 133–164. Frankfurt a. M.: Suhrkamp.
Žižek, Slavoj. 2000. Camp comedy. *Sight and Sound* 10 (4): 26–29.
Žižek, Slavoj. 2004. The lesson of Rancière. In Jacques Rancière: *The politics of aesthetics*, 69–79. London: Continuum.

Drehli Robnik Filmtheoretiker, Lektor an Filmwissenschaftsinstituten in Wien, Brno, Frankfurt am Main. Forschung zu Beziehungen Film, Geschichte, Politik (im Fokus Nazismus und Zweiter Weltkrieg im Film sowie Deleuze, Rancière, Kracauer). Publikationen u. a.: *Film ohne Grund: Filmtheorie, Postpolitik und Dissens bei Jacques Rancière* (2010); *Geschichtsästhetik und Affektpolitik: Stauffenberg und der 20. Juli im Film* (2009); Mit-Hg.: *Film als Loch in der Wand: Kino und Geschichte bei Siegfried Kracauer* (2013). FWF-Projekt zur politischen Theorie des gegenwärtigen europäischen Horrorfilms.

Teil III
Philosophien des Western

Die Seduktionstheorie des Films: John Ford im Spiegel kontinentaler Philosophie

Marcus Stiglegger

Erforderlich wird sein, was die Analyse von Bewegtbildern motiviert und wie deren eigentümliche[m] Status zwischen Evidenz und Illusion zu begegnen ist. Gertrud Koch (2009, S. 73)

Der amerikanische Western-Regisseur John Ford ist ein konsequenter Denker des aus Frederick Jackson Turners (1983) *frontier*-Theorie begründeten nordamerikanischen Mythos (siehe dazu ausführlich Wächter 1996). In der kontinentalen Philosophie – namentlich Frankreichs und Deutschlands – hat er eine intensive und beständige Rezeption erfahren. Es waren zunächst kontinentale Cinéphile, die in ihm seit den 1960er Jahren einen veritablen *auteur* erkannten, während er in den USA noch als Genre-Prototyp galt. Dabei musste spätestens mit Fords *The Searchers* (1958) augenfällig geworden sein, dass dieser Film bereits als selbstreflexiver Metareflex auf das Genre gelten konnte. Er diskursiviert den amerikanischen Mythos selbst und löste diesen auf unvergleichlich komplexe und ikonische Weise in Raum und Bewegung auf. John Ford war – so lautet die These – ein Künstler, der mit der Kamera philosophierte.[1]

---

[1] Ich schlage hierfür den Begriff des „Splitters im Gewebe" (2000) vor, der wie ein kreativer Störfaktor im Genrekontext fungiert. Der Begriff des „Splitters" erscheint mitunter geeigneter als der des „Schmugglers" (so bezeichnet Martin Scorsese dieses Phänomen in seiner Dokumentation über das amerikanische Kino *A Century Of Cinema – A Personal Journey With Martin Scorsese Through American Movies*, 1995), da er zugleich das Unverständnis erklärt, auf das einige dieser Filmemacher bei ihren Zeitgenossen stießen.

M. Stiglegger (✉)
Universität Mainz, Mainz, Deutschland
E-Mail: markus.stiglegger@t-onlie.de

Der vorliegende Text wird zunächst John Fords Rezeption im Kontext der kontinentalen Philosophie rekapitulieren und im Hauptteil an einer analytischen Betrachtung von Fords klassischem Western *Stagecoach* (1939) zeigen, wie die Seduktionstheorie des Films auf Basis kontinentalphilosophischer Ansätze einen eigenen Ansatz ermöglicht, um dem Film als einem philosophierenden Medium gerecht zu werden und mit den vorgestellten Perspektiven zu korrespondieren.

1 Ford in der Philosophie

Der poststrukturalistische Philosoph und politische Denker Jacques Rancière hat sich seit den 1990er Jahren intensiv mit einem filmtheoretischen Zugang zur Filmästhetik beschäftigt und betrachtet Film als Diskursmedium. In seinen Schriften zum Film eruiert er Beispiele aus dem gesamten historischen Spektrum des Weltkinos mit Blick auf eine politische Ästhetik, denn er sieht im Film eine „privilegierte Form der Interpretation unserer Welt" (Rancière 2012, S. 17). In seinem Aufsatz *Die Füße des Helden* etwa unterzieht er einige Filme von John Ford dieser politischen Lesart und findet darin ein subversives und widerständiges Kino, das kaum mit Fords späteren konservativen Tendenzen vereinbar scheint.[2] So erklärt er detailliert an einer Szene aus Ford *Grapes of Wrath* (1940), wie der Regisseur mit radikaler minimalistischer Verdichtung seine politische Idee einer möglichen positiven Zukunft angesichts des gesellschaftlichen Elends in eine mehrdeutige Bildkomposition überführt, die jedoch dem Produzenten Darryl F. Zanuck letztlich so wenig behagt hatte, dass er ein neues Ende für den Film montieren ließ (vgl. Rancière 2012, S. 156). Rancière reflektiert über die scheinbare Geradlinigkeit der eigentlichen im Film angelegten Bewegung in Fords an Abschweifungen nicht gerade armem Kino und findet darin einen Schlüssel zu dessen Frühwerk, welcher durchaus vom vorangehenden Konsens über Ford abweicht (Prinzler 1999, S. 254 fasst diese konsensuelle Position zusammen). Dieser wollte gerade in den die eigentliche Narration übersteigenden Abschweifungen, den – wie ich sie nennen würde „performativen Kadenzen der Inszenierung"[3], die Kunst erkennen: „Die

---

[2] Fords Konservatismus äußerte sich allerdings ambivalent: „John Ford war ein autoritärer Konservativer und altmodischer Patriot, ein Mann von der Statur des Senators Sam Ervin. Er war ein ebenso naiver wie visionärer Apologet des amerikanischen Traums, bereit, ihn gegen echte und vermeintliche Systemgegner zu verteidigen, aber auch willens, ihn vor blinden Fanatikern und flinken Verdrehern in den eigenen Reihen zu schützen" (Blumenberg 1973).
[3] Zum Begriff der performativen Kadenz im Kontext des postklassischen Kriegsfilms, die den Moment kennzeichnet, in dem die filmische Inszenierung „innehält" und ganz die Intensität des Moments zelebriert, siehe Stiglegger 2013.

große Kunst ist nicht die der gebrochenen Linie oder der Abschweifungen. Die große Kunst ist die, welche die geraden Linien in andere gerade Linien überführt" (Rancière 2012, S. 167).

Der deutsche Philosoph Martin Seel untersucht in seinem Buch *Die Künste des Films* (2013) das Medium Film in Relation und als Transformation anderer Künste. Seel wird zur dritten Generation der Frankfurter Schule gerechnet und steht damit in der philosophischen Tradition von Hegel, Marx und Freud. Seine eigene Arbeit weist einen stark ästhetischen Fokus auf. Am Beispiel von John Fords *The Searchers* begründet er, wie man Film als Form der Architektur begreifen kann. An der Exposition des Films – dem Blick aus dem Blockhaus in die freie Landschaft –, zeigt Seel, wie Ford aus nur wenigen audiovisuellen Bausteinen eine komplexe Raumkonstruktion generiert: Die Blockhütte als Familienheim und das feindliche Indianerland in diesem Film paraphrasiert er als „bedrohte[n] Schutzraum, bedrohende[n] Ereignisraum" (Seel 2013, S. 17). Er leitet so aus Fords Film ein spezifisches Modell kinematographischer Weltkonstruktion her, wobei er nicht wie Rancière anstrebt, Schlüsse über eine ideologische Programmatik Fords zu ziehen. Doch gerade in der „Filmarchitektur" von Fords Filmen ist dieses buchstäbliche Welt-Bild zu finden – und in der Auflösung des Raumes in der sich verselbständigenden Bewegung, wie die folgenden Ausführungen zeigen werden. Seel geht von drei unterschiedlichen Ansätzen aus, die das Verhältnis von Film und Philosophie definieren (vgl. Seel 2013, S. 230 f.): der Film als Objekt philosophischer Ästhetik, der Film als Subjekt des Philosophierens und schließlich der Film als philosophierendes Medium. So kann der Film nicht nur Themen der Philosophie „zur Sprache bringen", er kann auch die eigenen Mechanismen reflektieren und so selbst „Elemente einer Theorie des Films enthalten" (Seel 2013, S. 231). Auch hier sieht Seel eine dritte Stufe: „In ihrer klangbildlichen Komposition variieren sie [die Filme] das Spektrum sowohl ihres Mediums als auch der Weltbegegnung ihres Publikums" (Seel 2013, S. 232). Dieser letzte Aspekt entspricht Rancières These vom Film als einer „privilegierten Form der Interpretation unserer Welt".

Josef Früchtl entstammt ebenfalls der Frankfurter Schule und hat sich früh auf die Ästhetik und speziell die Philosophie des Films spezialisiert. Ihm dient Kants Theorie der ästhetischen Erfahrung als Basis, die er mit dem philosophischen Pragmatismus zusammen bringt. Der Film erweist sich aus dieser Perspektive als eine zeitgemäße Evidenzerfahrung der Existenz. Früchtls Lesart des modernen Heldenbildes in *Das unverschämte Ich: Eine Heldengeschichte der Moderne* (2004) erarbeitet mehr als ein Drittel der Gedanken anhand des Werkes von John Ford, Sam Peckinpah und Howard Hawks, denn der klassische Hollywood-Western ist für ihn ein Prototyp für den Helden zwischen dem Mythos und dem bürgerlichen Zeitalter. Obwohl in den hier dargestellten Kämpfen des Subjekts zweifellos eine romantische Disposition zu finden ist, geht es doch um die Auseinandersetzung des (männlichen) Subjekts mit und gegen sich selbst, woraus der männliche Held der Moderne entstehe und je mythisch, tragisch, ironisch oder hybrid neu konstruiert werde. In ausführlichen Analysen von *The Searchers* und *The Man Who Shot Liberty Valance* (1962) zeigt Früchtl das Mythische der Filme auf, das diskursiviert und dekonstruiert wird, woraus ein Ambivalenzerlebnis entstehe: „Das Verhältnis von Individuum und Gesellschaft *im* Film wandelt sich in das des Zuschauers *zum* Film, in das von real gelebtem und imaginiertem Leben: Auf beiden Ebenen herrscht die gleiche Ambivalenz" (2004, S. 64). Hier sei auch das Verhältnis zwischen dem mythischen, individuellen Helden und dem bürgerlichen Subjekt begründet: „Der Heros schultert die Last des Allgemeinen, der Bürger dagegen verteilt sie auf seinesgleichen" (Früchtl 2004, S. 71). Dieses Verhältnis kulminiere in *The Man Who Shot Liberty Valance*: „Der Film vollstreckt sein dekonstruktivistisches Werk, die Dialektik von Aufbau und Zerstörung einer Legende aber nicht nur auf der Doppelfolie von Objekt- und Metaebene, sondern schließlich auch auf der Metaebene alleine, sozusagen der dritten narrativen Ebene" (Früchtl 2004, S. 174). Früchtl demonstriert so im Sinne der folgenden Ausführungen ein seduktives Potential, das sich erst auf einer dritten Ebene der filmischen Seduktion (Verführung) auswirkt und entfaltet.[4]

2 Zur Seduktionstheorie des Films

Die Seduktionstheorie des Films als ein relativ neuer Ansatz der Filmtheorie definiert das Medium Film in einem weiteren Sinne als ein Medium der Verführung und basiert begrifflich und konzeptuell auf Ansätzen kontinentaler Philosophie. Der Begriff *seduction* taucht im Kontext der Filmtheorie erstmals bei Patrick Fuery in *New Developments in Film Theory* (2000) auf, wurde jedoch erst differenziert in *Ritual & Verführung. Schaulust, Spektakel und Sinnlichkeit im Film* (2006). Die hier definierte Seduktionstheorie geht von zwei Prämissen aus, die als elementare

---

[4] Im Sinne der Seduktionstheorie (Stiglegger 2006, S. 9) lässt sich die filmische Verführung auf drei Stufen nachweisen: In einem ersten Schritt verführt der Film zu sich selbst, um letztlich das Interesse des potentiellen Zuschauers zu wecken. Auf der zweiten Ebene der Seduktion kann der Film eine spezifische Aussage propagieren. Das gilt sowohl für den expliziten Propagandafilm wie auch für Filme mit leicht durchschaubaren polaren Erzählmustern, die sich in eindeutigen Zuweisungsstrukturen erschöpfen. Die dritte Ebene der Seduktion verdeutlicht, wie der Film zu einem verdeckten Ziel verführt, das in der Metaebene verborgen liegt. Hier werden subtile Aspekte wie spezifische Begehrensstrukturen deutlich, die Schlüsse auf ideologische Subtexte zulassen.

Eigenschaften des narrativen Kinos begriffen werden: Erstens ist Film selbst Verführung; einen Film zu sehen, bedeuten, von ihm verführt zu werden. Und zweitens bleibt Film immer ein phantomhaftes Medium, ein temporäres „Lichtspiel" auf der Leinwand oder dem Bildschirm, das sich einem materiellen Zugriff entzieht – was bedingt, dass der Film in der Erinnerung und der Analyse „neu entsteht". Der aus den philosophischen Schriften von Jean Baudrillard abgeleitete Begriff der Seduktion (franz. *séduction*) bezeichnet Verführung in einem grundsätzlichen Sinne als Manipulation oder Suggestion, die der Filmzuschauer erfährt. Entwickelt hat Baudrillard sein Modell der „séduction" in *L'Èchange symbolique et la mort* (1976) und *De la séduction* (1979), wo er mediale Kommunikationsprozesse als ein verführerisches Spiel beschreibt.

Nach Baudrillard definiert sich der Akt der Verführung immer über ein phantomhaftes Trugbild, das sich im letzten Augenblick dem Verführten entzieht und eine vollständige Erfüllung des begehrten Zieles versagt. Das phantomhafte Medium Film, das der „Annäherung" eine unübersteigbare Grenze setzt (die Leinwand), erscheint in diesem Zusammenhang als prädestiniertes Medium der Verführung. Im Rahmen der filmischen Reproduktion des Lebens können dessen Gesetze verändert und außer Kraft gesetzt werden. Die filmische Darstellung einer bestimmten Handlung hat nach eigenen, anderen Gesetzmäßigkeiten und inszenatorischen Strategien zu erfolgen als das reale Vorbild, denn die audiovisuelle Rezeption ein und derselben Handlung erzeugt nicht notwendigerweise denselben Effekt. Um den gewünschten sinnlichen Affekt im Rezipienten dennoch stimulieren zu können, das Publikum regelrecht zu „verführen", haben sich spezifisch filmische Rituale im Sinne von standardisierten Motiven und Situationen herausgebildet, die anhand streng kodifizierter Surrogathandlungen und Simulationen die erwünschte emotionale Reaktion im Zuschauer provozieren sollen. Die vielschichtigen Begriffe der sinnlichen Verführung, der Seduktion als inszenatorischer Strategie und des inszenatorischen Appells an das Begehren dienen als Orientierung auf dieser filmarchäologischen Suche nach derartigen filmischen Strategien und Ritualen.

Das Phänomen der Seduktion erscheint also in erster Linie als eine Herausforderung. Das erklärt sich aus der Tatsache, dass in der Seduktion nicht notwendigerweise eine Repräsentation, eine klare Bedeutungszuweisung, möglich wird. Vielmehr steht sie im effektivsten Fall für die Konfrontation mit dem diffusen Anderen. Problematisch wird dieser Begriff in einer Anwendung auf das Medium Film, zumal die Seduktion einen Moment der Unberechenbarkeit enthält. In der Intention der Inszenierung auf hermeneutischem Wege den Moment des Seduktiven nachweisen zu wollen, heißt entweder, sich dieser Unberechenbarkeit immer wieder auszusetzen, oder – im Gegenteil – zu fragen, ob sich nicht doch eine Kalkulation in der Seduktion nachweisen lässt. Immerhin kennzeichnet Baudrillard in seinen

Fatalen Strategien (1991) die Seduktion durchaus als ein Werk der manipulierbaren Illusion: „Bei der Verführung ist es so, als ob das Falsche in der ganzen Kraft des Wahren erstrahlt" (Baudrillard 1991, S. 62).

Zugleich spielt der Akt der Seduktion mit dem Geheimnis. Er spekuliert an das dringende Bedürfnis des zu verführenden Rezipienten, im Aufdecken dieses Geheimnisses eine Begegnung mit dem „Wahren", dem „Wahrhaftigen", zu erleben. Will der seduktive Akt gelingen, muss ein letzter verschlossener Moment verbleiben und sich endgültig entziehen: Das „Wahre" kann sich letztlich nicht offenbaren, denn es existiert nur in der Vorstellung des Verführten: „Die starke Position der Verführerin bzw. des Verführers rührt daher, dass sie keine Wahrheit, keinen Ort und keinen Sinn hat" (1983, S. 130) formuliert Baudrillard seine These in radikalster Form. Die Seduktion provoziere gleichsam diese Hoffnung auf das „Wahrhaftige", das sich dahinter scheinbar verbirgt. Um die verführerische Kraft des Films zu begreifen, muss man diese These überprüfen: Das Geheimnis erscheint als das begehrenswerte Andere, das zentrale Mysterium der Seduktion.[5]

In klarer Abgrenzung zu Baudrillards Begriff muss man davon ausgehen, dass der Akt der Seduktion sich nicht durchweg im Raum des Unbewussten vollzieht. Lediglich der effektivste Moment der Seduktion bleibt zunächst ein Rätsel und entzieht sich vorerst einer klaren Bestimmung. Es ist jedoch anzunehmen, dass der Akt der Seduktion in seiner Funktion als Spiel spezifischen Regeln unterworfen ist, allerdings nur ab jenem Moment, in dem der Rezipient die Herausforderung annimmt, das Geheimnis, das Andere eines Werkes ergründen zu wollen. Die Seduktion – so Baudrillard – lasse sich als Zeremoniell begreifen, das die „größtmögliche Faszination konzentriert" (Baudrillard 1983, S. 18). Dass dem Film dieser Akt überhaupt möglich ist, erklärt sich aus der für die Seduktion notwendigen Distanz zum Publikum.[6] Dass der Film an sich eine Simulation ist, zudem eine derart flüchtige, die Schimäre von Licht und Schatten auf einer Leinwand, prädestiniert ihn gar für den Akt der Seduktion: Es gibt eine Grenze zwischen Medium und Rezipienten, die unmöglich überschritten werden kann. Das Andere bleibt different,

---

[5] In dieser flüchtigen, schwer bestimmbaren Qualität ähnelt dieses *Andere* Walter Benjamins Begriff der *Aura*, den er in seinem Aufsatz *Das Kunstwerk im Zeitalter seiner technischen Reproduzierbarkeit* (1977) erläutert. Benjamin vermutet in diesem Text, dass mit der filmischen Reproduktion des Schauspiels die *Aura* des lebenden Schauspielers eliminiert wird. Im Rahmen des Starkultes hat sich jedoch herausgestellt, dass diese *Aura* offenbar in anderer Form auf die Leinwand gerettet werden konnte. Die Präsenz der *Aura* in der filmischen Inszenierung nachzuweisen, erweist sich jedoch als ähnlich schwierig, wie den Moment der Seduktion dort zu lokalisieren.

[6] Gemeint ist die Projektion, die dem Medium bereits im Dispositiv innewohnt.

so sehr es auch begehrt wird. Darin liegt die schwer greifbare, wenn auch endlos wiederkehrende mythische Qualität des Mediums Film.[7]

Es ist im Übrigen erstaunlich, warum sich Baudrillard in seiner Idee der *séduction* nur selten und punktuell dem Kino zuwendet, zumal sich an diesem Medium vieles veranschaulichen lässt. Prinzipiell unterscheidet Baudrillard (in einer etwas unglücklichen Wortwahl der Übersetzung) die „verdeckte Verführung" (*signs of seduction*) und die „lasche Verführung" (*seductive signs*) (Baudrillard 1983, S. 128 ff.), womit er schlicht die Offensichtlichkeit der Seduktion differenziert. Die „lasche Verführung" bezeichnet jene deutlich als taktisch erkennbaren Akte der Verführung von der Werbung bis zum politischen Diskurs. Wie auch in der Kunst allgemein steigt mit der Klarheit der Zuschreibung die Banalität und damit die Deutlichkeit der Aussage. Lässt sich eine solche Taktik auf klar formulierte und formulierbare Aussagen reduzieren, ist das Ende der Seduktion bereits erreicht. Nun hat man es beim Film mit einer äußerst komplizierten Mischform all dieser seduktiven Aspekte zu tun: Der Film ist an sich reiner Schein, ein Phantomereignis, das flüchtige, wenn auch beliebig oft wiederholbare Zeichen hinterlässt.

An dieser Stelle sei auf eine aufschlussreiche Parallele verwiesen: 2013 machte sich Martin Seel in *Die Künste des Kinos* auf eine ganz ähnliche Suche nach einer umfassenden Perspektive auf den narrativen Spielfilm. Er findet sie in den Künsten, die die Filmkunst prägen, betrachtet Film als Architektur, Musik, Bild, Schauspiel und Erzählung, beleuchtet Aspekte wie Imagination und Emotion, um schließlich Film als Philosophie zu erschließen. An Beispielen u. a. von Alfred Hitchcock, Michelangelo Antonioni und natürlich John Ford analysiert er die eigensinnige Magie des Mediums. Er nennt dieses Phänomen „Fesselung" des Zuschauers (Seel 2013, S. 34). Seel betont die Flüchtigkeit des Mediums – „immerfort entgeht ihnen etwas, das schon nicht mehr da ist" (Seel 2013, S. 39). Er verweist auf die Performativität des Aktionsbildes – „es nimmt sich eine rastlose Pause vom Erzählen" (Seel 2013, S. 40) –, auf das Deiktische der Bildkomposition – „Sequenzen, die das Gezeigte in einem bestimmten Gestus zum Erscheinen kommen lassen" (Seel 2013, S. 45) – sowie auf die Evokation von Körperlichkeit – „die Aufmerksamkeit für einen Film verlangt seinem Publikum eine permanente leibliche Zuwendung ab" (Seel 2013, S. 46). Seel betont ferner die masochistische Unterordnung des Publikums unter die „Autorität" der filmischen Inszenierung: „[D]er Film vermag seinem Publikum *seine* Bewegung aufzuzwingen"

---

[7] Hier bezeichnet „Verführung" unsere Seduktion: „Das Kino ist nur durch seinen Mythos mächtig. Seine Geschichten, sein Realismus oder sein Imaginäres, seine Psychologie, seine Sinneffekte, all das ist nebensächlich. Nur der Mythos ist mächtig, und im Herzen des kinematografischen Mythos liegt die Verführung" (Baudrillard 1992, S. 133).

(Seel 2013, S. 61). In der performativen Ereignishaftigkeit sieht er „die besondere formale Attraktion des filmischen Bewegtbildes" (Seel 2013, S. 108). Das Publikum folge dem Film bereitwillig, obwohl es um dessen Illusionscharakter wüsste (vgl. Seel 2013, S. 175); eine deutliche Umschreibung eines Verführungsaktes (siehe hierzu auch jeweils Stiglegger 2006, S. 210 f., S. 108 ff., S. 185 ff., S. 45 ff.).

Der Leib des Betrachters werde zum Referenzort (vgl. Seel 2013, S. 205 f.). Mit Adorno beschreibt Seel das Filmerleben als „aktive Passivität" (Seel 2013, S. 238). Daraus folge für die Theorie des Kinos: „Wir verstehen das Bewegende seiner Erfahrung nicht, wenn wir nicht die Bewegung des Films verstehen. Von seiner Komposition, seiner Imagination, seiner Ausdruckshaftigkeit nimmt hier alles seinen Ausgang. Nur wenn, nur weil und nur solange wir uns einem Film gegenüber responsiv verhalten, können wir in Resonanz mit seiner Schwingung geraten" (Seel 2013, S. 211). In seinen unterschiedlichen Facetten bietet Martin Seel eine Perspektive auf das Medium, die hier mit einer Vielzahl von Metaphern benannt werden, letztlich aber eben jene Vereinnahmungsstrategien darstellen, die in der Seduktionstheorie des Films definiert sind: die Verführung des Zuschauers durch den Appell an die Leiblichkeit, durch die Unterwerfung des Blicks unter das Diktat des Bewegungsbildes.

Die Seduktionstheorie ist vor allem hilfreich bei der Untersuchung eines performativen Kinos, wie es seit der Stummfilmzeit präsent ist: im Kino der europäischen Avantgarde ebenso wie im Aktionsbild des klassischen Hollywoodfilm – im Musical, im Gangsterfilm und im Western. Die folgenden Abschnitte werden an einer Sequenz aus dem klassischen Western *Stagecoach* von John Ford zeigen, wie einige dieser philosophisch basierten Begriffe einer Betrachtung der seduktiven Strategien eines Classical Hollywood-Films zugute kommen. In diesem Zusammenhang soll das Medium als ein symbiotisches Zusammenspiel unterschiedlicher Künste begriffen werden (Bildgestaltung, Tondesign, Musik, Montage, Schauspiel), das auf eine umfassende Vereinnahmung – und somit Verführung – des Publikums abzielt.

3 *Stagecoach* als taktiles Kino und seduktives Aktionsbild

Der bewegungsbetonte Actionfilm des Classical Hollywood, das „Aktionsbild" – und in diesem Sinne filmhistorisch bereits früh der Western – ist kinetisches, taktiles Kino *par excellence*. Das bedeutet, im bewusst veräußerlichten, performativen Actionkino, dessen elementare Dramen zum Anlass physisch ausgetragener Konflikte werden, ist die Seduktion und Bannung des Zuschauers auf einer strikt kinetischen, auf der Bewegungsebene angelegt, die über die inszenierte Körperlichkeit des Dargestellten vermittelt wird.[8]

Im Western – und namentlich in jenen von John Ford – sieht Deleuze die „große Form" des Aktionsbildes (1989, S. 193), das zwar eine gewisse Übertreibung und Maßlosigkeit zulasse, aber einen Realismus über die Beziehung von Milieu und Verhalten bewahrt. „Das Aktionsbild ist die Beziehung zwischen [Milieu und Verhalten] in allen ihren möglichen Variationen" (Deleuze 1989, S. 194). Im Aktionsbild der großen Form wird alles in Handlung aufgelöst: „Die Handlung ist ein Duell von Kräften, eine Reihe von Zweikämpfen: Kampf mit dem Milieu, mit den anderen, mit sich selber. Die neue Situation, die aus der Handlung entsteht, bildet mit der Ausgangssituation ein Paar" (Deleuze 1989, S. 194). Für den Western, der fest in einem Milieu verankert sei (vgl. Deleuze 1989, S. 199), wird hier der Handlungs-Raum besonders wichtig, denn „in seiner Eigenschaft als Repräsentant der Gesellschaft der Gemeinschaft wird der Held zu einem Handeln befähigt, das ihn dem Milieu ebenbürtig macht und dessen zufällig oder periodisch in Frage gestellte Ordnung wiederherstellt: die Gemeinschaft und das *Land* sind notwendig vermittelnde Momente, damit sich eine Führergestalt herausbilden kann und überhaupt ein Individuum einer so bedeutenden Handlung fähig wird" (Deleuze 1989, S. 199). Von diesem Grundannahmen ausgehend kommt Deleuze auch auf John Fords *Stagecoach* zu sprechen, der einen Innenraum im feindlichen Außen entwirft, das seine Grenze – so mutet es fast an – erst im Himmel findet: „Das Außen begreift das Innen ein, beide kommunizieren miteinander; es geht vorwärts, indem in beide Richtungen von einem zum anderen übergegangen wird: so die Bilder von *Stagecoach*, wo die Innenansicht der Kutsche mit deren Außenansicht abwechselt" (Deleuze 1989, S. 200; siehe hierzu auch Sanders 2007, S. 213). Der gesellschaftlichen Binnengemeinschaft wird in *Stagecoach* also ein umfassender und zugleich mythischer Außenraum gegenübergestellt, ein dynamisierter Vorstellungsraum mit der Charakteristik der *frontier*-Thesen.

Der Western ist in seiner Urform „Bewegungskino". *Stagecoach*, ein früher Erfolg der Western-Ikone John Wayne, präsentiert das wunderbar einfache Modell einer Seduktion durch das Aktionsbild und seine Bedingungen. Das Modell, das Ford in diesem Film nutzt, ist in vielerlei Hinsicht archetypisch für das Genre: Das Figurenensemble versammelt mit einem jungen Cowboy (John Wayne), einem eher tragischen Spieler aus den Südstaaten (John Carradine), einem Whisky-Vertreter (Donald Meek), einer hochmütigen Puritanerin (Louise Platt), einem alko-

---

[8] Ich betrachte den Actionfilm hier nicht als klar definierbares Genre, sondern eher als eine spezifische filmische Ausdrucksform, die sich in unterschiedlichen Genres (Western, Abenteuer, Kriminalfilm, Historienfilm) adaptieren lässt.

Abb. 1 *Stagecoach*, John Ford, USA 1939

holkranken Arzt (Thomas Mitchell), einer Prostituierten (Claire Trevor), dem aufrechten Sheriff (George Bancroft), dem korrupten Bankier (Berton Churchill) und dem unflätigen, wenn auch gutmütigen Kutscher (Andy Devine) einen Mikrokosmos der frühen amerikanischen Gesellschaft nach dem Bürgerkrieg. Jedem dieser Charaktere kommt zu gegebener Zeit die entsprechende Funktion zu, alle geraten sie – zusammengepfercht in einer Postkutsche – durch die Bedrohung von außen, einen Indianerüberfall, in die gemeinschaftsstiftende Not. Im Sinne Früchtls findet sich der mythische Held (Ringo) hier durchaus in einer bürgerlichen Versuchsanordnung, die allerdings zu diesem frühen Entstehungszeitpunkt in Fords Oeuvre noch nicht auf eine Dekonstruktion des Helden abzielt (Abb. 1).

Mit dem Inneren der Kutsche konstituiert Fords Inszenierung einen spezifischen Innenraum, der sich in einem bizarr formierten Außenraum, dem ikonischen Monument Valley mit seinen unwegsamen Tafelbergen, bewegt – einen Raum in einem Raum, der in der Bewegung nicht mehr die Sicherheit eines klassischen Innenraumes bietet.[9] Dabei wahrt der in kontrastreichem Schwarzweiß gedrehte

---

[9] Sowohl Seel 2013, S. 17 als auch Früchtl 2004, S. 54 beschreiben diesbezüglich den Beginn von Fords *The Searchers*, in dem sich die Tür des schützenden Innenraums in das unsichere Außen hinein öffnet.

Film über weite Strecken die Einheit von Ort und Zeit. So subjektiv die Darstellung der Indianer als Bedrohung hier noch erscheint (John Ford selbst hat später Revisionen dieses Themas gedreht), so effektiv löst sich die Inszenierung in der finalen Verfolgungsjagd mehr und mehr in einem Rausch der taktilen Action und Bewegung auf. Er entspinnt das Spektakel auf allen verfügbaren filmischen und auditiven Ebenen und provoziert – zumal beim zeitgenössischen Publikum – einen affektbedingten Kontrollverlust, dem man sich in einigen Momenten noch heute nicht entziehen kann.

Der finale Indianerüberfall nach etwas über einer Stunde Laufzeit kündigt sich bereits an, als die Kutschengesellschaft die schwelenden Überreste einer Poststation passiert. Auch eine zerstörte Brücke kündet vom Werk der Indianer auf Kriegspfad. Doch Ford zögert den Auftritt der Bedrohung hinaus, bis sich die Kutsche auf freiem Gelände befindet – zwischen den Felsformationen des Monument Valley. Die Kamera schwenkt in einer Panoramatotalen mit der fahrenden Kutsche mit, bis sie unvermittelt auf einer Gruppe bewaffneter Indianer verharrt, die von einer Anhöhe ihr Ziel bereits anvisieren. Zwei, drei Nahaufnahmen ihrer steinernen, gefurchten Minen demonstrieren die wilde Entschlossenheit dieser Krieger. Eine überraschende Blechbläserfanfare unterstreicht den förmlichen „Einbruch" dieser Bedrohung in den Bildkader. Auf dem Kutschbock wurde gerade gescherzt – der Kutscher ist der etwas naive *sidekick*. Ford wiederholt noch einmal die Panoramatotale und den schnellen Linksschwenk, diesmal jedoch reiten die meisten der Indianer bereits los. Ford kehrt zu der (fast) ahnungslosen Gemeinschaft in der Kutsche zurück: Der alkoholisierte Arzt plaudert mit den Anwesenden, bringt einen „Toast" aus auf die Zufallsgemeinschaft, die sich danach nie wieder sehen wird, als aus dem Off das Zischen und Treffen eines Pfeils zu hören ist. Die Kamera schwenkt hastig nach links, um gerade noch den röchelnden und blutenden Bankier ins Bild stürzen zu sehen. Ein Pfeil ragt aus seiner Brust. Die hyperreale Geräuschintensität macht die Versehrbarkeit des Körpers deutlich.

Der Film führt hier virtuos vor, wie sich das Medium den Raum im Bewegungsbild erschließt. Martin Seel betont in diesem thematischen Zusammenhang das Primat des Bewegungsraums vor dem Bedeutungsraum im Film: „Aus der Raumbewegung von Filmen gehen die Schauplätze ihrer Darbietung hervor" (Seel 2013, S. 26). Raumkonstitution und Bewegungsbild sind – so könnte man aus diesen Beobachtungen folgern – in einem Bedingungsverhältnis gekoppelt. Fords Inszenierung erschließt in der finalen Actionszene den filmischen Raum zugleich als einen mythischen Bedeutungsraum – und macht das Bewegungsbild zum mythischen Bild. Dieser Vorgang kann seduktionstheoretisch als eine Form der Verführung zum mythischen Denken beschrieben werden (siehe hierzu auch Stiglegger 2006, S. 156 ff.).

Doch zurück zur Sequenz: Auch auf dem Kutschbock wird nun der Überfall bemerkt. Ein Schuss kracht in der Ferne, Indianer kommen über eine Anhöhe geritten. Fords Inszenierung folgt nun zwei Prinzipien: Die Schießerei zwischen der Kutschengemeinschaft und den Verfolgern wird nach dem Prinzip von Ursache und Wirkung montiert – eine Person schießt, der Getroffene stürzt meist mitsamt seinem Pferd; parallel dazu wird immer wieder in rasanten Kamerafahrten auf die enorme Geschwindigkeit verwiesen, mit der sich Gefährt und Reiter über die Ebene bewegen, speziell wenn die Kutsche einen kleinen Canyon passiert hat und auf eine weitläufige Sandfläche hinausfährt. Der Film zeigt das in einer hoch gelagerten Totalen, die die schwarze Kutsche auf der weißen Ebene beobachtet, während wiederum indianische Reiter von beiden Seiten in den Bildkader einbrechen. Erst an dieser Stelle wird deutlich, dass die Perspektive von einer Anhöhe aus gewählt wurde. Im Heranschnitt an die dahinrasende Kutsche nutzt Ford nun eine von zwei dramatischen subjektiven Einstellungen, die die Sicht des Kutschers auf die rennenden Pferde einnimmt und den Betrachter völlig unvermittelt geradezu physisch in das Geschehen involviert. Steine fliegen ins Bild, die der Sheriff auf die Tiere wirft, um sie anzutreiben. Eine schnelle Rückwärtsfahrt zeigt die heranreitenden Indianer, auch hier tendenziell aus der Sicht der Verfolgten. Eine weitere radikal involvierende, wenn auch irreale Perspektive wählt Ford, als er vom Boden aus einen Indianer samt Pferd auf die Kamera zustürzen lässt. Für Bruchteile von Sekunden wird der panische Ausdruck des Getroffenen sichtbar, dessen Schmerz spürbar – ein kurzes Affektbild, das die Grenze zwischen Bedrohung und Opfer sowie zwischen Bild und Körper verschwimmen lässt. Unmittelbar in der nächsten Einstellung wird die blonde Dallas, die ein Baby auf dem Arm hält, fast von zwei Pfeilen getroffen, die sich jedoch wirkungslos in den Türrahmen bohren. Unter den Reisenden bricht ein Konflikt aus. Die Enge des Innenraumes erweist sich als fatal. Eine aufsichtige Totale schafft erneut Überblick über die unverändert gefährliche Situation: Die Indianer haben die Kutsche fast eingeholt. Wieder greift die Inszenierung zu einer radikal künstlichen, wenn auch im wörtlichen Sinne „niederschmetternden" Perspektive: In einer Halbtotalen sehen wir zuerst die Kutsche, dann einige Verfolger über die Kamera hinwegpreschen. Unentwegt donnern Schüsse. In einem Zwischenschnitt sehen wir die dunkelhaarige Puritanerin sich die Ohren zuhalten und fast schicksalsergeben ins Leere blicken. In der Totalen scheint sich die Zahl der Verfolger ständig zu vervielfachen – trotz der Tatsache, dass mit fast jedem Schuss der Reisenden, den Ford hier inszeniert, ein Indianer zu Boden geht. Unvermittelt springt der Film ein weiteres Mal in die subjektive Sicht des Kutschers mit Blick auf die Pferde, wobei diesmal die nächste Aktion eingeleitet wird: In der folgenden Totalen sehen wir einen Indianer von seinem Pferd auf die vorderen Zugpferde springen, offenbar um die Kutsche anzuhalten. Doch er wird umgehend angeschossen, kann sich noch kurz zwischen den Pferden halten und bleibt dann liegen, während das Gefährt über ihn hinwegrast; diese Situation äußerster Dramatik zeigt der Film jedoch nur aus der Distanz. In nahen Zwischenschnitten wird die offensichtliche Freude vermittelt, die der Spieler Hatfield beim Schießen und Töten empfindet. Auf seiner Miene zeichnet sich ein triumphales Lächeln ab, als er seine Verfolger in den Staub stürzen sieht.

Doch auch die Reisenden müssen Opfer bringen: Der Kutscher wird getroffen und verletzt. Um die Pferde in Gang zu halten, muss sich der Cowboy Ringo auf der Deichsel zu den vorderen Tieren voranarbeiten, um sie so direkt anzutreiben. Diese gefährliche Stuntsequenz ist legendär geworden, wobei auch diese Aktion hier nur in einer Reihe von Halbtotalen gezeigt wird, vermutlich, um nicht den Wechsel des Schauspielers Wayne zu seinem Stuntman aufzudecken. Unterdessen geht den Gefährten die Munition aus. Die Lage nähert sich einem aussichtslosen Stadium. Auf der dramaturgischen Ebene ist es wichtig, dass Ringos wagemutige Handlung somit annähernd vergeblich sein könnte, denn die Indianer gewinnen die Oberhand. In der Kutsche schlägt direkt neben Dallas, die das Baby an sich drückt, eine Kugel ins Holz. Ängstlich deckt sie das Kind auf, doch in einer Nahaufnahme sehen wir, dass es friedlich zu schlafen scheint. Hatfield stellt fest, dass er nur noch eine einzige Kugel im Revolver hat. Angesichts der aussichtslosen Situation beschließt er kurzerhand, die Puritanerin zu erschießen, bevor sie – so der Alptraum der Siedlerfrauen – den „Wilden in die Hände fällt". Die Frau starrt weiter ins Leere, scheint mit ihrem Schicksal bereits abgeschlossen zu haben. Hatfields Revolver hebt sich ins Bild und zielt auf ihren Kopf, der Hahn ist gespannt. Aus dem Off ertönt ein Schuss und die Waffe sinkt wieder. Eine Trompete erklingt, und die Miene der Frau hellt sich auf: Das muss die Kavallerie sein. Diese letzte lange Einstellung ist eine inszenatorische Meisterleistung, streng choreographiert, komplex in der Informationsdichte und zugleich ungeheuer spannungsgeladen – eine seduktive Strategie, die den Zuschauer völlig vereinnahmen soll. Die dynamischen Halbtotalen, in denen die Kamera dann parallel zu der eingreifenden Kavallerie fährt, sind lediglich eine Bestätigung nach der Auflösung des Spannungsgeflechts, für den eigentlichen Akt der Rettung interessiert sich Ford nicht mehr (Abb. 2).

Diese Sequenz ist aus vielerlei Gründen emblematisch für die taktile, physische Qualität des affektlastigen amerikanischen Genrekinos: Sorgsam reduziert auf ein für den Zuschauer klar durchschaubares polares Modell (Seduktion auf der zweiten Ebene), betont Fords Inszenierung die Gegensätze von Innen und Außen, Nähe und Distanz, „zivilisiert" und „wild", wagemutig und feige. Diese konsequent auf die Sensation (im Sinne von Deleuze) hin inszenierte Sequenz bietet ein Grundmodell, das vor allem noch im postklassischen Actionkino reproduziert wird. Zur Erleichterung der Identifikation seitens des heterogenen Publikums wird hier eine ganze

Abb. 2 *Stagecoach*, John Ford, USA 1939

Reihe von Typen eingeführt, die im Moment der Krise nur noch als Notgemeinschaft funktionieren können. Das reicht von dem heroischen Typus (Ringo) über die mütterliche Hure (Dallas) bis hin zu dem wehrlosen Baby. Über diese Typen werden subtextuelle Konflikte integriert (*pars pro toto* werden hier Klassenkonflikte ausagiert), prinzipiell jedoch dominiert die auf permanente Bewegung des Raums im Raum bauende äußere Handlung.

Ich komme zum Fazit: Betrachtet im Sinne der Seduktionstheorie lässt sich *Stagecoach* folglich auf drei Ebenen betrachten. Auf der ersten Ebene sind jene Strategien zu sehen, die das Interesse des potentiellen Publikums erregen sollen: Der Film entstand im Kontext eines damals populären Genres, dessen Standardsituationen und -motive er bedient. Mit John Wayne stand ihm ein damals aufstrebender junger Genrestar zur Verfügung, der das Heroenbild auch in gefährlichen Inszenierungsmomenten erfüllte. Das archetypisch ausdifferenzierte Personal des radikal begrenzten Schauplatzes schafft eine breite Basis für Identifikationsangebote weiblicher und männlicher Identitäten. Auf seinem Höhepunkt wird der Film zum spektakulären und auf allen verfügbaren filmischen Ebenen vermittelten Aktionsbild, das eine Situation permanenter Bewegung in mitunter waghalsigen

Stunts auflöst und so ein Höchstmaß an kinetischen Affektbildern garantiert. Auf der zweiten Ebene der Seduktion werden klar formulierte Aussagen und Polaritäten evoziert. So stehen die Protagonistinnen und Protagonisten jeweils für bestimmte Milieus der amerikanischen Gründergesellschaft, die ihren Klassenkonflikt bis in Krisensituationen hinein austragen. Die Programmatik der Inszenierung suggeriert deutlich, dass eine Überwindung dieser gesellschaftlichen Grenzen notwendig ist, wenn wirklich effektive Gemeinschaft entstehen soll, die gegen die externe Bedrohung Bestand haben soll. Diese externe Bedrohung trägt das anonyme Gesicht der angreifenden Indianer – hier ergeht sich die Inszenierung in einer stereotypen Feindbildprogrammatik. Dieses polar konstruierte Bild entspricht den Gesetzen des klassischen Westerns und wiegt den anvisierten Zuschauer zugleich in der Sicherheit eines vertrauten Weltbildes, in dem die Kavallerie buchstäblich und im letzten Moment die verlorene Ordnung rekonstituiert. Die Metaebene des Films schließlich liegt auf der dritten Ebene der Seduktion. In seiner Vielzahl der Perspektiven und körperbezogenen Affektmomente bietet *Stagecoach* ein eindrucksvolles Modell von Bewegung, Raumbildung und Sensation als einer seduktiven Strategie. Mit Martin Seel lässt sich feststellen: „Der filmische Raum ist ein beweglicher Anschauungsraum, der das Publikum in eine wahrnehmende Bewegung versetzt, die gerade dort über sich hinausweist, wo sie sich von dem Spiel der in ihm sichtbaren Erscheinungen fesseln lässt" (2013, S. 34). Während der Innenraum den gesellschaftlichen Mikrokosmos Amerikas kurz vor Abschluss des Zivilisationsprozesses und der Erschließung des Landes verdeutlicht, wird dieser Binnenraum innerhalb eines mythisch definierten Außenraumes in Bewegung gesetzt und muss sich noch einmal in einer Auseinandersetzung mit dem *frontier country* beweisen. Doch die Überwindung der Klassendünkel reichen nicht aus, erst das Eingreifen des Militärs vermag die Ordnung zu sichern. *Stagecoach* ist also nur auf den ersten Blick ein geradliniger Genrefilm, bei eingehender Betrachtung entfaltet er eine vielschichtige politische Fabel über den Mythos Amerikas und die Entstehung von Gemeinschaft aus dem verbildlichten Konflikt zweier Raumkonzepte. Im Sinne der Seduktionstheorie des Films liegt genau hier die große Kunst von Fords Regiearbeit.

Literatur

Baudrillard, Jean. 1983. *Lasst euch nicht verführen!* Berlin: Merve.
Baudrillard, Jean. 1991. *Die fatalen Strategien.* München: Matthes und Seitz.
Baudrillard, Jean. 1992. *Von der Verführung.* München: Matthes und Seitz.
Benjamin, Walter. 1977. Das Kunstwerk im Zeitalter seiner technischen Reproduzierbarkeit. In *Illuminationen: Ausgewählte Schriften,* 136–169. Frankfurt a. M.: Suhrkamp.

Blumenberg, Hans C. 1973. Prophet alter Träume. *Die Zeit* 07.09.1973.
Deleuze, Gilles. 1989. *Das Bewegungsbild: Kino 1*. Frankfurt a. M.: Suhrkamp.
Früchtl, Josef. 2004. *Das unverschämte Ich: Eine Heldengeschichte der Moderne*. Frankfurt a. M.: Suhrkamp.
Fuery, Patrick. 2000. *New developments in film theory*. New York: St. Martin's Press.
Koch, Gertrud. 2009. Zwischen Raubtier und Chamäleon. *Zeitschrift für Medienwissenschaft* 1:65–73.
Prinzler, Hans Helmut. 1999. John Ford. In *Filmregisseure,* Hrsg. Thomas Koebner, 248–255. Stuttgart: Reclam.
Rancière, Jacques. 2012. *Und das Kino geht weiter: Schriften zum Film*. Berlin: August.
Sanders, Olaf. 2007. Filmbildung: Zur filmischen Untersuchung von Bildungsprozessen am Beispiel von *Broken Flowers* und *Don't Come Knocking*. In *Bildungsprozesse und Fremdheitserfahrung,* Hrsg. Hans-Christoph Koller, et al., 199–218. Bielefeld: Transcript.
Seel, Martin. 2013. *Die Künste des Kinos*. Frankfurt a. M.: Fischer.
Stiglegger, Marcus. (Hrsg.). 2000. *Splitter im Gewebe: Filmemacher zwischen Autorenfilm und Mainstreamkino*. Mainz: Bender.
Stiglegger, Marcus. 2006. *Ritual & Verführung: Schaulust, Spektakel und Sinnlichkeit im Film*. Berlin: Bertz + Fischer.
Stiglegger, Marcus. 2013. Im Angesicht des Äußersten: Der Kampf als Grenzsituation und performative Kadenz im zeitgenössischen Kriegsfilm. In *Mobilisierung der Sinne: Der Hollywood-Kriegsfilm zwischen Genrekino und Historie,* Hrsg. Hermann Kappelhoff, et al., 144–159. Berlin: Vorwerk 8.
Wächter, Matthias. 1996. *Die Erfindung des amerikanischen Westens: Die Geschichte der Frontier-Debatte*. Freiburg: Rombach.

Marcus Stiglegger Lehrtätigkeit als Filmwissenschafter in Mainz, Siegen, Mannheim, Ludwigsburg, Köln sowie Clemson/SC. Promotion zum Thema *Sadiconazista: Faschismus und Sexualität im Film* (1999), Habilitation zur Seduktionstheorie des Films mit *Ritual & Verführung* (2006). Schreibt für zahlreiche Filmmagazine und gibt das Kulturmagazin :Ikonen: heraus (www.ikonenmagazin.de). Forschungsschwerpunkte: Körpertheorie und Performativität des Films, Dialektik von Mythos und Moderne in der populären Kultur. Aktuelle Publikation: *Kurosawa: Die Ästhetik des langen Abschieds* (2014).

Aspekte der Leiblichkeit im klassischen Western: Zur Krise des Körpers bei Anthony Mann

Ines Bayer

Der Westernfilm und der Leib/Körper-Begriff: zwei Paradigmen, die für ihren jeweiligen Referenzrahmen zentral, wenn nicht konstitutiv sind. Dem Westernfilm kommt diese paradigmatische Funktion in Bezug auf das Kino des Classical Hollywood zu, dem Leib/Körper-Begriff in Bezug auf die kontinentale Philosophie nicht nur, aber auch des 20. Jahrhunderts.

Das Classical Hollywood ist ohne den Western nicht denkbar. Der Western konstituiert sich praktisch mit der Erfindung des narrativen Kinos, dominiert Hollywood zuweilen sowohl qualitativ als auch quantitativ und ist über den Zusammenbruch der Studios hinaus als Spät- und postklassische Form virulent. André Bazins vielzitierte Folgerung gilt uneingeschränkt: Der Western ist „das amerikanische Kino par excellence" (Bazin 1975, S. 111 ff.).

Innerhalb der Philosophie nimmt der Körper als Begriff und Konzept eine vergleichbar zentrale Stellung ein. Er ist die Manifestation des Menschen in der Welt, ist gleichermaßen naheliegend, handfest und positivistisch beschreibbar wie auch flüchtig, ungreifbar, un*be*greifbar – immer dann, wenn es um die Frage nach dem Subjekt-Status des Menschen in der Welt, nach Intentionalität und Bewusstsein geht. Damit ist der Körper Gegenstand philosophischer Auseinandersetzung seit Platon.

Die nun folgende gegenseitige Befragung von Western-Genre und Körper-Begriff gründet einerseits auf einer intensiven Auseinandersetzung mit dem Regie-

---

I. Bayer (✉)
Frankfurt am Main, Deutschland
E-Mail: bayer@deutsches-filminstitut.de

© Springer Fachmedien Wiesbaden 2015
I. Ritzer (Hrsg.), *Classical Hollywood und kontinentale Philosophie*,
Neue Perspektiven der Medienästhetik, DOI 10.1007/978-3-658-06620-8_10

werk Anthony Manns, insbesondere dem fest umrissenen, überschaubaren Set seiner Western. Innerhalb dieses Sets von zehn Filmen aus einem Entstehungszeitraum von acht Jahren zwischen 1950 und 1958 haben die fünf Western, in denen James Stewart die Hauptrolle spielt, besondere Relevanz: *Winchester 73* (1950), *Bend of the River* (1952), *The Naked Spur* (1953), *The Far Country* (1954) und *The Man from Laramie* (1955). Dem steht auf philosophischer Seite ein kursorischer Streifzug durch die kontinentale Philosophie des 20. Jahrhunderts gegenüber, wobei die spezifischen Denkfiguren zweier prominenter Strömungen im Mittelpunkt stehen: zum einen der Leib-Begriff in der Phänomenologie nach Edmund Husserl und Maurice Merleau-Ponty, mit Merleau-Pontys „Phänomenologie der Wahrnehmung" von 1945 als maßgeblichem Referenzpunkt. Zum anderen das Verständnis des Körpers als Text und politische Kategorie in der poststrukturalistischen Prägung Michel Foucaults, in erster Linie ausgehend von dessen einschlägiger genealogisch orientierter Schrift *Überwachen und Strafen* (1994) sowie, mehr am Rande, *Wahnsinn und Gesellschaft* (1973) und *Die Geburt der Klinik* (2011).

Dass gerade körperorientierte philosophische Denkfiguren zur Anwendung auf den Western einladen, liegt auf der Hand. Der Western gehört zu den Genres, die in höchstem Maße körperlich sind; dabei nicht feingliedrig wie manche Formen der Komödie, sondern agil, manchmal brachial und ungestüm wie der Kriegs- und der Abenteuerfilm. Das liegt daran, dass seine Geschichten vom Ankämpfen gegen die Frontier erzählen, von den gewaltigen Anstrengungen beim Erobern, Urbarmachen und Verteidigen des amerikanischen Westens, vom Kanalisieren roher Kräfte in die geordneten Bahnen der Zivilisation. Die Geschichten, die das Genre erzählt, sind daher naturgemäß sinnlich, stofflich und voller Gewalt, und die Herausforderungen, die sich dem Westernhelden stellen, müssen zuallererst physisch bewältigt werden. Er kann nicht anders, als zu handeln; durch sein Handeln gewinnt er seine „Identität und zeig[t], wer und was [er] im Innersten [ist]", (Grob und Kiefer 2003, S. 13). Der Westerner muss darauf vertrauen können, dass sein Körper den äußeren Anforderungen standhält und zu jeder Zeit zuverlässig funktioniert. „The Western is at heart antilanguage", konstatiert Jane Tompkins in *West of Everything* (1992, S. 50). Daraus folgt, dass der Westerner seines Körpers nicht nur zur Aktion, sondern auch zur Kommunikation bedarf. Geschwätzigkeit ist dem Genre zuwider: Werden Worte benutzt, dann gleichsam als Waffen, als Surrogat für eine noch aufgeschobene physische Konfrontation. Wortgefechte am Saloontresen, das ist ein Genre-Gesetz, sind Durchlaufproben für den Shoot-out, der später zwingend folgen wird.

Für Anthony Mann gilt die Bedeutung des Körpers im Western in besonderer Weise. Denn sein Kino ist, das ist bereits an seinen kleinen Films noirs für Republic und RKO in den 1940er Jahren ersichtlich, ein regelrechtes Körper-Kino. Im Interview mit *Sight and Sound* sagt er 1965: „[A] film above everything else is visual, and therefore if you're going to tell a story [...] you should pick one that has great pictorial qualities to start with. [...] I don't believe in talk, not for films. That's for the theatre. Here you *see* it" (zit. nach Fenwick 1965, S. 186). Manns Kino folgt einem Glauben an ein Primat des Visuellen. Dieser könnte sich auf jeden beliebigen Bestandteil des Films beziehen: auf den Dekor zum Beispiel, auf die Inszenierung von Räumen, auf einen Rausch der Farben. Bei Mann aber bezieht sich das Primat des Visuellen unverkennbar auf die Darsteller, und damit: auf die Körper seiner Darsteller. Selbst im Monumentalfilm, dessen Markenzeichen die Massenszenen sind, wird Mann für die Schlüsselmomente immer wieder zurückkommen auf die intime Situation, auf die Körper seiner Schauspieler; dies gilt für *El Cid* (1961) genauso wie für *The Fall of the Roman Empire* (1964).

Mann wählt Geschichten, die ihm Ansatzpunkte bieten für sein Primat des Visuellen: Stories, die die Physis ihrer Figuren thematisieren und besonderen Körpereinsatz der Schauspieler verlangen. Es kommt nicht von ungefähr, dass Manns Filme als besonders gewalttätig in Erinnerung bleiben. Rangeleien, Überfälle, Verfolgungsjagden, Morde bilden narrative und inszenatorische Höhepunkte seiner Arbeiten. Dabei sind Szenen mit expliziter Gewaltdarstellung sowohl in den Film Noirs als auch in den Western verhältnismäßig spärlich gestreut. Jim Kitses schreibt dazu in seiner exzellenten Analyse der Mann-Western in *Horizons West*: „The secret is to allow the whole to be coloured by one or two parts. Thus much of the violence in Mann is a violence of atmosphere" (2004, S. 163). Virtuos jongliert Mann mit einzelnen, sorgfältig inszenierten Schockmomenten, um der Atmosphäre eines Films schlagartig und nachhaltig eine Prägung zu geben. Noch einmal Jim Kitses: „[T]he hallmark of Mann's style is its physical intensity, its brutal, mineral, ground-level point of view, and its vividly concrete treatment of space. Spectacular, these images can also be said to be literally sensational, jarring the jaded viewer with direct physical and kinetic experience. [...] Mann is much closer to a sculptor than a painter in the way his images work with density and gravity to register sensation directly, both on the hero's and the viewer's body" (2004, S. 167 f.).

Mit dem Western findet Anthony Mann im Jahr 1950, als er mit *Devil's Doorway* (1950) für MGM, *The Furies* (1950) für Paramount und *Winchester '73* für Universal gleich drei Western inszeniert, zu *seinem* Genre (Abb. 1). Der Western bietet die ideale Form für Manns Verständnis von Film: Standardsituationen voll Dynamik und Spektakel, wilde Landschaften, ikonische Körper. Der Eindruck, dass Mann in den *pictorial qualities* seinen Zugang zum Western findet – und nicht etwa in den Mythen, der historischen Wirklichkeit, den hanebüchenen Legenden wie John Ford, Raoul Walsh oder Cecil B. DeMille – bleibt bis zu Manns letztem Western erhalten.

Manns Western sind prinzipiell klassisch: Zwar bewegen sie sich an den Grenzen des Genres, ziehen bei aller Radikalität aber ihr Material und ihre Potenz letztlich

Abb. 1 *The Furies*,
Anthony Mann, USA 1950

aus dem Diesseits dieser Grenzen und überschreiten sie bis zuletzt nicht. Für Manns Konzeption seiner Westernhelden dagegen, insbesondere für die Inszenierung der Körper, ist diese Klassizität nicht ohne Weiteres feststellbar. Im Western findet die Überlegenheit des Guten über den Bösen, des *man of the law* über den *villain*, ihren Ausdruck immer und zuerst im Körper. Es ist eine einfache Gleichung: Der stärkere, schnellere und geschicktere Mann ist der bessere Mann. Disziplin, Beherrschtheit und Eleganz zeichnen ihn aus. Er bleibt gelassen und bewahrt Haltung, auch in der Konfrontation mit Schmerz und Gewalt. Beispiele für diesen – den klassischen – Normalfall des Western-Körpers sind zahlreich, von Tom Mix, der in den 1910er und 1920er Jahren im weißen Hemd über alle Schurken triumphiert, über Gary Cooper, der in *The Virginian* (1929) den Urtypus des in sich ruhenden, smarten Westerner setzt, zu John Wayne, der mit *Stagecoach* (1939) zur Ikone des Genres avanciert.

Anthony Mann dagegen stellt Westerner in den Mittelpunkt, die den klassischen Anspruch an den überlegenen Körper kaum erfüllen können. Zum Teil gehen sie bereits mit einem Handicap ins Rennen: Bei Anthony Perkins in *The Tin Star* (1957) ist es jugendliche Unerfahrenheit, bei Victor Mature in *The Last Frontier* (1955) berserkerhafter Übermut, bei Robert Taylor, der in *Devil's Doorway* (1950) als Indianer um sein Lebensrecht kämpft, das Stigma seiner Herkunft (Abb. 2).

Zum Teil aber erfahren Manns Helden ihr körperliches Defizit erst im Laufe der Filmhandlung. Dies trifft vor allem auf die von James Stewart verkörperten Westerner zu: Mit verblüffender Regelmäßigkeit werden sie geschlagen und zerschossen, brechen zusammen und winden sich im Dreck. Auf sie wird dabei kaum öfter geschossen als auf andere Westernhelden – bloß treffen bei Mann die Kugeln öfter auch ihr Ziel. Und Manns Westerner reagieren auf Gewalt empfindlicher, als es für die Maßstäbe des Western-Genres bis dahin üblich ist.

Abb. 2 *Devil's Doorway*, Anthony Mann, USA 1950

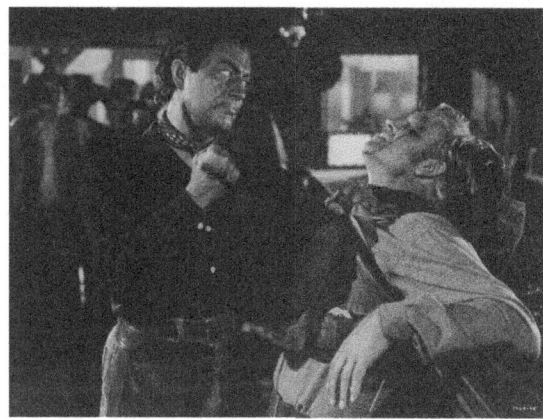

Abb. 3 *Bend of the River*, Anthony Mann, USA 1952

Exemplarisch hierfür ist eine Szene aus *Bend of the River*, in der James Stewart als Glyn McLyntock, der sich zuvor als nachgerade perfekter, so kenntnisreicher wie geschickter Treck-Anführer erwiesen hat, verprügelt wird. Nichts ist mehr übrig von seiner ursprünglichen Souveränität. Nach dem ersten Schlag schon hängt Stewarts Körper schlaff zwischen den beiden Männern, die ihn an den Armen halten. Da ist keinerlei Gegenwehr oder Aufbäumen, wenn die Schläge auf ihn niedergehen. Als die Männer schließlich von ihm ablassen, fällt McLyntocks Körper wie tot zu Boden. Mühsam rappelt McLyntock sich auf, um seinen Peinigern einen „You'll be seein' me"-Fluch hinterher zu schleudern. Kaum kann er sich dabei auf den Beinen halten. Diese Szene zeigt wie viele weitere in Manns Western-Kosmos: Mann behauptet nicht die Unverwundbarkeit des Westernhelden, sondern ist gerade an dessen Verletzlichkeit interessiert (Abb. 3).

Manns Western entstehen zu einem Zeitpunkt, an dem das Western-Genre nachhaltige Entwicklungen und Wandlungen erfährt und weiter zu erfahren im Begriff ist, die bei Beibehaltung der genrekonstituierenden Elemente grundlegende Verschiebungen des erzählerischen Interesses und des sinnstiftenden Referenzrahmens bedeuten. Nichtsdestotrotz aber ist Manns Präsentation des Westernhelden, des Western-Körpers im Besonderen, auch für den *adult western* der 1950er Jahre in höchstem Maße radikal. So radikal, dass sich ein genauerer Blick auf diese Körperbilder lohnt – zunächst aus phänomenologischer Perspektive nach Husserl und Merleau-Ponty.

An diesem Punkt muss der Begriff der Körperlichkeit eingetauscht werden gegen den Begriff der Leiblichkeit. Denn dieser löst in der Philosophiegeschichte andere, in Sackgassen geratene Vorstellungen ab: die traditionsreiche, hierarchische und damit wertende Trennung der menschlichen Existenz in „Körper" und „Seele", in Immanenz und Transzendenz, wie sie bei Platon und seit Descartes jahrhundertelang im christlich-abendländischen Denken dominiert; den Monismus Spinozas, in dem Körper und Geist auf eucharistische Weise zusammenfallen; und den Reduktionismus eines materialistischen, also rein dinglichen Denkens des Körpers (vgl. Marzano 2013). Husserl löst mit dem Leib-Begriff ein grundlegendes Dilemma des Cartesianismus auf, folgte doch auf die zunächst postulierte Trennung von Körper und Geist die angestrengte Suche nach einer verbindenden Instanz, die Descartes letztlich in der Zirbeldrüse als vermeintlichem Sitz der Seele gefunden zu haben glaubte (vgl. Alloa und Depraz 2012, S. 9).

Husserl und in seiner Nachfolge Merleau-Ponty stellen diesem Paradoxon den Begriff des Leibes gegenüber, der beides beinhaltet: die materielle Ausdehnung des Körpers im Raum und die Möglichkeit eines „Überschusses", der den Subjekt-Status menschlicher Existenz ermöglicht. Merleau-Ponty schreibt in der *Phänomenologie der Wahrnehmung*: „Das Wort ‚existieren' hat zweierlei Sinn, und zwar nur zweierlei Sinn: Existenz als Ding und Existenz als Bewusstsein. Dagegen enthüllt uns die Erfahrung des eigenen Leibes eine Weise des Existierens, die zweideutig ist" (1966, S. 234). Einen Körper *haben*, ein Leib dagegen *sein*: Leiblichkeit äußert sich im phänomenologischen Verständnis als Erfahrung in der Welt.

In *The Man from Laramie* wird James Stewart als Will Lockhart Opfer des sadistischsten Gewaltexzesses, den Anthony Mann in seinen Western inszeniert. Im Zuge eines willkürlichen Racheaktes durchschießt Stewarts Gegenspieler ihm gezielt aus nächster Nähe die rechte Hand. Die Kamera ist dabei nah am Geschehen. In einer 14-sekündigen Einstellung zeigt sie die Großaufnahme von Stewarts Hand, die Handfläche zur Kamera gewandt, die Finger abgespreizt. Ein Revolverlauf schiebt sich ins Bild. Ein Schuss fällt, was nur zu hören, aber nicht zu sehen ist, weil die Kamera abrupt nach oben schwenkt: Sie will in dem Moment, in dem die Kugel die Hand durchbohrt, das Gesicht des Mannes zeigen, der da gequält wird. Sie registriert, wie der Kopf nach hinten ruckt, wie die Kiefer aufeinander-

Aspekte der Leiblichkeit im klassischen Western: Zur Krise des Körpers 179

Abb. 4 *The Man from Laramie*, Anthony Mann, USA 1955

beißen, wie die Augen sich weiten, ungläubig zur Hand hinunterstarren; wie dann, verzögert erst, der Schmerz dem Körper die Spannung raubt, wie der Mund sich öffnet, die Augen sich schließen, der Kopf nach vorne kippt. Ein leises Jaulen ist zu hören, als die Kugel trifft, dann kehlige, gurgelnde, würgende Laute, ein Stöhnen und Fiepen, monoton und langanhaltend (Abb. 4).

Die Art und Weise, wie Anthony Mann diese Szene inszeniert, lässt die Verwendung des Begriffs „Körper" nicht als adäquat erscheinen. Bei der Durchschießung von Will Lockharts Hand handelt es sich nicht – oder nicht nur – um die materielle Beschädigung eines objektiv zu beschreibenden Körperteils. Vielmehr impliziert diese Sequenz in ihrer spezifischen Darstellung eine filmisch komponierte „Erfahrung in der Welt". James Stewart zeigt in dieser 14-sekündigen Einstellung die unmittelbarste, intensivste Darstellung von Schmerz in Anthony Manns Filmen überhaupt. Wenn nach der Tat Will Lockhart den Schauplatz verlässt und Mann den Schmerz über Stewarts Rücken weitererzählt, als hätte er noch nicht genug gesehen, ist deutlich mehr beschädigt als ein isoliert zu betrachtender Körperteil, als eine

Abb. 5 *Bend of the River*, Anthony Mann, USA 1952

Hand: Hier ist der Leib bedroht in seiner ganzen Dimension menschlichen Seins. Hier wird auf Wunden verwiesen, die die Materie des Körpers transzendieren.

Für den Leib-Begriff nach Merleau-Ponty, der neben dem In-der-Welt-Sein zugleich auch das Zur-Welt-Sein, also das Sich-zu-der-Welt-Verhalten umfasst, ist eine zentrale Kategorie der Raum. In der – intentional gerichteten – Bewegung im Raum erfährt sich der Leib und konstituiert sich zugleich (vgl. Marzano 2013, S. 51 f.). Die grundlegende Narration des Western und zugleich dessen historische Situation ist die Eroberung des Raumes: Amerika, das neue Land, will durchquert und besiedelt werden in Konsequenz eines vielstimmigen „Go West". Die Strapazen, die diese Raumgreifung den Pionieren abverlangt, werden im Western oft und üblicherweise anhand von Massenszenen erzählt: Viehtrecks wälzen sich durch staubiges, trockenes Land, Pferde stürzen, Menschen straucheln über Stock und Stein. Mann dagegen individualisiert die Raumerfahrung im Western systematisch. Seine Inszenierungsweise ist dabei von größter Bedeutung: Er setzt Landschaften funktional ein, nie symbolisch oder dekorativ. Robin Wood schreibt über Manns Landschaftsinszenierung: „Where Ford has mesas, Mann has mountains. No one would attempt to climb a Monument Valley mesa, and they are perfectly easy to go around; when a mountain appears in a Mann movie you are pretty certain that it will be climbed, and with extreme difficulty" (1998, S. 30) (Abb. 5).

Manns Konzeption von Raum, von Landschaft und von den Figuren in der Landschaft verlangt nach einer Inszenierung *on location*. In den Bergen, in der Wüste, bei Wind und Wetter lässt Mann seine Darsteller körperlich arbeiten. Stets strebt Mann danach, seine Schauspieler zu einer „realistischen" Darstellung zu treiben. Sein Konzept von „Realismus" ist dabei nicht theoretisch, sondern sehr konkret. Es läuft letztlich darauf hinaus, dass seine Schauspieler nicht *spielen*, sondern *erleben* sollen. Anders als beim *method acting* geht es ihm dabei nicht um das Nach-Außen-Kehren eines inneren Zustandes, sondern um den Widerhall, den äußere Impulse im Körper finden. Anders ausgedrückt: Nicht die Psyche allein, sondern mit ihr die Physis, nicht Mittelbarkeit, sondern Unmittelbarkeit kennzeichnen Manns Konzept des Western und weisen wiederum hin auf die Gültigkeit des Leibanstelle des Körperbegriffs.

Aus der Perspektive Michel Foucaults spielt der Begriff des Leibes keine Rolle – schon deshalb nicht, weil Foucault das menschliche Dasein nicht ontologisch, sondern strukturell betrachtet: nicht aus der Innen-, sondern der Außensicht, und noch dazu retrospektiv, also mit historischem Interesse. Eine Sichtweise, die mit Blick auf den Western hochinteressante Schlüsse zulässt. Foucault betrachtet den Körper nicht separiert als individuelles „Ding", sondern stets im Verhältnis zum ihn umgebenden Gesellschafts-Körper. Der Körper ist ihm ein Medium, in das sich die jeweils gängigen und gültigen sozialen Praktiken einschreiben, sei es in Form körperlicher Eingriffe oder mittels des Sprachgebrauchs. Im Körper sedimentiert sich demnach Kultur, sedimentiert sich Geschichte (vgl. Schneider 2012, S. 260 ff.). Nun ist der Western per se und per definitionem eine Spielart des Historienfilms: Er rekurriert auf eine spezifische historische Situation, nämlich die Besiedelung der USA insbesondere in der zweiten Hälfte des 19. Jahrhunderts. Auch wenn Anthony Mann sich dezidiert nicht für die gesellschaftliche Dimension des Western, also für das Ringen der frühen Pioniere um einen zivilisierten Zustand interessiert – ganz anders etwa als John Ford –, so spielt die spezifische historische Situation in seine Western doch notwendigerweise immer mit hinein. Somit können die körperlichen Verletzungen, die Mann seine Helden erleiden lässt – die durchschossene Hand in *The Man from Laramie*, der Beinschuss in *The Naked Spur*, die lange Rekonvaleszenz in *The Far Country* –, auch als radikale Veräußerung des Foucault'schen Einschreibungsprozesses verstanden werden.

Die Lesart als Sedimentierung einer historischen Situation im Körper erweist sich als äußerst fruchtbar. Anders als bei Merleau-Ponty, der die Erfahrung des Einzelnen in den Mittelpunkt stellt, können James Stewarts Figuren über die individuelle Tragik hinaus als Präzedenzfall einer nationalen und nachhaltig traumatisierenden Erfahrung verstanden werden, die gleichsam Urtext ist für das Selbstverständnis der US-amerikanischen Nation bis in die heutige Zeit. Die Konfrontation mit dem Abjekten, also dem Anderen in Gestalt der amerikanischen Ureinwohner, das Zurückgeworfensein auf einen vorzivilisatorischen Zustand, der moralische

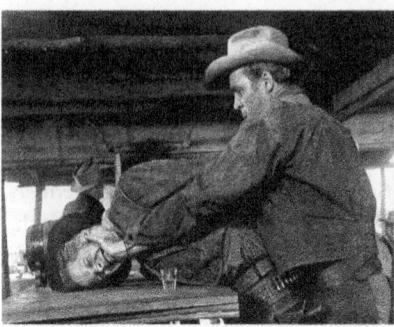 

Abb. 6 *Winchester '73*, Anthony Mann, USA 1950. *The Naked Spur*, Anthony Mann, USA 1953

Verfall und der einhergehende Zwang zum Töten im darwinistischen Daseinsmodus des Wilden Westen (vgl. Kristeva 1980): All dies kann verstanden werden als Ursache für die körperlichen Symptome, die sich an den Körpern der Mann'schen Westerner so eindrücklich zeigen.

Zu den Symptomen der von James Stewart verkörperten Westernhelden gesellt sich neben der körperlichen Versehrtheit oft ein zusätzliches Handicap. Im Western ist der kontrollierte, beherrschte Körper der Normalzustand. Er ist das Kapital des Westernhelden: Mit ihm zieht er schneller, schießt genauer, läuft geschmeidiger, schlägt härter als seine Gegenspieler. Die Beherrschung des Körpers ist die Grundtugend des Westerner und Bedingung für seinen Erfolg. Abweichungen von diesem Genre-Prinzip sind gleichermaßen auffällig wie riskant – und in der Zusammenarbeit zwischen Anthony Mann und James Stewart mannigfach zu finden.

Stewarts Figuren agieren regelmäßig am Rande des Kontrollverlusts, der, wenn er eintritt, spektakulär ausfällt. Jeanine Basinger schreibt über den potentiellen Wahnsinn im Mann'schen Westerner: „For the first time, the devoted viewer of the western is forced to confront a subversive fact: that his noble hero of the west, that man who rides tall in the saddle off into the sunset, may be a flipping maniac" (2007, S. 83). Dies trifft auf *Winchester '73* zu und, stärker noch, auf *The Naked Spur*, wo die Ausfälle von Stewarts Figur als nachgerade pathologische Hysterie in Freud'scher Prägung gelesen werden können. Hier zeigt sich, dass der Prozess der Einschreibung sozialer Praktiken dort am deutlichsten wird, wo er misslingt: Howard Kemps in *The Naked Spur* verinnerlichter Zwang zum Funktionieren in einer pervertierten Gesellschaft, in der er nur als Kopfgeldjäger seinen Platz zu finden glaubt, droht ihn zugrunde zu richten (Abb. 6).

Neben der Methode, philosophische Denkfiguren an das Regiewerk Anthony Manns heranzutragen – und damit, wie geschehen, isolierte phänomenologische

Abb. 7 *Man of the West*,
Anthony Mann, USA 1958

und poststrukturalistische Überlegungen gewissermaßen auf die Filme anzuwenden –, bleibt die Frage zu diskutieren, inwieweit sich ein philosophischer Überschuss aus Anthony Manns Western möglicherweise selbst generiert.

In *Man of the West* (1958), Manns letztem und in vielerlei Hinsicht definitivem Western[1], kommt die Krise des Körpers, die Manns Filme nachdrücklich und wiederkehrend durchzieht, in besonderer Weise zum Ausdruck. *Man of the West* bildet zugleich den Kulminationspunkt der vorangegangenen Western und unterscheidet sich doch fundamental von ihnen. Nicht deshalb, weil nicht mehr James Stewart, sondern Gary Cooper hier den Westernhelden verkörpert, sondern weil die bisher diskutierten Körper-Kategorien kaum mehr anwendbar zu sein scheinen (Abb. 7).

Man of the West erzählt (oder vielmehr: demonstriert) den Abstieg eines Westerner in ein regelrechtes Geisterreich. Man müsse den Film lediglich um zwei Einstellungen erweitern, schreibt Jacques Rancière – eine, in der Gary Cooper in der Eisenbahn einschläft, und eine, in der er wieder aufwacht –, und schon hätte man die Filmin eine Alptraumhandlung verwandelt (vgl. 2006, S. 89). Dieser Trick, den Anthony Mann in seiner frühen Karriere, in *Strange Impersonation* (1946), tatsächlich einmal angewandt hat (vgl. Smith 1976), ist ihm natürlich viel zu billig geworden. In *Man of the West* geht es gerade darum, die konkrete und die Geisterwelt zu emulgieren, den Körper des Westerner von den Zerrbildern seiner Erinnerung an sein früheres, fern geglaubtes Leben eines Outlaws und Mörders durchdringen zu lassen.

Aus Körpern werden in diesem Film letztlich Schemen, die mit körperphilosophischen Denkfiguren nicht mehr in den Griff zu bekommen sind. Und trotzdem, im Umkehrschluss, ist den Bildern in *Man of the West* jederzeit ein großes philosophisches Potential enthalten: Sie treffen Aussagen über die Seinsweise in der Welt,

---

[1] Hier ist *Cimarron* (1960) außer Acht gelassen. Anthony Mann begann die Arbeit an dem Film, zog sich aus den Dreharbeiten aber zurück, nachdem MGM die ursprünglich auf *on location*-Shooting ausgelegte Produktion ganz ins Studio verlegte und die Regie an Charles Walters übergab. Es ist wenig Persönliches zu finden in diesem Film, den Mann schlicht ein Desaster nennt, und nichts Maßgebliches in Bezug auf die Präsentation von Körpern.

Abb. 8 *Man of the West*, Anthony Mann, USA 1958

in einem ganz und gar existentiellen Sinn. Zwei zentrale Einstellungen zeigen Gary Coopers Kopf gegen einen hellen, wolkenlosen Himmel. Coopers Kopf scheint aus dem Nichts herausgestanzt zu sein, oder in das Nichts hineingeworfen (Abb. 8).

Für Manns Westerner, fast alle von ihnen, gilt: Wie Gespenster ziehen sie übers Land, wenn nicht unverwundbar, dann doch auf jeden Fall unsterblich, in ruhiger Entschlossenheit, mit fatalistischer Gewissheit, vor allem aus dem einen Grund: weil sie akzeptiert haben, dass sie besitzlos sind, dass das Versprechen von Heimat für sie nicht gilt, niemals gegolten hat, und weil das nicht bedauert werden muss.

Für Jacques Rancière ziehen Manns Westerner ihre Kraft gerade aus der Besitz- und Heimatlosigkeit, daraus, nichts *verkörpern* zu müssen: „It is this expropriation that accounts for the strength of Mann's heroes [...]. Although they [ihre Gegner] were once upon a time masters of the game, they will all fall, as the story nears the end, before this man who embodies neither the law, nor the land, nor the paternal image: this man whose whole secret is to know that the door of the house is closed for good and who passes by, coming hither and going thither, tormenting their dreams with the mute jingling of the bell of the expropriated. [...] In the final moment, all must fall before the man they have time and again reduced to impotence, but who alone is capable of accomplishing the *some things* a filmmaker and his hero have to do together" (2006, S. 76 f.).

Man of the West ist Anthony Manns Bilanz seiner Arbeit im Western-Genre, das Kondensat seiner Auffassungen und Konzepte, Visionen und Dystopien über den Western. Weil er die Mythen des Genres in *Man of the West* zur Perfektion zusammenfügt und im selben Moment zertrümmert, muss Mann sich neue (oder ältere) Mythen suchen. Der Schritt zum epischen Film ist folgerichtig, und Charlton Heston in *El Cid*, der am Ende als toter Körper auf ein Pferd geschnürt in seinen letzten Kampf reitet, vielleicht der wahre Nachfolger des Mann'schen Westerner – nicht als Erfahrender mehr, nicht als politische Kategorie oder Symptom einer historischen Situation, sondern als reines Zeichen.

Literatur

Alloa, Emmanuel, und Natalie Depraz. 2012. Edmund Husserl – „Ein merkwürdig unvollkommen konstituiertes Ding". In *Leiblichkeit: Geschichte und Aktualität eines Konzepts*, Hrsg. Emmanuel Alloa, et al., 7–22. Tübingen: Mohr Siebeck.
Basinger, Jeanine. 2007. *Anthony Mann*, New and Expanded Edition. Middletown: Wesleyan University Press.
Bazin, André. 1975. *Was ist Kino? Bausteine zur Theorie des Films*. Köln: DuMont Schauberg.
Fenwick, J. H. 1965. Now you see it: Landscape and Anthony Mann. *Sight and Sound* 34 (4): 186–189.
Foucault, Michel. 1973. *Wahnsinn und Gesellschaft: Eine Geschichte des Wahns im Zeitalter der Vernunft*. Frankfurt a. M.: Suhrkamp.
Foucault, Michel. 1994. *Überwachen und Strafen: Die Geburt des Gefängnisses*. Frankfurt a. M.: Suhrkamp.
Foucault, Michel. 2011. *Die Geburt der Klinik: Eine Archäologie des ärztlichen Blicks*. Frankfurt a. M.: Suhrkamp.
Grob, Norbert, und Bernd, Kiefer. 2003. Einleitung. In: *Filmgenres: Western*, Hrsg. Norbert Grob und Bernd Kiefer, 12–41. Stuttgart: Reclam.
Kitses, Jim. 2004. *Horizons west: Directing the western from John Ford to Clint Eastwood*. London: BFI.
Kristeva, Julia. 1980. *Pouvoirs de l'horreur: Essai sur l'abjection*. Paris: Seuil.
Marzano, Michaela. 2013. *Philosophie des Körpers*. München: Diederichs.
Merleau-Ponty, Maurice. 1966. *Phänomenologie der Wahrnehmung*. Berlin: de Gruyter.
Rancière, Jacques. 2006. *Film fables*. Oxford: Berg.
Schneider, Ulrich Johannes. 2012. Michel Foucault – Der Körper und die Körper. In: *Leiblichkeit: Geschichte und Aktualität eines Konzepts*, Hrsg. Emmanuel Alloa, et al., 260–272. Tübingen: Mohr Siebeck.
Smith, Robert E. 1976. Mann in the dark: The films noirs of Anthony Mann. *Bright Lights* 2 (1): 8–14 u. 30.
Tompkins, Jane. 1992. *West of everything: The inner life of westerns*. New York: Oxford University Press.
Wood, Robin. 1998. Man(n) of the west(ern). *CineAction* 46: 26–33.

Ines Bayer, Mitarbeiterin des Deutsches Filminstituts – DIF e.V., Frankfurt am Main. Studium der Mediendramaturgie an der Johannes Gutenberg-Universität Mainz. Diplomarbeit zum Thema des unzuverlässigen Körpers bei Anthony Mann.

Imperium Americanum und der Mythos des Westens

Josef Früchtl

1 Zwei Seiten

Am Ende des 20. Jahrhunderts kann man in den USA befriedigt und stolz zurückblicken. Denn es hat sich scheinbar vollends realisiert, was schon zu Beginn angelegt ist. Schon 1914 präsentiert sich diese Nation als die größte Wirtschaftsmacht, doch von den sogenannten Großmächten jener Zeit, die sich in Europa konzentrieren – England, Frankreich, Deutschland und Russland – kann ihr heute, jedenfalls als einzelne und im umfassenden Sinn, keine mehr Paroli bieten. Und das gilt auch für die asiatischen Mächte Japan und – jedenfalls bisher noch – China. Das 20. Jahrhundert ist das „Amerikanische Jahrhundert". Das epochale Jahr 1989 scheint das nur noch einmal besiegelt zu haben. Der Zusammenbruch des osteuropäischen Staatssozialismus lässt die ebenso kapitalistisch wie rechtsstaatlich-demokratisch strukturierte, sogenannte westliche Welt als alternativlos und insofern als Endstadium der Geschichte erscheinen. Die USA, Repräsentant dieser doppelpoligen Wertewelt, steigen damit scheinbar konkurrenzlos zur einzigen militärischen, ökonomischen und kulturellen Supermacht auf.

Mit der Präsidentschaft von George W. Bush erhält diese Vormachtstellung, massiv verstärkt durch den sogenannten „Krieg gegen den Terror", der seit dem

---

Leicht veränderte Version eines Aufsatzes, zuerst erschienen in Urban und Engelhard 2004, S. 83–100.

J. Früchtl (✉)
Universität Amsterdam, Amsterdam, Niederlande
E-Mail: J.Fruchtl@uva.nl

11. September 2001 deklariert worden ist, ein bisher ungekanntes Ausmaß. Das zeigt sich nicht nur in all den politischen Akten, die den handfesten Stempel des Unilateralismus tragen und sich in den Stichworten Kyoto-Protokoll, Konvention zum Verbot biologischer Waffen, ABM-Vertrag, Internationaler Strafgerichtshof und völkerrechtswidrige Kriegsentscheidung gegen den Irak aneinanderreihen. Stets gilt die Maxime, wenn möglich mit den Vereinten Nationen oder wenigstens verbündeten Staaten zusammen zu handeln, wenn dies aber nicht möglich sein sollte, dann kurzerhand ohne sie. Das zeigt sich auffällig auch in den publizistisch-rhetorischen Verlautbarungen und, gemildert, in akademischen Analysen. So schreibt der einflussreiche konservative Journalist Charles Krauthammer, ein Leitartikler der *Washington Post*, jener Zeitung also, die einst den Watergate-Skandal aufdeckte und, wenn auch spät, gegen den Vietnam-Krieg Stellung bezog: „Amerika überragt die Welt wie ein Koloss". Statt wie zur Zeit des Kalten Kriegs bipolar oder nach dessen Ende multipolar zu sein, sei die Welt am Ende des 20. Jahrhunderts unipolar: „Seit Rom Karthago zerstörte, hat keine andere Großmacht solche Höhen erklommen" (Krauthammer 1999). Und der Essayist Robert Kaplan, zugleich Mentor von George W. Bush, assistiert: „Wie der Sieg Roms im Zweiten Punischen Krieg hat auch der Sieg der Vereinigten Staaten im Zweiten Weltkrieg eine Weltherrschaft besiegelt" (2002). Solch großmachtpolitisches Pathos ist aber nicht nur militant-konservativen Publizisten eigen. Es findet sich, gemäßigt, auch bei der akademischen Intelligenz. Der renommierte Historiker Paul Kennedy etwa, der noch Ende der 1980er Jahre in seinem Buch *The Rise and Fall of the Great Powers* meint, die USA litten unter imperialer Überdehnung („imperial overstretch"), zieht heute eine großangelegte Linie, nach der weder die Pax Britannica noch das Napoleonische Frankreich noch das Spanien Philipps II. noch das Reich Karls des Großen, ja nicht einmal das Römische Reich eine vergleichbare Dominanz erreicht habe wie die Vereinigten Staaten von Amerika.

Freilich weiß Kennedy als Historiker und Leser Rousseaus, dass, wenn selbst Sparta und Rom von der großmachtpolitischen Bühne verschwunden sind, kein noch so mächtiger Staat hoffen kann, für immer und ewig zu bestehen (vgl. Kennedy 2002, S. 12 ff.). Und auch ein US-amerikanischer Lobredner wie Krauthammer ist sich darüber im Klaren, dass die Geschichte großmachtpolitisch gesehen nicht zu Ende ist, dass vielmehr nun ein neues Kapitel, das Eröffnungskapitel des 21. Jahrhunderts aufgeschlagen ist, dessen Fortsetzung sich darum drehen wird, die USA vom Thron zu stoßen. Unter den Intellektuellen muss man nach entsprechenden kritischen Stimmen nicht lange suchen. So kündigt schon der Titel des Buches *Après L'Empire* (*Weltmacht USA: Ein Nachruf*), vorgelegt von dem französischen Historiker Emmanuel Todd, eine Umkehr der Perspektive an. Die USA agieren demnach am Anfang des 21. Jahrhunderts nicht aufgrund zunehmender, sondern abnehmender Stärke. Todds Kernthese ist, dass die USA mit ihrer kriegerischen Politik gegen die ausgerufene „Achse des Bösen" einen „theatralischen" oder „demonstrativen" Militarismus zur Schau stellen (der im übrigen schon im Falle Nordkoreas nicht mehr beeindruckt), eben weil sie wissen, dass sie „die wahren Mächte" der heutigen Welt nicht beherrschen können: mit Europa und Japan müssen sie wirtschaftlich kooperieren, Russland und (wie man hinzufügen muss) China können sie als Atommacht nicht ausschalten; der zur Schau gestellte Militarismus führt vielmehr dazu, dass diese Mächte sich zumindest von Fall zu Fall zur Annäherung veranlasst sehen und so den Hegemonialanspruch der USA noch einmal zurückweisen (vgl. Todd 2003, S. 287 ff.). Und auch Francis Fukuyama, Politikwissenschaftler und Mitbegründer des extrem konservativen „Project for a New American Century", in dem sich auch namhafte Mitglieder der Regierung Bush jr. finden, kann in seinem aufsehenerregenden Buch über *Das Ende der Geschichte* nicht verleugnen, dass dieses Ende zweischneidig bleibt. Zwar sieht er, erstaunlich vorbehaltslos in der geschichtsphilosophischen Tradition Hegels stehend, dieses Ende im weltweiten allmählichen Sieg der liberalen Demokratie erreicht, einer Staats- und Gesellschaftsform, die nichts Besseres mehr zulässt. Doch bemerkt er auch das doppelte Risiko, dass liberale Demokratien einerseits Nietzsches sogenannten „letzten Menschen" hervorbringen, das Gegenteil des „Übermenschen", Menschen, die sich in ihrem Wohlstand und ihrer weitgehenden Sicherheit behaglich einrichten und keinen großen Ideen mehr folgen, für die zu kämpfen es sich lohnte; dass andererseits diese Demokratien aber auch Kriege wirtschaftlicher, kultureller und militärischer Art bewirken, die davon zeugen, dass das Wesen namens Mensch mehr möchte als das, was liberale Wohlfahrtsstaaten ihm bieten können, nämlich nicht nur (rechtsstaatliche) Gleichheit, sondern auch (soziale und kulturelle) Ungleichheit; denn wo alle gleich sind, will man zugleich auch unterschiedlich sein. Und so sieht Fukuyama, ganz im Stile des Fortschritts- und speziell des US-amerikanischen Geschichtsmythos, die Menschheit unterwegs wie in einem Wagenzug, der auf ein bestimmtes Ziel zusteuert, den Westen und seine Werte von individueller Freiheit, formaler Gleichheit und steigendem Wohlstand, muss aber eingestehen, dass es immer Einzelne, Individuen und Völker, geben wird, die weiterziehen, also andere oder noch bessere Werte realisieren wollen (vgl. Fukuyama 1992, S. 328 ff und S. 338 f.).

Andrew J. Bacevich schließlich, Professor für Internationale Beziehungen und Sicherheitspolitik an der Boston University, stellt nüchtern abwägend fest: „Der Ausdruck ‚amerikanischer Imperialismus' ist kein Schimpfwort mehr". Er begründet diese Feststellung nicht nur damit, dass die drängenden weltpolitischen Probleme zu Beginn des 21. Jahrhunderts die Re-Etablierung der Idee des Imperiums in den öffentlichen Diskurs nötig mache, da es eine Art globaler Polizeimacht geben müsse. Sein Argument lautet vor allem, dass „das wahre Ziel" des amerikanischen Imperiums „Freiheit" heiße. Er erinnert an Thomas Jeffersons Rede, dass die Vorsehung die Vereinigten Staaten auserkoren habe, ein „Imperium der Freiheit" zu schaffen, und er erinnert an George Washingtons erste Amtseinführungsrede, nach der „die Bewahrung des heiligen Feuers der Freiheit in die Hände des amerikanischen Volkes gelegt worden" sei. Aus US-amerikanischer Sicht sei folglich „eine Unterscheidung zwischen Amerikas Idealen (die für universell erachtet werden) und Amerikas Interessen (die partikulär, aber in ihrem Umfang global sind) eine leere Unterscheidung". In diesen Kontext fügt sich denn auch die Rede von George W. Bush, vorgetragen am 10. Februar 2003 in Nashville, mit dem krönenden Statement: „Freiheit ist nicht Amerikas Geschenk an die Welt. Freiheit ist Gottes Geschenk an jedes menschliche Wesen auf der Welt" (Bacevich 2002).

Die Vorstellung, dass die Menschheit sich unter der Führung eines Volkes, des auserwählten Volkes der US-Amerikaner, auf einer, „Pilgerreise in die Freiheit" befinde, darf aus sozial- und kulturwissenschaftlicher Sicht für das Selbstverständnis der Vereinigten Staaten in der Tat als konstitutiv gelten. Seit Max Weber in seiner Schrift *Die protestantische Ethik und der „Geist" des Kapitalismus* die Wurzeln der neuzeitlich-modernen kapitalistischen Ökonomie in der protestantisch-calvinistischen Pflicht- und Verzichtsethik freigelegt hat, sind die Sozial- und Kulturwissenschaften empfänglich geworden für diese Verschränkung von Religion, Ökonomie und Lebensform. Weber seinerseits zeigt sich beeindruckt durch die These, die Georg Jellinek in seiner Schrift *Die Erklärung der Menschen- und Bürgerrechte. Ein Beitrag zur modernen Verfassungsgeschichte* (1897) vorträgt, nach der der Ursprung der Erklärungen der Menschen- und Bürgerrechte in die Religionsgeschichte gehört. Die Prinzipien von 1789 weisen demnach zurück auf diejenigen von 1776, und diese wiederum auf den Gründungsvertrag der Pilgerväter von 1620, die, wie es dort geschrieben steht, zum Ruhme Gottes, zur Verbreitung des christlichen Glaubens und (damals auch noch) zur Ehre ihres Königs und Landes New Plymouth gründen, gewissermaßen als das zweite und neue Jerusalem. Es ist demnach der Kampf um Religionsfreiheit, der zu den amerikanischen Erklärungen führt.

Das freiheitliche, antityrannische Element ist der US-amerikanischen Verfassung so von Anfang an eingeschrieben. Wenn nach protestantischer Lehre die christliche Botschaft in unmittelbaren Kontakt mit jeder Seele gebracht werden muss, müssen alle politischen Barrieren, die das im Namen von herrschaftlicher Zensur zu verhindern suchen, beiseite geräumt werden. Messianische Ideen kommen hinzu. Ist die christliche Religion generell eine Religion der Erwartung, so setzt sich mit der Reformation auch der Gedanke durch, dass das Kommende nicht nur der individuell-spirituellen Vorbereitung, sondern auch der kollektiv-kämpferischen Mithilfe bedarf. Die Neudeutung der Offenbarung des hl. Johannes versetzt die Geschichte dementsprechend in eine apokalyptische und progressivistische Perspektive aufeinander aufbauender Siege über das Böse, an deren Ende die Menschheit unausweichlich dualistisch ins Erlöste und Verdammte geschieden wird. Deshalb sind alle Kriege, auch in der Rhetorik von George Bush jr., Kreuzzüge (*crusades*), und an ihrer Spitze steht eine Nation, die sich, gemessen an der Korruptheit der alten, der europäischen Welt, als unschuldig verstehen kann. Die Vereinigten Staaten von Amerika sind, ihrem ursprünglich-religiösen Selbstverständnis nach, diese Nation, eine *redeemer nation* (vgl. Tuveson 1968).

Die Idee eines US-amerikanischen Imperiums weist also untrennbar diese beiden Seiten auf: eine republikanische und eine imperialistische, eine freiheitlich-demokratische und eine gewaltsame. Michael Hardt und Antonio Negri, amerikanischer Literaturwissenschaftler (und Philosoph) der eine, italienischer Politikwissenschaftler (und Philosoph) der andere, haben diese Doppelung auf den Begriff des *Empire* gebracht (vgl. 2002, S. 172 ff.). Ihr Buch mit dem gleichnamigen Titel ist zwar eine manchmal recht krude Mischung aus Hegel'scher geschichtsphilosophischer Dialektik, Marx'scher Kapitalismusanalyse, Foucault'scher Machttheorie und Deleuze-Guattari'scher Netzwerkmetaphorik, mehr ein Manifest als eine begrifflich präzise und empirisch abgesicherte kulturwissenschaftliche Analyse. Dennoch treffen sie nicht nur den Nerv einer Zeit, die zunehmend die bedrohliche Kehrseite der ökonomischen Globalisierung zu spüren bekommt, sondern schärfen auch den Blick für die Dialektik oder, mit einem weitaus weniger belasteten Terminus ausgedrückt, die *Ambivalenz* der Idee des Imperium Americanum.

Es ist zentral diese Idee, die, in ihrer Ambivalenz, das US-amerikanische Selbstverständnis antreibt. Und es ist daher, wegen dieser Ambivalenz, dieselbe Idee, die das US-amerikanische Selbstverständnis auch stets wieder auf der Stelle treten lässt. Das Bild, das sich für dieses auf der Stelle tretende Vorwärtsmarschieren aufdrängt, ist der Kreis. Und es drängt sich um so mehr auf, als die Idee des Imperium Americanum nachhaltig mit einer anderen verknüpft ist, die nicht nur einen abstrakten Gegenstand meint, sondern sich zu einem handfesten Mythos ausgeformt hat: dem Mythos der *frontier*. Dass auch er sich im Kreis bewegt und doch auch wieder nicht, möchte ich nun zeigen. Und dies exemplarisch auf dem Gebiet des Films, des dominanten Mediums der Populärkultur im 20. Jahrhundert, speziell an jenem Genre, das den Mythos der *frontier* in eben diesem Jahrhundert weitergetragen und neu erfunden hat: am Western[1].

---

[1] Im Folgenden beziehe ich mich hier auf mein Buch *Das unverschämte Ich: Eine Heldengeschichte der Moderne* (2004).

2 Der Mythos der *frontier*

Ihrer schlichten Bedeutung nach trennt die *frontier* den besiedelten Raum Nordamerikas vom Unbesiedelten. Eine mythische Bedeutung erhält sie als die Trennlinie zwischen dem Alten und dem Neuen, dem Vertrauten und dem Fremden, dem Gleichen und dem Anderen. Die *frontier* ist der Ort der Konfrontation zwischen diesen beiden einander gegenüberstehenden Seiten. Zu *frontier* gehört *to front*, sich stellen, vorneweg marschieren, die Stirn bieten. Henry David Thoreau, amerikanischer Naturforscher, Sozialkritiker und Philosoph aus der Mitte des 19. Jahrhunderts (der heutzutage im philosophischen Diskurs wohl völlig vergessen wäre, würde ihn nicht ein eigenwilliger Denker wie Stanley Cavell immer wieder herbeizitieren), prägt den Begriff der *frontier* als Inbegriff einer Haltung, einer Gesinnung: „The frontiers are not east nor west, north or south, but wherever a man fronts a fact", schreibt er 1849 in *A Week on the Concord and Merrimack Rivers* (1985, S. 249). Die *frontier* beinhaltet den Imperativ: „Go West!", was im Grunde aber stets nur bedeutet: Geh voran! Mach es! Nur zu! „Go West!" ist der Ruf, der an die Pioniere ergeht, seit die ersten Schiffe zu Beginn des 17. Jahrhunderts an der Ostküste Nordamerikas gelandet sind, und mit demselben Slogan wirbt eine Zigarettenmarke weltweit am Ende des 20. Jahrhunderts. Das Land erscheint grenzenlos im doppelten, das Äußere wie das Innere umfassenden Sinn des Wortes. Dass Herman Melville die Geschichte von Moby Dick, diese tragisch endende Allegorie auf die spätere Weltmacht USA, ursprünglich in der Prärie spielen lassen wollte, mit einem heiligen weißen Büffel der Sioux oder einem weißen Hengst statt eines weißen Wals, ist insofern keineswegs überraschend.

Western sind in dieser Tradition Filme über die *Grenze* Amerikas, zunächst natürlich die externe, geographische Grenze, die Amerika vor sich herschiebt. Das Prinzip, das sie demonstrieren, ist das der territorialen Expansion. Grenzenlos erscheint das Land aber auch als sozialer Raum. Die Zwänge der Zivilisation, die einengenden Vorschriften von Sitte, Recht und Gesetz haben hier (noch) keine Geltung. Es ist das „Land von Freiheit und Abenteuer". So wirbt jedenfalls eine andere berühmte Zigarettenmarke des 20. Jahrhunderts, und ihr Emblem ist: der Cowboy. Western sind daher auch Filme über die interne, die soziale und psychologische Grenze Amerikas, deren Anerkennung Amerika vor sich herschiebt. Western sind schließlich aber auch Filme über die Grenze, über die Konfrontation mit dem Anderen und Neuen in einer mythischen Dimension.

Der Begriff des Mythos bedarf dabei selbstverständlich einer Erläuterung. Denn die Liste der Definitionsversuche, die man seit gut zweihundert Jahren unternimmt, ist lang. (Zu einem Grundbegriff wird der Begriff des Mythos erst mit dem Beginn der Moderne. Erst mit der Aufklärung wird er als eigene Denkform entdeckt und zum Grenzbegriff verschiedener Wissenschaften; vgl. Müller 2002, S. 309). Diese Liste ist unvermeidlich, denn Definitionen sind theorienabhängig. Sie variieren je nach leitendem Erkenntnisinteresse und axiomatischer Begrifflichkeit. Für ein im weitesten Sinn ideologiekritisches Interesse und eine kulturwissenschaftliche Perspektive erscheinen wenigstens vier Elemente des Mythos relevant.

- Erstens meint „Mythos" in diesem Kontext ein bildhaftes und sinnbildlich-symbolisches Denken, ein Denken in vieldeutigen Bildern statt in abstrahierenden und verallgemeinernden Zeichen. So fungiert das Wort „Stern" im Kontext eines Western als Symbol des Gesetzes. Doch steht im mythischen Denken das Symbol dem (eindeutigen) Zeichen nicht nur gegenüber, sondern beansprucht ungebrochen zugleich auch dessen Funktion. Der Mythos verwendet dann ein Symbol, als wäre es ein Zeichen, ein Uneindeutiges, als wäre es eindeutig, ein Sinnbild, als wäre es ein Abbild.
- Zweitens kennzeichnet ihn eine gemeinschaftsstiftende Funktion. Wie Herder und die Frühromantik, Durkheim, Malinowski und Cassirer betonen, dienen Mythen der sozialen Integration. Um Figuren wie Odysseus, Achill, Ödipus, Kain und Abel, Abraham und Isaak, David und Goliath, die Nibelungen usw. ranken sich Geschichten und, durch sie vermittelt, Werte, die eine Gemeinschaft, eine Familie, ein Clan, ein Stamm, eine Stadt, ein Volk, eine Nation zu ihren Geschichten und Werten macht und sich dadurch als Gemeinschaft begreift.
- Drittens weist der Mythos eine oppositionelle Struktur auf. Der durch Claude Lévi-Strauss begründete sozialwissenschaftliche Strukturalismus arbeitet das heraus. Das mythische Denken folgt binären, simplifizierenden Oppositionen und versucht dadurch, die basalen Oppositionen zu bewältigen, die eine Gesellschaft bedrängen.
- Viertens ist der Mythos eine eigenständige, irreduzible Form menschlicher Selbstverständigung, mit Cassirer gesprochen: eine neben Religion, Kunst, Wissenschaft, Sprache und Technik eigene „symbolische Form". Die Entwicklungsformel „Vom Mythos zum Logos", die der klassische Philologe Wilhelm Nestle 1940 prägt, gehört wissenschaftlich inzwischen der Vergangenheit an. Was bleibt ist, nun mit Hans Blumenberg gesprochen, die „Arbeit am Mythos". Man kann demnach einen Mythos nicht überwinden, sondern an ihm nur weiter arbeiten. Und bei Strafe der blinden lebenspraktischen Wiederholung des mythisch erzählten Grundmusters *muss* man auch weiter an ihm arbeiten.

Abb. 1 *The Wild Bunch*, Sam Peckinpah, USA 1969

3 The Wild Bunch

Die doppeldeutige Überlagerung von Mythos, *frontier* und imperialer Idee möchte ich nun exemplarisch an Sam Peckinpahs *The Wild Bunch* (1969) demonstrieren (Abb. 1). Dieser Western, einer der auch finanziell erfolgreichsten, ist Peckinpahs schonungslose, brutale und deprimierende Abrechnung mit den Idealen des Genres. Von den großen Einzelgängern, den unangepassten Männern der glorreichen Zeiten bleiben bei ihm nur noch, wie er selber einmal sagt, „Verlierer großen Stils" (zit. nach Hembus 1997, S. 642). Und zu solchen Verlierern werden sie, weil sie, ohne es auszusprechen, längst wissen, dass ihre Zeit vorbei ist, sie aber dennoch nicht kapitulieren und ihre wie immer auch durchlöcherten Ideale nicht aufgeben.

In *The Wild Bunch* steht nicht mehr der Einzelne, sondern die Gruppe im Zentrum. Peckinpahs Film gehört in jene Reihe von Western, die ihren (zaghaften) Ursprung in Howard Hawks' *Rio Bravo* (1958) hat (Abb. 2). Will Wright fasst sie in seiner strukturalistisch angelegten Studie *Sixguns and Society* (1977) unter dem

Imperium Americanum und der Mythos des Westens 195

Abb. 2 *Rio Bravo*, Howard Hawks, USA 1959

Begriff des „professional plot" zusammen. Eine Gruppe von Männern tut sich zusammen, um einen Auftrag, einen Job zu erledigen. Jeder Einzelne in dieser Gruppe ist, in bestimmter Hinsicht, ein Experte. Schon deshalb respektiert man sich. Man ist auch aufeinander angewiesen, braucht sich; ein Grund mehr, zusammenzuhalten. Man hat aber auch Spaß zusammen, lässt die Whiskey-Flasche kreisen, vergnügt sich gemeinsam mit Prostituierten und gibt einander Grund zum Lachen. Das gemeinschaftsstiftende Ritual des (Whiskey-)Trinkens, Bordellbesuchens und Lachens bindet die Gruppe immer wieder zusammen, nach jedem geglückten oder auch missglückten Überfall. Von den vier fundamentalen mythischen Oppositionen, die den Western aus Will Wrights strukturalistischer Sicht kennzeichnen, sind im „professional plot" drei nicht mehr intakt: die Opposition von Gut und Böse, von Zivilisation und Wildnis sowie von gesellschaftlichem Innen und Außen.

- Anders als im „classical plot" wollen die Protagonisten nämlich erstens nicht mehr in die Gesellschaft integriert, das heißt in der Regel geheiratet werden; sie erklären sich vielmehr bewusst zu *outlaws*.
- Ebenso ist zweitens die Demarkationslinie zwischen Zivilisation und Wildnis obsolet. Nur die ländlich-zivile, christliche und lebenslustige Sozialordnung des mexikanischen Dorfes, das den wilden Haufen einmal beherbergt, fügt sich ihr noch, nicht aber die städtisch-zivile, die der Film zu Beginn als Ort der ersten großen Schießerei, des ersten Massakers präsentiert, eine bigotte Christengemeinschaft mehr oder weniger militanter Antialkoholiker, die mit dem Choral „Shall We Gather at the River", den John Ford in seinen Western gerne gemeinschaftsstiftend einsetzt, zur bekennenden Demonstration schreitet (Abb. 3).
- Die Unterscheidung, drittens, zwischen gut und böse schließlich ist so schwierig, launisch und zwiespältig wie die unterschiedlichen Charaktere. Der Tod

Abb. 3 *The Wild Bunch*, Sam Peckinpah, USA 1969

Abb. 4 *The Wild Bunch*, Sam Peckinpah, USA 1969

von Frauen und Kindern, die sich der Antialkoholiker-Demonstration angeschlossen haben, wird von den Repräsentanten des Gesetzes gleichmütig in Kauf genommen, als es zu dem wüsten Feuergefecht mit den Männern des *wild bunch* kommt, die ihrerseits Frauen skrupellos als Schutzschilder benutzen. Die Gesetzesvertreter sind ein Haufen geldgieriger Galgenvögel, ihr Anführer zwar integer, aber er gehörte selber einmal zu der Bande, die er nun jagt, eine Aktion, zu der man ihn wiederum erpresst hat; er schießt auf seine ehemaligen Kumpel, weil man ihn dafür aus dem Gefängnis entlassen hat. Auch die mexikanisch-dörfliche Gemeinschaft zeigt Risse, Prostitution und Verrat nisten sich ein: Eine junge Frau macht sich zur Hure desselben abtrünnigen Generals Mapache, der ihr Dorf mit seinen Soldaten überfallen und ihren Schwiegervater erschossen hat; die Mutter einer anderen jungen Prostituierten verrät dem General, dass einer der Männer des wilden Haufens, Angel, aufständische Mexikaner mit einem Teil jener Waffen unterstützt, die in gewisser Weise dem General zustehen, da die Bande sie für ihn gestohlen und dafür mehrere Tausend Dollar von ihm erhalten hat (Abb. 4).
- Intakt ist, viertens, in dieser Welt nur noch die Opposition von Schwäche und Stärke; sie funktioniert wie eh und je im Western.

3.1 Das Massaker als moralische Regeneration

Die Männer des wilden Haufens können keinen offenen Raum mehr finden, die *frontier* hat sich längst geschlossen. Sie können daher den Widersprüchen nicht mehr entfliehen, in die sie hineingeraten sind. Die Widersprüche können nur noch explodieren, sich mit Gewalt Raum schaffen, auch wenn das für die Männer bedeutet, sich selbst mit in den Tod zu reißen. Und die Explosion führt schließlich zu einem Massaker.

General Mapache hat Angel gefangengenommen, den Mexikaner im wilden Haufen, dessen Vater während des Überfalls auf das Dorf von eben diesem General erschossen und dessen Verlobte sich den Soldaten als Prostituierte angeschlossen hat. Er lässt Angel foltern, indem er ihn an die hintere Stoßstange eines nagelneuen, luxuriösen Autos bindet (man schreibt bereits das Jahr 1914, ein für den Western ungewöhnlich spätes Datum, denn die meisten spielen im Zeitraum zwischen 1865 und 1885) und ihn im Kreis herumschleifen lässt, zur Freude auch der Kinder, die hinterherlaufen, feixen und den Geschundenen zusätzlich malträtieren. Seine Kumpel, die das mit ansehen müssen, zögern zunächst. Noch greifen sie nicht ein. Noch einmal versuchen sie, sich bei den jungen mexikanischen Frauen abzulenken. Aber es funktioniert nicht so recht. Es reicht ein einziger Satz, um das Finale einzuläuten: „Let's go!", sagt Pike, der Boss, und die anderen folgen ihm. Pike gibt keine Erklärung, niemand fragt und niemand zögert. Es gibt in diesem Moment nichts zu bereden, jeder weiß, was zu tun und was man sich schuldig ist (Abb. 5). Und so marschieren sie, die Gewehre in der Hand, die Revolver umgeschnallt, Seite an Seite die staubige Straße entlang. Es ist ein Aufmarsch zum Showdown, wie ihn das Westerngenre kultiviert. Ein respektgebietender Aufmarsch, unterlegt vom Rhythmus einer Grenardierstrommel und einem klagenden mexikanischen Volkslied. Vier Männer, das ist der Rest des wilden Haufens, begeben sich in eine Situation, wie sie gefährlicher nicht sein kann. Schutzlos stehen sie inmitten eines herumlungernden Heeres von Soldaten, die ihrerseits bis an die Zähne bewaffnet sind. Der General scheint Angel freigeben zu wollen, doch spielt er ein grausames Spiel. Denn er hat ein Messer, mit dem er dem Gefolterten zunächst die Handfesseln, dann aber, lachend und mit einer plötzlichen Armbewegung, auch den Hals durchschneidet. Pike reagiert als erster, drei vier Schüsse treffen den Mörder, und dann ist alles ruhig. Es ist die sprichwörtliche Ruhe vor dem Sturm. Die mexikanischen Soldaten wie die Männer des Haufens schauen halb verwundert, halb gespannt in die Runde. Niemand scheint begriffen zu haben, was soeben passiert ist. Der General ist tot, und die *gringos* haben ihn erschossen. Vielleicht, so denkt man als Zuschauer, und so denken kurz wohl auch die Männer des Haufens, passiert nichts weiter. Vielleicht nehmen die Mexikaner das hin als legitimen Akt

Abb. 5 *The Wild Bunch*, Sam Peckinpah, USA 1969

der Rache oder als Befreiung von einem zwar mutigen und militärisch-klugen, aber ebenso herrischen und versoffenen Despoten. Verdutzt, wie sie sind, fangen die Männer sogar an zu lachen, erinnern sich jenes Bandes, das die Gruppe immer zusammengehalten hat. Doch dann gibt Pike den Startschuss für das große Gemetzel, indem er jenen deutschen Oberstleutnant mit hasserfülltem, zielsicheren Blick niederschießt, der sich einmal, in weißem Anzug, gepflegtem, grauen Schnurrbart und statusbewusster Haltung als Friedrich Mohr von der kaiserlich-deutschen Armee vorgestellt hat. Eine überraschende Tat, denn der Deutsche tritt die ganz Zeit über nicht durch auffällige, gar moralisch abstoßende Handlungen in Erscheinung. Man muss daraus wohl schließen, dass er eine Form von Leben repräsentiert, die dem wilden Haufen am meisten zuwider ist: Militarismus, Aristokratismus und Rassismus. Pikes Schuss ist das Signal für seine Kumpel ebenso wie für die gebannt herumstehenden Soldaten. Die Frontlinie ist nun klar und es beginnt ein großes Schlachten, dem zunächst nur die Mexikaner zum Opfer fallen, vor allem deshalb, weil es den Männern des Haufens gelingt, ein Maschinengewehr in ihre

Abb. 6 *The Wild Bunch*, Sam Peckinpah, USA 1969

Gewalt zu bekommen. Wahllos feuern sie in die Menge, schonen auch Frauen und Kinder nicht, steigern sich in einen Zustand von schießwütigem Wahn hinein, bis sie schließlich selber, einer nach dem andern, von hereinbrechenden Salven niedergestreckt werden (Abb. 6).

Aus dem Kampf Mann gegen Mann, den der Western kultiviert, ist ein unterschiedsloses Töten geworden, eine Maschinerie, die vor nichts und niemandem Halt macht. Der Western wird vom Kriegsfilm eingeholt. Der Kampf zwischen aufrecht stehenden Einzelnen, der sein formgebendes Ritual, das Duell, aus ritterlichen und aristokratischen Zeiten in die Moderne hinübergerettet hat, endet im primitiven, vor dem historischen Hintergrund muss man sagen: stillosen Töten. Peckinpah demonstriert dadurch die Dialektik jenes Mythos, den Richard Slotkin in seinem Buch *Gunfighter Nation* besondere Aufmerksamkeit widmet, dem Mythos von der „Regeneration durch Gewalt", der den Western kennzeichnet (vgl. Slotkin 1998). Peckinpah entzaubert ihn durch Überbietung. Dass der Akt der Gewalt die notwendige und zufriedenstellende, ja moralisch erhebende Lösung aller aufgeworfenen und angestauten Probleme sei, ist eine Überzeugung, die der Film *The Wild Bunch* in ihrer selbstdesaströsen Konsequenz vor Augen führt.

3.2 Mylai/Vietnam

Es ist dieses Gemetzel, das, zusammen mit demjenigen zu Beginn des Films, fast aufdringlich eine politische Deutung nahelegt. Denn im Herbst 1969 berichten die *New York Times* und das *Life Magazine*, letzteres in schockierenden Fotografien, von einem Massaker, das eine US-amerikanische Kompanie bereits eineinhalb Jahre vorher, am 16. März 1968, in einem Dorf namens Mylai in Vietnam verübt hat. Nachdem die GIs, wie die Berichte und Bilder dokumentieren, zunächst nur das tun, was sie normalerweise – es ist Krieg – tun, wenn sie in ein feindliches Dorf einmarschieren, nämlich auf einzelne auftauchende Personen schießen und Hütten niederbrennen, ergehen sie sich schließlich, nicht alle, aber doch die meisten, in Exzessen und Gräueltaten. Sie treiben die Vietnamesen zusammen, Männer, Frauen, Kinder, Babies, und erschießen sie allesamt. Wie die Männer des wilden Haufens steigern sie sich in eine wüste Tötungs- und Schlachtorgie hinein.

Slotkin, der ausführlich den Einfluss untersucht, den die rassistische Theorie der angelsächsischen Superiorität auf die Populärkultur und US-amerikanische Politik ausübt, sieht diese Theorie namentlich in Theodore Roosevelts siebenbändigem Werk *The Winning of the West* (1885–1894) niedergelegt, jenes Roosevelts, der von 1901 bis 1909 als Präsident der USA zum ersten Mal die Doktrin von seiner Nation als einer internationalen Polizeimacht verkündet, nachdem bereits unter seinem Vorgänger die USA zum ersten Mal über die eigenen Grenzen hinausdrängen und im spanisch-amerikanischen Krieg die Philippinen erobern, die Hawaii-Inseln annektieren und sich Protektoratsrechte sowie Marinebasen auf Kuba sichern. Der Westen als Lebensraum war gewonnen, die *frontier* als geographische Grenze innerhalb der USA erreicht. Wie ein Naturgesetz drängt sie nun weiter in den Westen, in den Pazifischen Raum und auch in den Süden Amerikas vor, bis, wie auf einer berühmten Zeichnung Saul Steinbergs aus dem Jahr 1975, hinter den Straßen von Manhattan in kargen Strichen Kansas City, Berge bei Nebraska, irgendwo in der Wüste Los Angeles und schließlich fern am Horizont Japan, Sibirien und China zu sehen sind. Und auch dort dürfte kein Halten sein. Ein schriftstellernder Philosoph wie der bereits zitierte Thoreau ruft bereits Mitte des 19. Jahrhunderts in seinem Buch *Walden* einem imaginären Wanderer zu, „jene weiteste Straße" („that farthest Western way") zu ziehen, „die nicht am Mississippi oder am Stillen Ocean ihr Ende findet", sondern immer weiter führt, „bis die Sonne, der Mond, ja, bis die

Erde hinter dir verschwindet". Der Weltraum als nächste *frontier* kündigt sich an, der Astronaut als Nachfolger des Westerners.

3.3 Mythos und Entmythologisierung

Peckinpahs Film arbeitet in ostentativer Weise mit der mythischen Struktur des Kreises. Er beginnt mit einem Massaker und er endet mit einem. Nichts verändert sich, so suggeriert er, in der Geschichte herrscht desaströse Gewalt. Wäre da nicht das Lachen. Es bietet die einzige, wenn auch imaginäre Korrektur.

Nachdem seine Truppe mir ihrer Beute verschwunden ist, hockt Thornton, der ehemals selber zu dem wilden Haufen gehört und ihn dann bis zum Ende verfolgt hat, auf der staubigen Straße, an eine Wand gelehnt. Er hat bei der allgemeinen, widerlichen Leichenfledderei der Verfolgerbande lediglich Pikes Pistole an sich genommen. Sie könnte ein bloßes Erinnerungsstück sein, aber sie ist mehr, ein Symbol, das Zepter der Macht, die nun auf ihn übergeht. Während er vor sich hin sinniert, kommt der Älteste der Gang angeritten, dem man stets nur die Versorgung der Pferde anvertrauen konnte. Er ist in Gesellschaft jener Mexikaner, die im Freiheitskampf gegen General Mapache stehen, jener Leute aus Angels Dorf, die die Gang vor einiger Zeit beherbergt hat. „Machst du mit?", fragt der Alte. „Es ist nicht mehr so, wie es einmal war, aber es ist besser als nichts". Und als Thornton lächelt und aufsteht, fängt der Alte an, lauthals zu lachen, so, wie er das schon öfter getan hat in diesem Film. Mit dieser Szene gibt Peckinpah dem Film doch noch eine gewisse versöhnliche Wendung. Die letzten beiden aus dem wilden Haufen, die übriggeblieben sind, schließen sich der Revolution an, der einzigen moralisch halbwegs unbefleckten Seite, die es in diesem Film gibt. Als sie gemächlich davon reiten, untermalt wiederum von dem schwermütigen, verhalten kämpferischen mexikanischen Volkslied, stimmen auch die Toten in das Gelächter ein. Der Film ist zu Ende und blendet noch einmal, einen nach dem andern, die fünf Männer des wilden Haufens ein, lachend, mit einem leichten Hall, als käme es aus dem Jenseits. Das Lachen deckt den Widerspruch zu zwischen Leben und Tod[2]. Es ist ein Lachen über den lächerlichen Unterschied von Leben und Tod, den nur die wichtig nehmen, die unbedingt überleben wollen. Demgegenüber vertraut dieses Lachen auf ein anderes Leben, das „mythische Leben", das immer weitergeht und auf seine Art Unsterblichkeit verspricht. Es geht nicht nur in den sich fortwährend abwandelnden Erzählungen weiter, als Leben in den Erinnerungen eines Kollektivs. Viel-

---

[2] Ich paraphrasiere und interpretiere im Folgenden eine Passage aus Böhringer 1998.

Abb. 7 *The Wild Bunch*, Sam Peckinpah, USA 1969

mehr lebt der tote Pike in Thornton symbolisch weiter, er ist der ebenbürtige und daher würdige Nachfolger (Abb. 7).

Aber noch einen letzten Widerspruch deckt das Lachen zu, den nämlich, der im Mythos selber liegt. Das mythische Leben, so sagt man allgemein, dreht sich im Kreise als das ewig gleiche. Und doch, so sagt *The Wild Bunch*, ist es nicht mehr so, wie es einmal war. Der Alte sagt es, und alle Beteiligten wissen es. Und die äußerlich Unbeteiligten, die das Ganze auf der Leinwand verfolgen, können daraus einen weitergehenden Schluss ziehen: Es war noch nie so, wie es angeblich gewesen sein soll. Das Leben ist immer auch anders, als es der Mythos darstellt. Es dreht sich nicht nur im Kreis, gleicht eher einer Spirale, einer Spirale allerdings, die weder hegelianisch, als Symbol des Fortschritts, geradewegs nach oben noch in schlichter Umkehrung nach unten führt. Am ehesten gleicht es noch einer Uhr, denn in ihr überlagern sich lineare und zirkuläre Zeitvorstellung. Der Zeiger, der unerbittlich voranschreitet, symbolisiert nicht nur die in der subjektiven Erfahrung irreversibel verfließende, sondern auch die mythisch sich im Kreise drehende Zeit. Am Ende freilich versagen hier die Gleichnisse und es helfen, an dieser Stelle, nur noch Begriffe (während es gewiss in anderen Kontexten umgekehrt sein kann). Der Mythos, so darf man mit Horkheimer und Adorno wiederholen, ist immer schon Mythologie, ein durchaus selbstreflexives Symbolsystem. Im Mythos gibt sich das Symbol als Realität, das Bild als Abbild (der Wirklichkeit), und doch ist er sich der Differenz zur Realität wenn nicht *immer schon*, so doch *immer auch* bewusst. Das mythische Lachen in *The Wild Bunch* ist demnach ebenso eines über diese Differenz. Die Selbstreflexivität, die der Western vorführt, rettet den Mythos im zweifachen Sinn: Weder darf er als pures Gegenteil der Reflexion, der Aufklärung gelten noch kann er jemals vollständig in Reflexion aufgehen. Mit jedem Western dieser Qualität wird der Mythos des Westens entmythologisiert, und doch ist von dem Mythos immer noch überreichlich da. Wie der Held oder, das dazugehörige Gegenbild, der Bösewicht, den er niederstreckt, steht der Mythos immer wieder auf, wenn er am Boden liegt, auch wenn er, wieder auf den Beinen, nicht mehr derselbe ist wie vorher. So verschränkt sind Stillstand und Bewegung, so doppelgesichtig die Veränderung, wenn man sie am Mythos, am Mythos des Westens, des Westerns analysiert. Und je mehr dieser Mythos die Idee des Imperium Americanum durchdringt, desto mehr verstärkt er auch deren Ambivalenz.

Literatur

Bacevich, Andrew J. 2002. Pilgerreise in die Freiheit. *Süddeutsche Zeitung* v. 30.07.2002.
Böhringer, Hannes. 1998. *Auf dem Rücken Amerikas: Eine Mythologie der neuen Welt im Western und Gangsterfilm*. Berlin: Merve.
Früchtl, Josef. 2004. *Das unverschämte Ich: Eine Heldengeschichte der Moderne*. Frankfurt a. M.: Suhrkamp.
Fukuyama, Francis. 1992. *The end of history and the last man*. London: Penguin Books.
Hardt, Michael, und Antonio Negri. 2002. *Empire: Die neue Weltordnung*. Frankfurt a. M.: Campus.
Hembus, Joe. 1997. *Das Western-Lexikon*. München: Heyne.
Kaplan, Robert. 2002. It takes an empire say several US thinkers. *New York Times* v. 01.04.2002.
Kennedy, Paul. 2002. The greatest superpower ever. *New Perspectives Quarterly* 19 (2): 8–18.
Krauthammer, Charles. 1999. The second American century. *Time Magazine* v. 27.12.1999.
Müller, Ernst. 2002. Mythos. In *Ästhetische Grundbegriffe*. Bd. 4, Hrsg. Karlheinz Barck et al., 309–346. Stuttgart: Metzler.

Slotkin, Richard. 1998. *Gunfighter nation: The myth of the frontier in twentieth-century America*. Norman: University of Oklahoma Press.
Thoreau, Henry David. 1985. *A Week on the Concord and Merrimack Rivers; Walden, The Main Woods; Cape God*. New York: The Library of America. (Hrsg. R. F. Sayre).
Todd, Emmanuel. 2003. Auf der Bühne des theatralischen Militarismus: Amerika und die wahren Mächte der Welt. *Blätter für deutsche und internationale Politik* 3:287–295.
Tuveson, Ernest Lee. 1968. *Redeemer nation: The idea of America's millennial role*. Chicago: University of Chicago Press.
Urban, Claus, und Joachim Engelhardt. (Hrsg.). 2004. *Nur Götter und Götzen? Zur Aktualität des Mythos*. Münster: LIT.
Wright, Will. 1977. *Sixguns and society: A structural study of the western*. Berkeley: University of California Press.

Josef Früchtl Professor für Philosophie der Kunst und Kultur an der Universität von Amsterdam. Promotion an der Universität Frankfurt zu *Mimesis – Konstellation eines Zentralbegriffs bei Adorno* (1986); Habilitation mit *Ästhetische Erfahrung und moralisches Urteil: Eine Rehabilitierung* (1996). 2002–2005 Präsident der Deutschen Gesellschaft für Ästhetik; seit 2004 Mitherausgeber der *Zeitschrift für Ästhetik und Allgemeine Kunstwissenschaft*; von 2007–2012 Vorsitzender des Department of Philosophy an der Universität Amsterdam. Forschungsschwerpunkte: philosophische Ästhetik, Theorien der Moderne, Kritische Theorie der Kultur(wissenschaften) und Philosophie des Films. Publikationen u. a. *Vertrauen in die Welt: Eine Philosophie des Films* (2013).

Teil IV
Ausblick: Zur Persistenz von Hollywood und kontinentaler Philosophie

Das Außen des Außen: *Life of Pi* und die Film-Philosophie

Thomas Elsaesser

1 Einleitung

Wie so oft in der noch jungen Disziplin der Filmwissenschaft bringen die Positionierungen der Bedeutung, Nützlichkeit und Terminologie der *Philosophie des Films*, von *Film und Philosophie* und der *Film-Philosophie* eine Teilung zwischen einer nordamerikanischen und einer kontinentalen Fraktion hervor, wie es schon mit dem Auteurismus in den 1960er und der *Grand Theory* in den 1970ern Jahren geschah. In der derzeitigen Lage ist die nordamerikanische *Philosophie des Films* von der analytischen Philosophie, dem Kognitivismus und jüngst besonders von der Neurowissenschaft inspiriert, während die kontinentale *Film-Philosophie* die Cinéphilie und die kanonischen Regisseure der Pariser *Cahiers du Cinéma* übernimmt, aber heute auch von Nietzsches Anti-Metaphysik, Bergsons Lebensphilosophie, Husserls Phänomenologie, Heideggers *Weltbild* sowie – durch den Aufruf jenes Anti-Cartesianismus von Leibniz und Spinoza, den Gilles Deleuze neu eingeführt hat – ebenfalls der Dekonstruktion geprägt ist.

Es war die breite Rezeption der Filmbücher von Deleuze, die nach der Veröffentlichung einer englischen Übersetzung in den späten 1980er Jahren (Deleuze 1989, 1991) den Hauptanstoß für das Feld der *Film-Philosophie* lieferte, aus der ihre gegenwärtige Form entstand. In Frankreich selbst wiederum veranlasste der internationale Erfolg von Deleuzes *Cinéma I & II* einige etablierte Philosophen

---

T. Elsaesser (✉)
Universität Amsterdam, Amsterdam, Niederlande
E-Mail: elsaesser@uva.nl

– alle bereits über siebzig Jahre alt – dazu, ebenfalls Bücher über das Kino zu schreiben: unter ihnen Jaques Rancière, Jean-Luc Nancy und Alain Badiou. Deleuzes Vorrangstellung gewann so sehr an Einfluss, dass ein weiterer amerikanischer Philosoph des Films wiederentdeckt wurde: Stanley Cavell, der – inspiriert und beeinflusst von André Bazin – seine Studie *The World Viewed: Reflections on the Onthology of Film* bereits 1971 veröffentlicht hatte, mithin zu einer Zeit in der Bazins „Realismus" und „Ontologie" fast ausschließlich negative Konnotationen besaßen. Dieselben Namen und Begriffe sind heute zentrale positive Referenzpunkte in den „neuen Philosophien des Films" (Sinnerbrink 2011).

Die folgenden Ausführungen beschäftigen sich nicht mit der Polemik, die zwischen *Film und Philosophie* und *Film-Philosophie* entstand. Dennoch beziehen sie sich auf diese Debatten, und daher werde ich im ersten Teil versuchen, die symptomatischen Eigenschaften der philosophischen Wende in der Filmwissenschaft kenntlich zu machen. Zwangsläufig ist dabei eine Rekapitulation einiger Argumente, die *Doxa* geworden sind, um Zusammenhänge herzustellen. Im zweiten Teil möchte ich kurz vergleichen, was andere Philosophen über den Film sagen, indem ich eine spezifische Problematik herausarbeite, welche den Film zu einer besonders wichtigen Herausforderung für die Philosophie macht: Dies ist das Verhältnis von Film zur Bewegung, zur Wiederholung, zum Automatismus und zur Animation. Im dritten Teil werde ich prüfen, ob die gegenwärtige Mainstream-Filmpraxis mögliche Implikationen für eine Praxis von „Film als Philosophie" begründet, und zwar zum Status des Films als Gedankenexperiment.

2 Film und Philosophie: Eine neue Allianz oder alte Freunde?

Was sind die Gründe für Film und Philosophie, sich miteinander zu verbinden? Ist es so, wie Robert Sinnerbrink vorschlägt? „From being erstwhile foes and then indifferent strangers" konstatiert Sinnerbrink, „philosophy and film have [become] unlikely partners providing solace to one another in a sometimes felicitous, sometimes fractious, marriage of convenience" (2011, S. 119). Oder sind es die digitale Wende und die „Tod des Kinos"-Argumente, die ein Überdenken der Ontologie des Films notwendig machen, für das philosophische Unterstützung nötig ist? Wäre es möglich, mit Hilfe der Philosophie die Bedeutung des Films in der modernen Geschichte der Menschheit, d. h. in Hinblick auf die letzten fünfhundert Jahre von Bild- wie Gedankenproduktion, zu kartographieren?

Allerdings sollte man mit dem putativen Novum der Verbindung von Film und Philosophie nicht übertreiben. Entgegen der Feindlichkeit und des Desinteresses,

Das Außen des Außen: *Life of Pi* und die Film-Philosophie 209

welche, wie Sinnerbrink gezeigt hat, die Philosophie gegenüber Film und Kino hegte, sollte man die (nicht ganz unbegründete) These dahingehend relativieren, dass die Filmtheorie schon immer philosophisch gebildet gewesen ist, sie die wechselnden Trends und Stränge in der Philosophie widergespiegelt hat: Zwischen 1916 und der Mitte der dreißiger Jahre reichte diese von Hugo Münsterbergs kognitiver Psychologie bis zur frühen Phänomenologie von Georg Lukács und Béla Balázs, und von Rudolf Arnheims Gestaltpsychologie bis hin zu Walter Benjamins messianischem Marxismus. Nach 1945 umfasste sie dann sowohl André Bazins Phänomenologie wie auch Christian Metzs strukturelle Linguistik, während die *Screen Theory* viele philosophische Inspirationen verzeichnete: Jacques Lacans Hegel, der Marx von Louis Althusser, Michel Foucaults Nietzsche und, nicht zu vergessen, Platons Höhlengleichnis.

Dies ist der Grund dafür, dass die aufgeworfenen Fragen der *Screen*-Theorie noch immer von Relevanz sind (so unbefriedigend, unzureichend oder konzeptionell falsch viele ihrer Antworten auch gewesen sein mögen): Besonders die Frage nach den Subjekteffekten des Kinos taucht in einer anderen Form wieder auf, wenn wir das hermeneutische Modell berücksichtigen, das versucht hat, das Unbewusste des Films zu lokalisieren und deshalb die Möglichkeit, dass ein Film ein Denken [*mind*; IR] besitzt, implizit aufbringt; oder anders ausgedrückt: was das Denken in einem Film ist (und was der Körper). Auf der anderen Seite ist die mit der *Screen Theory* assoziierte Hermeneutik – welche gemeinhin als eine *Hermeneutik des Verdachts* (auch als „kritische Lektüre" bekannt) gilt – der Konzeption von pro- und interaktiven ZuschauerInnen gewichen, die ihre eigene Hermeneutik praktizieren, entweder um mit ihrem hart erworbenem Fachwissen zu imponieren oder weil sie zu einer hermeneutischen Tätigkeit verführt werden – durch enigmatische Szenen oder doppeldeutige Enden, verwirrende Charaktermotivationen oder unerwarteten Plotwendungen in Filmen, die ich als „mind-game movies" bezeichne. Im Folgenden werde ich argumentieren, dass derjenige hermeneutische Ansatz, der am ehesten eine brauchbare prozedurale Verbindung von Film und Philosophie herstellt, einer ist, der sich mit dem Realitätsstatus und propositionalen Charakter eines Films beschäftigt: dem Film als *Gedankenexperiment*. Die Idee, den Film als Gedankenexperiment zu bezeichnen, übernehme ich dabei von Thomas Wartenberg und mehreren anderen Wissenschaftlern, die sich für die Vorzüge des Konzepts ausgesprochen, aber auch auf seine Grenzen aufmerksam gemacht haben. Ich halte die Idee, den Film als Gedankenexperiment zu begreifen, nicht nur für einen Kompromiss zwischen dem eisernen Versuch, den Film in den Status einer eigenen Form der Philosophie zu erheben, und der gemäßigteren Position, die den Film als Diskursivierung wichtiger philosophischer Probleme sieht, sondern sehe sie auch als Antwort auf eine andere Herausforderung: Dies ist die Frage nach der

Ontologie des Films, die man mit der Formel zusammenfassen könnte: „Das Kino: Ist es eine Kunstform oder eine Form des Lebens?" Analog zu anderen neueren Ansätzen ontologischen Denkens kommt die Inspiration für eine solche Herausforderung abermals unweigerlich von Deleuze, dessen Schriften die Radikalität der genannten Formel untermauern. Doch vielleicht ist eine so waghalsige Behauptung wie „Film ist eine Form von Leben" vertretbar, wenn man Reflexionen über, sagen wir, die posthumane Kondition, die Neurowissenschaften, Gen-Technik oder Bio-Energie anstellt und damit eine Denkweise stark macht, die implizit weder von den Annahmen und Mutmaßungen der Natur- und Experimentalwissenschaften als alleingültigen Formen des Wissens ausgeht noch sich von deren Definition des Menschen eingrenzen lässt.

3 Die ersten hundert Jahre: Ästhetik, Epistemologie, Ontologie

Rückblickend kann man argumentieren, dass für das erste halbe Jahrhundert („klassische Filmtheorie", bis 1958) die übergeordnete Frage der Filmtheorie war: Ist Film „Kunst"? Während André Bazin der erste ernstzunehmende Denker war, der diese ersetzte, indem er die Frage nach der Ontologie einbrachte, überlebte die „Ist-der Film-Kunst"-Debatte in der nordamerikanischen „Philosophie des Films" (Noël Carroll, David Bordwell, Murray Smith), wenn auch in einer etwas anderen Formulierung und in dem anderen Paradigma eines „Was ist Was ist Ästhetik im Zeitalter der technischen Reproduzierbarkeit?" In Kontinentaleuropa widmete sich die zweite Hälfte des Jahrhunderts der Filmtheorie vor allem epistemologischen Problemen. Fragen wie „Ist Film eine Sprache?", „Was ist Realismus und was Illusion?", „Wie ideologisch ist die klassische Erzählung?" oder „Was sind die geschlechtsspezifischen Subjekteffekte des kinematographischen Apparats?", ihnen allen ging es um jene Art des Wissens, die das Kino mutmaßlich transportiert. Man kann sogar noch weiter gehen und sagen, dass gerade dann, wenn der inhärente Illusionismus des Kinos, seine ideologische Konstruiertheit und seine einseitige Geschlechterhegemonie des männlichen Blicks denunziert wurden, der Kritik immer noch die Annahme zugrunde lag, dass das Kino auf eine realistische Epistemologie (d. h. einen Wahrheitsanspruch, den es in der Praxis immer wieder verfehlt) antwortet.

Im Gegensatz dazu konzentrieren sich Philosophen wie Stanley Cavell, Deleuze and Jean-Luc Nancy weder in erster Linie auf ästhetische Fragen noch sehen sie das Kino als Instanz eines positiven Denkens oder als „Wahrheit". Sie beschäftigen sich mehr mit den Aspekten, die man als ontologisch bezeichnen kann: neue Wege des Organisierens oder (wie es Jacques Rancière nennt) des „Einteilens" von

Kategorien des Seins: das Belebte und das Unbelebte, die Fähigkeiten der Sinne [*sense*; IR] und des Sinnlichen [*sensations*; IR], Aktion und Affekt, Verstand und Denken, die Ethik der Aufteilung der Welt oder das Sein in der Gegenwart von Anderen – die das Kino ins Leben gerufen hat. Für sie hat das Kino die Philosophie vor ein Rätsel gestellt, anstatt lediglich die Welt zu veranschaulichen oder Wissen, welches schon in anderer Form vorliegt, zu repräsentieren. Aus einer solchen ontologischen Perspektive würde die übergeordnete Frage lauten: *Ist Film eine Realität, die fühlt, die denkt und dadurch eine Form des Lebens darstellt?*

Doch was sind die Definitionen des Lebens, auf die eine neue Ontologie des Kinos bauen oder die sie ins Spiel bringen würde? Es liegen einige hierzu vor, gerade von den schon genannten Philosophen des Kinos, die aber im Rahmen dieses Aufsatzes nicht im Detail besprochen werden können. Es genügt zu erwähnen, dass einerseits vitalistische Positionen existieren, ob nun bezogen auf Bergsons Lektüre von Darwin oder auf Deleuzes Re-Interpretation von Bergson. Beide rücken „Differenz und Wiederholung" ins Zentrum des Lebens. Sie wären mit Foucaults Definition des Lebens als „Widerstand" oder Agambens Amalgam von Deleuze, Foucault und Levinas zu kontrastieren. Oder man betrachtet die Reinterpretationen der Vorstellungen Darwins: Mit ihnen erscheint das Leben als „essentially dependent on the non-living, while animated intentionality [i.e. sentient life] is impossible without mindless repetition, and life [itself] is an utterly contingent and destructible phenomenon" (Martin Hägglund, zit. nach King 2011).

4 Die Ontologie des Films: Automatismus

Dies bringt mich zu meinem zweiten Teil, in dem ich vergleichen will, was die Philosophie über einen Unteraspekt des Kinos, den Film betrachtet als eine mögliche Lebensform, sagt: Dies ist das Verhältnis des Kinos zu Bewegung, Wiederholung, Automatismus und Animation. Was das Kino (aus philosophischer Perspektive) von anderen Künsten unterscheidet, ist sein *Automatismus:* Gemeint ist damit das der Kamera inhärente Potential, Bilder durch mechanische Prozesse ohne die Intervention menschlichen Tuns und Wollens einzufangen und aufzuzeichnen. Von William Henry Fox Talbots Bestimmung der Fotografie als „Bleistift der Natur" im Jahr 1844 bis zu Andre Bazins 1958 veröffentlichtem Essay *Die Ontologie des photographischen Bildes* ist die automatische Registrierung von Bildern ein zentrales Faktum, welches in allen theoretischen oder philosophischen Abhandlungen über Fotografie oder Film diskutiert wurde. Bazins These zum filmischen Automatismus ist dabei die berühmt-berüchtigste: „Zum ersten Mal schiebt sich lediglich ein anderes Objekt zwischen das Ausgangsobjekt und seine Darstellung. Zum ersten Mal entsteht ein Bild von der uns umgebenden Welt automatisch, ohne schöpferische Vermittlung des Menschen und nach einem strengen Determinismus. Die Persönlichkeit des Photographen spielt nur in der Auswahl und Anordnung des Gegenstands und bei der beabsichtigten Wirkung eine Rolle: So sichtbar seine Persönlichkeit im fertigen Werk sein mag, so ist sie doch weit weniger maßgeblich als die des Malers. Alle Künste gründen auf der Anwesenheit des Menschen; nur in der Photographie genießen wir seine Abwesenheit. So wirkt die Photographie auf uns wie ein ‚natürliches' Phänomen, wie eine Blume oder eine Schneeflocke, deren Schönheit von ihrem pflanzlichen oder tellurischen Ursprung nicht zu trennen ist" (2004, S. 37).

Ich werde nun hier nicht versuchen, die Vielzahl von Kommentaren, welche diese Passage provoziert hat, zusammenzufassen[1]. Die Liste derer, die den filmischen Automatismus zur Kenntnis genommen und in ihrer Theoretisierung des Kinos hervorgehoben haben, beginnt mit Henri Bergson und Hugo Münsterberg, und sie umfasst (um nur einige zu nennen) ferner: Jean Epstein, Sergei Eisenstein, Rudolf Arnheim, Béla Balász, Walter Benjamin, Siegfried Kracauer, Stanley Cavell, aber auch Gilles Deleuze, Jean-Luc Nancy, Alain Badiou, Jacques Rancière, Friedrich Kittler, Roland Barthes, Susan Sontag, John Berger, Roger Scruton, Kendall Walton, Noël Carroll und unzählige andere Philosophen der Ästhetik. Beschränkt auf einen wesentlich kleineren Kreis, möchte ich kurz die Debatte skizzieren, um zu zeigen, was die verschiedenen Positionen unter den kontinentalen Philosophen des Films trennt wie verbindet. Meine Hoffnung ist, dass ein besseres Verständnis des Automatismus des Films nicht nur den Weg von der analogen zur digitalen Fotografie und dessen ästhetische Implikationen illuminieren kann, sondern auch die Passage des Kinos als einem ästhetischen Phänomen hin zu etwas, das unser Verhältnis zu – als auch unser Sein in – der Welt verändert oder zumindest beeinflusst hat, mit anderen Worten: unserer Ontologie.

In Deleuzes Denkansatz ist die Idee des Automatismus durch die Tatsache verkompliziert, dass dieses Konzept so allumfassend und auf fast alles übertragbar ist, wodurch es z. B. schwierig zu unterscheiden wird, ob nun das Kino den Anstoß zur

---

[1] „Much has been written about this mechanical basis, most famously by Bazin, who drew some essentialist notions from film's mechanical workings to explicate its cultural value as a record of reality. Walter Benjamin's materialist arguments about the loss of aura in the age of reproduction developed a different account of the cultural value of film based on its mechanical working. William J. T. Mitchell cites John Berger to demonstrate the often pejorative cultural value that is attributed to photographic records due to their adherence to a referent by means of its mechanical apparatus: ‚[p]hotographs, as he [John Berger]' defines them, are quite simply ‚records of things seen ... no closer to works of art than cardiograms.' Thus, the material basis sets in motion vast philosophical and cultural consequences on the essence of film and its state in our society" (Flückiger 2012).

Konzeptionen des „geistigen Automaten" gab, oder ob das Kino nur eine weitere Instanz eines viel allgemeineren Grundsatzes der Konnektivität, Kontingenz und der verschiedenen Arten von verteilten Kräften war – im Einklang und Zusammenhang mit dem Konzept der Assemblage, wie in *Tausend Plateaus* diskutiert. Das Konzept des geistigen Automaten kam ursprünglich von Spinoza zu Deleuze, bei dem es sich auf die Eigenbewegungen der Gedanken bezieht; diese Bewegung ist es, die eine Idee, unabhängig von einem Objekt, mit einer anderen verbindet. Spinoza kehrt damit die bekannte Reflexionsfigur, dass das Denken vom Bewusstsein abhängig ist, um und schlägt im Gegensatz dazu vor, dass es unser Bewusstsein ist, welches von der Art, wie Gedanken sich mit anderen Gedanken verbinden, abhängt. Die Tatsache also, dass Deleuze Spinoza (und Leibniz) den Vorzug gegenüber Descartes (und Newton) gab, bedeutet, dass er sich für eine alternative Tradition in Rationalismus und Materialismus entschied. Vor allem die Art, wie Spinoza in seiner *Ethik* Körper als Möglichkeiten für Kontakte und Verbindungen beschreibt, schwingt bei Deleuze mit und stellt eine Affinität zum aktuellen Nachdenken über dezentrierte, nicht-hierarchische, dispersive und aufgeteilte Kräfte dar.

Allgemeiner formuliert: Für Deleuze ist es eine der großen philosophischen Herausforderungen des Kinos, dass dieses nicht zwischen der Bewegung [*animation*; I.R] des Menschen, der Bewegung in der Natur und der Bewegung der Dinge unterscheidet (bzw. unterscheiden muss). Das Kino verhält sich indifferent gegenüber Unterscheidungen, die wir in der Regel zwischen Belebtem und Unbelebtem, inneren Gedanken und äußeren Maßnahmen, dem Aktuellen und dem Virtuellen, dem Möglichen und dem Unmöglichen machen: Als Folge setzt das Kino aber eine Vorstellung des geistigen Automaten voraus, welcher das Mechanische mit dem Psychologischen, das Physische mit dem Physiologischen und den Körper mit der Psyche verbindet, während auch Bewegungen mit Motivation und Emotion verschmelzen. Solch eine „filmische" Perspektive könnte auch helfen, um allgemeinere Theorien der sozialen oder ökologischen Interaktion, wie etwa Bruno Latours Akteur-Netzwerk-Theorie, zu illuminieren, wo nicht-menschliche Entitäten wie Dinge, Institutionen, Sehenswürdigkeiten und Orte über Kräfte verfügen können; mit besonderer Aufmerksamkeit gegenüber ihren Verbindungen sowie unter performativer Perspektive betrachtet[2].

Deleuzes philosophisches Interesse am Kino entstand aus seiner Annahme, dass der Automatismus des filmischen Bildes mentalen Operationen ähnelt: eine Analogie, die bereits im Detail 1916 von Hugo Münsterberg ausgearbeitet wurde. Deleuze dagegen nimmt nun neben Spinoza auch Ideen von Bergson auf, wie in

---

[2] Siehe http://kvond.wordpress.com/2009/03/04/is-latour-an-under-expressed-spinozist und Jane Bennetts Aufsatz zur „Thing-Power" (2004).

der Passage, die das erste Kino-Buch eröffnet: „Der Film gibt uns kein Bild, das er dann zusätzlich in Bewegung brächte – er gibt uns unmittelbar ein Bewegungs-Bild. Sicher liefert auch er einen Schnitt, aber einen beweglichen, keinen unbeweglichen Schnitt plus abstrakte Bewegung. Wiederum ist es sehr merkwürdig, daß Bergson die Existenz von beweglichen Schnitten und Bewegungsbildern einwandfrei entdeckt hatte – vor Erscheinen von *L'évolution créatrice* und vor der offiziellen Entstehung des Films, nämlich in *Matière et mémoire* im Jahre 1896" (1989, S. 15). Den Spuren der Genealogie von Deleuzes Gedanken zum filmischen Automatismus zu folgen, halte ich für wichtig, weil dieser Weg es ist, der letztlich den stärksten kontraintuitiven Impetus des Philosophen untermauert und erklärt: dass das Kino eine Form des Denkens darstellt und somit als ein gültiger Modus der Philosophie firmiert – *Film als Philosophie* an Stelle einer *Philosophie des Films*.

Das impliziert eine doppelte perspektivische Korrektur: Es markiert eine Verschiebung von Vision und Auge (als das, was das Kino definiert und bestimmt) hin zum Kino als Bewegung, im Sinne einer bestimmten Verteilung von Raum-Zeit-Einheiten oder „mobilen Abschnitten", die auf Körper wirken, jetzt verstanden als kontinuierliche Wahrnehmungsflächen. Das wiederum ermöglicht die Idee des Kinos als Gedanke, wenn der Gedanke als integraler Bestandteil von oder als Sonderfall der Bewegung gedacht wird, welche diese Wahrnehmungsflächen, die wir Körper (und Verstand) nennen, erregt und aktiviert. Eine solche Auffassung wäre mit Annahmen in den Neurowissenschaften kompatibel, wo Körper und Verstand heuristisch als wahrnehmend und empfindend betrachtet werden, d. h. als Verarbeitung sensorischer Inputs durch eine Vielzahl von Kanälen und Organen: Blutdruck, Gehirnwellen, Blutzuckerspiegel, chemische Veränderungen, Magnet-Resonanz etc. sind alle messbar, relational, ineinander greifend und quantifizierbar geworden, was sie nicht wären, wenn man sich alleine auf die Wahrnehmung und mentale Verarbeitungsleistung des Menschen verlassen würde.

Mit anderen Worten, das Kino würde man begreifen lernen als einen leistungsfähigen Agenten dieser Umverteilung von Fähigkeiten, der Sinne und der Möglichkeiten, wie Körper sich verbinden und miteinander interagieren. Während dies in der Regel von Deleuze als positiv betrachtet wird, hat die Deterritorialisierung der Wahrnehmung und Gedanken freilich auch ihre negative Seite. Das liegt daran, dass solche Strömungen neue Schnittstellen für Überwachung und Kontrollkanäle eröffnen, die alte Macht-Wissen-Regimes ersetzen oder sie übernehmen. Mit Foucault analysiert Deleuze die von ihm als Kontrollgesellschaft bezeichnete soziale Formation und führt hier wuchernde Flexibilisierungsinstanzen, ein offenes Prozessdenken und die damit verbundenen Rückkopplungsschleifen (er nennt sie Modulationen) als zusätzliche Mechanismen der Selbstmobilisierung, die von denselben umverteilenden Energien abhängig sind, an.

Ganz am Ende der Kino-Bücher spekuliert Deleuze in der Tat über die elektrischen und digitalen Bilder: „Die moderne Gestalt des Automaten ist das Korrelat eines elektronischen Automatismus. Das elektronische Bild – also das Tele- oder Videobild, das im Entstehen begriffene digitale Bild – wird entweder zur Veränderung des Kinos oder zu seiner Ersetzung führen, die seinen Tod bedeutet. Die neuen Bilder [...] sind Gegenstand einer fortlaufenden Reorganisation, bei der ein neues Bild aus einem beliebigen Punkt des vorhergehenden Bildes entstehen kann. Die Raumorganisation verliert damit ihre privilegierten Richtungen – allen voran das Privileg des Vertikalen, von dem nach wie vor die Position der Leinwand zeugt – zugunsten eines ungerichteten [*omnidirectionnel*] Raums, der unaufhörlich seine Winkel und Koordinaten verändert, seine Vertikalen und Horizontalen vertauscht. Und selbst die Leinwand, auch wenn sie immer noch vertikal aufgehängt ist, scheint nicht mehr auf die Position des Betrachters zu verweisen, wie dies bei einem Fenster oder auch bei einem Bild der Fall ist, sondern stellt eher eine Informationstafel dar, eine undurchsichtige Oberfläche, auf der die ‚Daten' verzeichnet sind" (1991, S. 339 f.).

5 Nach Deleuze: Wie die Kritiker seine Positionen weiterdenken oder hinter sie zurückgehen

Bevor ich im dritten und letzten Teil meines Textes auf diese Passage zurückkomme, möchte ich drei weitere Philosophen anführen, Alain Badiou, Jacques Rancière und Jean-Luc Nancy, die alle drei entweder direkt Bezug auf Deleuze nehmen oder ihn implizit rezipieren, um ihre eigenen Positionen zu entwickeln. Des Weiteren möchte ich zu Deleuzes Position eine Einschätzung aus der Sicht von Friedrich Kittler vornehmen.

In seiner Deleuze-Studie führt Alain Badiou das Konzept des Automaten als Teil seiner allgemeinen Kritik an Deleuzes Begriff von Immanenz und Vielfalt ein: „This figure of the automaton, which links up easily with that of the ‚machinery' that produces sense, represents the veritable subjective ideal, precisely because it demolishes all subjective pretensions. The outside, as agency of active force, takes hold of a body, selects an individual, and submits it to the choice of choosing: [to quote Deleuze] ‚it is precisely the automaton, purified in this way, that thought seizes from the outside, as the unthinkable in thought'. [...] We must [...] attain that empty place where, seized by impersonal powers, we are constrained to make thought exist through us" (2000, S. 12). Dieser leere Raum ist es, der Deleuzes ideales Kino darstellt, in einem Sinne der Leere, welche alle Innerlichkeit und allen Individualismus, den Ballast von mindestens dreihundert Jahren an Philosophiegeschichte, beseitigt.

Jacques Rancière ist, wie bereits erwähnt, ein scharfer Kritiker von Deleuzes Kino-Büchern. Er moniert, dass die scheinbare Trennung zwischen dem Bewegungs-Bild und dem Zeit-Bild weder historisch noch epistemologisch haltbar ist. Trotzdem nähert Rancière sich Deleuze in anderer Form, wenn er den Automatismus des Kinos nicht nur ernst nimmt, sondern dessen Theorie auch erweitert. Dabei schlägt er das Konzept der *thwarted fable* vor, welches den Dualismus mit der mechanischen Aufnahme auf der einen und der menschlichen Intervention auf der anderen Seite durchkreuzt. Für Rancière vereinigt das genuin kinematographische „cogito" den mechanischen Automatismus (den Moment der Aufnahme) mit der Aktivität des menschlichen Geistes (dem Moment des Schnitts). In dieser Hinsicht ist das Kino die Realisierung einer Kunstidee, die von der Philosophie des deutschen Idealismus, vornehmlich durch Schelling, entwickelt wurde. Von Letzterem übernimmt Rancière einige der Eigenschaften des „ästhetischen Regimes", innerhalb dessen das Kino als die demokratischste aller Künste erscheint, eben weil es sich gleichgültig gegenüber Hierarchien oder gesetzten Taxinomien verhält und keinen grundlegenden Unterschied zwischen dem Schönen und dem Hässlichen macht, zwischen dem Wertvollem und dem Bedeutungslosen, der Türklinke oder der Herzogin, ja auch zwischen dem Aktuellen und dem Virtuellem, zwischen dem, was lebendig ist, und dem, was bloß belebt wird. Hierbei nähert sich Rancière am stärksten der Position von Deleuze an, wenn er beschreibt, wie Dinge und Menschen vor der Kamera präsent werden „in their state as waves and vibrations, before [they exist in] their qualification as objects, persons, or identifiable events by their descriptive or narrative properties" (Rancière 2006, S. 2).

Angesichts dessen würde Jean-Luc Nancy entschieden gegen Rancières Argument votieren, dass das Kino als Möglichkeit zur Wiederaneignung von Welt fungiert. In dem Buch *L'evidence du film,* das sich vorgeblich den Filmen Abbas Kiarostamis zuwendet, äußert sich Nancy auch zum nicht-menschlichen mechanischen Blick [*gaze*; I.R.] und zum menschlich interpretierenden bzw. zum expressiven Blick der Kamera. Allerdings unterscheidet Nancys Position sich von Deleuzes, wenn er sowohl das klassische Kino wie auch das moderne Kino als reaktionär bezeichnet: das klassische Kino, da es annimmt, dass die Welt einen Sinn hat und diesen Sinn in der Handlung zeigen kann, während das moderne Kino reaktionär ist, weil es von dem Trauma besessen ist, dass die Welt keinen Sinn mehr hat: „At the foundation of modern cinema are Deleuze's pure optical situations that occur when the link between the man and the world has been broken. Modern cinema is therefore obsessed with the loss of the world of classic cinema and constantly tries to express this loss, either by deconstructing the forms of classicism or by formally emphasizing the loss" (Kretzschmar 2002). Beides entspricht für Nancy den gleichen Seiten einer falschen Medaille, da der Automatismus des Kinos das Existieren der Welt zeigen, nicht aber Sinn produzieren sollte. Nancys Bewegung hin zu einer nietzscheanischen (oder heideggerianischen) Denkrichtung ist, zu argumentieren, dass dieser Verlust einer sinnhaften Welt in Wahrheit ein Gewinn ist, weil eine Welt ohne Bedeutung die Welt selbst ausmacht. Dabei geht es nicht darum zu zeigen, dass die Welt unsinnig ist, sondern dass „sense of the world" erst wahrnehmbar wird, wenn wir realisieren, dass „the world is not about meaning but is a mere locus for the meanings". Ich zitiere weiter: „The world finds itself today in the position of art: it serves no design, it produces nothing, neither does it come from any other-world. [...] It is what it is, because it knows that henceforth it cannot count on anything but itself – not on God nor on any historical eschatology" (Nancy 1998, S. 237). Mit diesen Ausführungen lässt sich Nancy allerdings eher Stanley Cavell zuordnen als Deleuze, insofern als dass er die ethische Herausforderung des kinematographischen Automatismus mit einbezieht, wenn er argumentiert, dass die Wichtigkeit des Kinos nicht nur darin liegt, dass es uns zeigt, wie mit Unpersönlichkeit zu leben ist, sondern auch mit Bedeutungslosigkeit. Wir sollten dies als Geschenk betrachten, weil es ermöglicht uns vorzustellen, wie das Kino Vertrauen und Glaube in der Welt wiederherstellen kann, sobald wir akzeptieren, dass es die „Welt zur Ansicht" [*the world viewed*; I.R.] von Bedeutung und Zweck säubert, wenn es uns – mit Bazin gesprochen – die Selbstgenügsamkeit einer „Blume oder eine Schneeflocke", aufzeigt, „deren Schönheit von ihrem pflanzlichen oder tellurischen Ursprung nicht zu trennen ist" (2004, S. 37).

An diesem Punkt ist es hilfreich, Nancys Position mit der von Friedrich Kittler zu vergleichen, der von einem komplett anderen Blickwinkel zu einer sehr ähnlichen Einschätzung kommt. Wie wir wissen, verhält sich für Kittler die Innovation des Kinematographen sekundär zu der des Phonografen, zusammen allerdings vollbrachten sie eine Art Revolution durch ihre Fähigkeit, das Rohmaterial der Sinne von Auge und Ohr mit technologisch-mechanischen Mitteln aufzunehmen, was wiederum zu einer Verschiebung des kompletten Diskursnetzwerks um 1900 führte. Vor der Erfindung von Phono- und Kinematograph mussten, so Kittler in einer viel zitierten Passage, alle Datenflüsse „den Engpaß des Signifikanten passieren. Alphabetisches Monopol, Grammatologie" (1986, S. 12). Die technischen Medien von Grammophon und Film dagegen speichern für Kittler „akustische und optische Daten seriell und mit übermenschlicher Zeitachsen-Präzision (1985, S. 254). Die Kernaussage von Kittlers Argument ist deutlich: Die Medientechnologien, welche bis zum 20. Jahrhundert als materielle Unterstützung entweder über den menschlichen Körper, Sinnesorgane oder Sprache (die Psychophysik der Medien) verfügten, haben sich im Laufe des 20. Jahrhunderts von diesen Unterstützungen unabhängig gemacht und sind jetzt dematerialisiert, allerdings immateriell in elektrischen Stromkreisen vorhanden. Dies würde Kittlers geistigen Automaten darstellen, der die Hürden zwischen Mechanischem und Menschlichem überwindet, indem er aufzeigt, dass wir (Menschen) immer am menschlichsten und geistreichsten agiert haben, wenn wir in vernetzte Technologien eingebunden waren. Kittlers Betonung auf der Aufnahme (Spur), der Speicherung (Gedächtnis) und der

Übertragung (Zugriff) der sensorischen Daten privilegiert den Phono- und Kinematograph gegenüber der Photographie[3]. Das erweist sich als ein kluger taktischer Zug, da dabei manche offensichtliche Fallstricke in der Reflexion über das Kino umgangen werden, gerade weil die Photographie, als fixes Einzelbild mit Zelluloid als materieller Unterstützung, einem adäquaten Verständnis der Signifikanz des Kinos im und für das 21. Jahrhundert im Wege steht. Für Kittler zählt die Photographie zur Geschichte der Kunst, während der Kinematograph eben nicht durch seine Ikonizität, seiner mimetischen Eigenschaften oder der Indexikalität von Räumen wegen wichtig war, sondern vielmehr durch die Fähigkeit, Zeit zu registrieren: Mit der Funktion, Zeit zu speichern, war sowohl das Grammophon als auch der Film ein revolutionäres Medium. Der entscheidende Punkt in diesem Kontext ist jedoch, dass die Archivierung der Zeit als direkter, ungehinderter, automatisierter Datenfluss sich nicht nur nachteilig gegenüber der Kunst, sondern gegenüber dem Sinn verhält: *Historisch ist das Kino bedeutend in dem Sinne, dass es im Wesentlichen „bedeutungslos" ist: nicht nicht-sinnig, sondern n-sinnig („n" etwa verstanden als „neural", oder einfach „n-ten"-Grades: das „Zuviel" des Sinns).* Mise-en-scène, Montage, ästhetische Gestaltung etc. wären demnach dem Kino nicht inhärent, sondern eine sekundäre – hysterische, paranoide oder bloß disziplinarische – Reaktion auf denjenigen Automatismus, der nun auch als das lacanianische Reale verstanden werden könnte. Anstatt Sinn von sensorischen Eindrücken zu extrahieren, würden Filmnarration, Genre oder Repräsentationsgehalt dann als Wege fungieren, dem N-Sinn einen Sinn aufzuerlegen, jedoch nie die kinetische Präsenz des technologischen Realen unterdrücken oder das, was Heidegger „Grundrauschen der Existenz" nennen würde, zum Schweigen bringen könnten.

Angesichts Kittlers Überzeugung, dass das automatische Generieren von sensorischen Daten (akustischen wie optischen Daten) alle symbolische Systeme – die Philosophie mit einbezogen – in eine Krise gestürzt hat, kann man Deleuzes Verbindung von Automatismus und „Gedanken" als eine Antwort auf diese Krise verstehen, insofern als dass das Kino diese Krise der symbolischen Systeme durch sensomotorische Steuerung im Bewegungs-Bild und Verschiebung, Wiederholung und Verzögerung im Zeit-Bild abschwächt. Als Konsequenz daraus entsteht ein Automatismus der Gedanken (zusammen mit einem Automatismus des „Lebens"), der dem Kino durch freie Assoziation und Sprechkur (Freuds Psychoanalyse) sowie durch automatische Schrift (Breton und die Surrealisten) zu neuem Prestige und Berühmtheit verholfen hat. Dies wäre demnach die mimetische Antwort oder Re-Aktion zum unheimlichen Automatismus des Kinematographen und des Phonographen gewesen; eine Idee, die Kittler in seinem Buch *Draculas Vermächtnis* vertieft.

---

[3] Siehe dazu Mary Ann Doanes Ausführungen (2002) zu Kittler in ihrem Kapitel zu Freud und Marey.

Aber diesen Automatismen der Gedanken im späten 19. und frühen 20. Jahrhunderts wird jetzt besser durch Algorithmen und elektronische Stromkreise gedient, was das Kino – gleich der Psychoanalyse – zu einem Übergangsphänomen macht: eine wertvolle, letztendlich aber entbehrliche kulturelle Technologie, auf dem Weg zu einer anderen Seele-Maschine-Gedanken-Schnittstelle, wie dem Internet. Indem Kittler, genau wie Nancy, auf die Abwesenheit von Sinn in der automatischen Speicherung von sensorischen Daten beharrt, nimmt er gleich Foucault auch eine post-humanistische (wenn nicht sogar anti-humanistische) Perspektive ein, die den Status eines Gedankenexperiments hat, weil sie den Versuch darstellt, eine Position des „Außen" zu erreichen, indem sie die Implikationen einer Reihe von Hypothesen bis zur letzten Konsequenz durchdenkt. Ein solches Gedankenexperiment erreicht seine Grenzen, wo es sich in einem anderen Horizont oder Bezugsrahmen zu bewegen beginnt, in diesem Fall einem technologischen Determinismus, der versucht, das Post-Humane durch das Nicht-Humane zu denken und von dort aus rückwirkend den Menschen als immer bereits technologisch figuriert zu begreifen.

6 *Life of Pi* – das Außen des Außen?

Ich kann mich nun meinem letzten Teil zuwenden und einige Hollywood-Blockbuster betrachten, die manche der Herausforderungen der dargelegten philosophischen Reflektionen aufgenommen zu haben scheinen und dabei besonders versuchen, sich in der Position eines „Außen" zu bewegen und somit möglicherweise als ein Gedankenexperiment fungieren. Diese Filme sind *Avatar* (2010), *Life of Pi* (2012) und *Gravity* (2013), allesamt symptomatisch für ihr (partielles) Misslingen sowie für ihren (zeitweiligen) Erfolg bei der Umsetzung der „strategischen Programme" eines Deleuze, Rancière, Nancy oder Kittler: durchaus unabhängig, da die Filmemacher natürlich nie von ihnen gehört haben oder ihnen begegnet sind (Abb. 1, 2 und 3).

Alle drei Filme verlassen sich auf das digitale Bild und setzen ganz bewusst und klug die inhärent immaterielle Materialität des computergenerierten Bildes ein, um ein atemberaubend schönes und zugleich erschreckend gleichgültiges Universum zu suggerieren. Alle simulieren auch eine immersive 3-D-Umgebung, die weniger einen 3-D-„Spezialeffekt" im Sinne der Sci-Fi- und Horrorfilme der 1950er Jahre darstellt, sondern mehr eine „neue Normalität" des digitalen Bildes. So Erik-Jan de Boer, einer der Hauptanimatoren von Rhythm & Hues, ein Unternehmen, das auf CGI-Tiere spezialisiert ist: „It's a great compliment to our work if people don't notice our effects, because all we do is in the service of building a convincing reality to the story" (zit. nach Lee 2012). Diese „neue Normalität" der digitalen 3-D-Animation impliziert mehrere Strategien im Zukunftsdenken von Hollywood selbst. Ich habe mich an anderer Stelle bereits intensiv mit diesen Implikationen

Abb. 1 *Avatar*, James Cameron, USA 2009

Abb. 2 *Life of Pi*, Ang Lee, USA 2012

Abb. 3 *Gravity*, Alfonso Cuarón, USA 2013

Das Außen des Außen: *Life of Pi* und die Film-Philosophie 221

beschäftigt, hier will ich die Aufmerksamkeit nun schlicht darauf lenken, dass alle drei Filme in einer Umgebung (Weltraum, Regenwälder, das offene Meer) spielen, die weitestgehend ohne Horizont oder einschränkendem Rahmen als Orientierungsgrenze erscheint, wodurch die räumliche Desorientierung zum Standard einer Positionierung des „Außen" evolviert, von dem aus wiederum ein „Innen" (die menschlichen Geschichte, die klassischen Erzählung) refiguriert wird, in dem Horizont und Rahmen notwendigerweise erhalten bleiben. Dabei überrascht es nicht, dass alle drei Filme auch von Überlebenskämpfen handeln. Man muss hier unweigerlich an Fred Jamesons Dictum denken: „it is easier to imagine the end of the world than to imagine the end of capitalism" (2005, S. 199).

Alle drei Filme entsprechen demnach sehr genau Deleuzes Vorhersage zu den elektronischen Bilder, die ich bereits zitiert habe: „Die neuen Bilder sind Gegenstand einer fortlaufenden Reorganisation [...]. Die Raumorganisation verliert damit ihre privilegierten Richtungen – allen voran das Privileg der Vertikalen, von dem nach wie vor die Position der Leinwand zeugt – zugunsten eines ungerichteten [*omnidirectionnel*] Raums, der unaufhörlich seine Winkel und Koordinaten verändert, seine Vertikalen und Horizontalen austauscht. Und selbst die Leinwand, auch wenn sie immer noch vertikal aufgehängt ist, scheint nicht mehr auf die Position des Betrachters zu verweisen, wie dies bei einem Fenster oder auch bei einem Bild der Fall ist" (1991, S. 339). Mit meiner postulierten neuen Ontologie des Films kann weder das „Fenster zur Welt" noch der „Spiegel des Selbst" als metaphorische Orientierung oder Grundlage für das digitale Kino dienen, da es sich in diesem (frühen) Stadium womöglich nur definieren lässt als *das, was es nicht ist.*

Ich werde mich nun auf *Life of Pi* konzentrieren, weil dieser Film am offensichtlichsten als Gedankenexperiment konzipiert ist, mit seiner Rahmenhandlung eines Schriftstellers, der eine Geschichte verfolgt, die ihn „an Gott glauben lässt", sowie der inszenierten Möglichkeit einer ontologischen Umkehrung, die rückwirkend alternative Leseweisen der filmischen Referentialität erschließt und somit die Last an den Zuschauer delegiert, dem, was zu sehen ist, einen „Sinn zu geben". Die Geschichte ist hinlänglich bekannt: Ein junger Inder, Piscine Molitor Patel, der sich Pi nennt, wächst dank des Zoos seiner Familie in der Gesellschaft von wilden Tieren auf, entwickelt aber auch eine besondere Faszination für die großen Weltreligionen, denen er sich allen anschließt. In Anbetracht seines finanziellen Ruins entscheidet der Vater sich dafür, Familie und Zoo nach Kanada zu verlegen, doch bringt ein Sturm den Frachter bei der Überquerung des Pazifischen Ozeans zum Sinken, und nur Pi kann sich zusammen mit einigen Tieren auf ein Boot retten, die, mit Ausnahme eines bengalischen Tigers namens Richard Parker, bald darauf dezimiert werden. Den größten Teil des Films nehmen dann der gegenseitige Antagonismus sowie die gegenseitige Abhängigkeit zwischen Junge und Tiger beim Überlebenskampf auf hoher See ein, bis sie schließlich auf wundersame Weise

Abb. 4 *Life of Pi*, Ang Lee, USA 2012

an einem Ufer stranden, der Tiger in den Dschungel verschwindet und der überlebende Pi seine Geschichte zuerst den Eigentümern des gesunkenen Frachters und später einem kanadischen Schriftsteller erzählt, dessen intermittierende Präsenz den Film strukturiert (Abb. 4).

Ich werde kurz darlegen, was mich an *Life of Pi* im gegebenen Kontext interessiert. Zunächst die symptomatische Anwesenheit von Tieren in der Philosophie und der *animal studies* in den Geisteswissenschaften, welche, wie überliefert, in Jacques Derridas Badezimmer begannen, während seine Katze ihn beobachtete, als er nackt aus der Dusche stieg. Symptomatisch, weil „das Tier" inzwischen zum Platzhalter für viele ungelöste Fragen in unserer post-politischen als auch posthumanen Welt geworden ist:

a. Das Tier ist ein Platzhalter für die fortan unhaltbare Natur/Kultur-Kluft, ebenso wie für die Erkenntnis, dass die Natur immer der untergeordnete Begriff ist, da es keine Natur gab, bevor nicht die Kultur sie als Natur benannte. Andererseits tendieren die neuen genetischen und neuralen Definition des „Lebens" dazu, Unterschiede zwischen menschlichem Leben und allen anderen Formen von empfindendem und lebendigem Sein zu minimieren, was uns dazu auffordert zu realisieren, dass wir eine andere Bezeichnung für die Erfahrung des radikal Anderen benötigen; für die Gleichgültigkeit des Universums, welche nun, wie uns Jean-Luc Nancy erinnert, weder von Gott noch von einer Teleologie des Fortschritts oder einer Eschatologie der Erlösung abgefedert wird.

b. Das Tier ist auch ein Platzhalter für viele der post-humanen Phantasien einer Mensch-Maschinen-Symbiose, in denen die Aspekte unserer angenommenen Verwandtschaft zum Tier als Mittler agieren. Denken wir an den Hive-Mind oder die „Schwarmintelligenz" als zwei der bekannteren Metaphern für einen kollektiven Intelligenzorganismus, den wir in Form einer (digitalen) „Augmented Reality" und „künstlichen Intelligenz" bereits als unser unverzichtbares Umfeld antizipieren: die Luft, die wir atmen, den Raum, in dem wir uns bewegen, die Maßnahmen, die wir ergreifen, die Gedanken, die wir teilen.

c. Wie können wir, angesichts des anthropozentrischen/anthropomorphen Rahmens, in dem wir Tiere gerne wahrnehmen, unsere strengen Binärmodelle von Einbeziehung und Ausschluss, zusammengefasst in Phrasen wie „Haustier oder Plage" [*pet or pest*; I.R.] und „Pflege oder Käfig" [*care or cage*; I.R.], jene philosophischen und ethischen Widersprüche, die wir erzeugt haben, überwinden (oder zumindest uns ihnen stellen)? Wir spenden und setzen uns für Wildschutz, Naturparks, Artenschutzpolitik und alle anderen Geo-Öko-Initiativen ein, während wir unsere Misshandlung von Tieren in anderen Kontexten, nicht zuletzt in der Massenproduktion von Nahrung, weiterhin leugnen. Man möge sich an die grauenhaft lustige Szene in Michael Moores *Roger and Me* (1989) erinnern, in der Moore versucht, einen Hasen in Flint, Michigan, zu kaufen, und die Frau ihn fragt: „Haustier oder Fleisch?" [*pet or meat;* I.R]

d. Schließlich, und um es auf den Punkt zu bringen, ist sowohl das klassische als auch das zeitgenössische Hollywood, von *King Kong* zu *101 Dalmatiner*, von *Dr. Doolittle* zu *Stuart Little*, von *Finding Nemo* zu *Ratatouille*, bezogen auf Tiere gut weggekommen: Filme mit sprechenden Tieren stehen regelmäßig an der Spitze der Box-Office-Einnahmen. Tiere sind das perfekte Vehikel für unser emotionales Leben, unsere behutsame gegenseitige Satire, sie sind der perfekte Spiegel von unserem eigenen kreatürlichen Wesen, und noch mehr: kontrastiert mit unseren (maroden) sozialen Bindungen und (disfunktionalen) Familienbeziehungen sind sie die idealen Wunschvorstellungen.

Inwiefern beschäftigt sich *Life of Pi* mit diesen Themen? Wie weit fordert der Film jenen unerbittlichen Anthropomorphismus heraus, welcher das Schicksal der Tiere in Disney- und Pixar-Filmen, auf National Geographic-TV und selbst in David Attenboroughs BBC-Dokumentationen zu sein scheint? Bedenkt man, dass *Life of Pi* mit Disney und Pixar auf dem Markt zu konkurrieren hatte und einen Weg finden musste, als Jungenabenteuer à la *Dschungelbuch* „durchzukommen", so würde ich sagen, dass der Film dies in einer erstaunlich kohärenten und konsistenten Weise tut. Die Lektion, die wir und Pi als Junge lernen, ist, dass Tiere, besonders die außerordentlich schönen, keine Spiegelbilder unseres Selbst sind, in deren Augen wir eine seltsame und wunderbare Seele lesen können. Allerdings sind sie auch

Abb. 5 *Life of Pi*, Ang Lee, USA 2012

kein Fenster oder Übergänge in ursprünglichere Zustände der Natur. In diesem Zusammenhang zeigt eine kurze Szene zu Beginn bereits alle jene Punkte auf, die sich Werner Herzog abmüht, in seinem ansonsten ebenso bemerkenswerten *Grizzly Man* (2005) zu machen. Eine andere Lektion, die *Life of Pi* beinhaltet, ist die, dass, weil man Tiere als etwas radikal Anderes und in Bezug auf uns als das nicht-signifizierende Andere sehen kann, sie es vermögen, uns – im Sinne von Nancy – von Sinn zu befreien und durch ihr bloßes Dasein ein Maß an Vertrauen in die Welt wiederherstellen. Die Szenen von den fliegenden Fischen oder Walen oder die Erdmännchen auf der trügerischen grünen Insel stellen beinah eine deleuzianische „Singularität in der Vielfalt" dar, die alle Makel des Anthropomorphismus vermeidet und als etwas Seltsames und Wunderbares, aber auch als Tückisches und Tödliches zu uns kommt. In Bezug auf den Tiger Richard Parker ist es die Inkongruenz seines vertrauten Namens, die hilft, die außergewöhnliche Andersartigkeit und räuberische Gleichgültigkeit des Tieres zu bewahren, obwohl es – wie der Film in einer anderen beeindruckenden Szene zeigt – Letztere ist, die Gleichgültigkeit, mit der schwerer klarzukommen ist als mit Ersterer, der unerbittlichen Feindseligkeit des Tigers, an die sich Pi auf eigene Weise anpasst (Abb. 5).

So ergibt sich das Innere des Außen von Pis Anpassung an die Andersartigkeit des Tigers, als ihm bewusst wird, dass die Teilung des Rettungsboots mit einem Tiger eigene Abhängigkeiten mit sich bringt. Richard Parker wird Pi nie als *love object* anerkennen, da er ihn nur als *lunch object* sieht, aber umgekehrt kann Pi selbst nur überleben, wenn der Tiger am Leben bleibt, weil die unerträglichen Stunden der totalen Verlassenheit und Langeweile nicht nur mit Wachsamkeit, sondern auch mit Futtersuche gefüllt werden müssen, egal in welcher Form und mit welchen Mitteln. Pi erfindet den fürsorglichen [*caring*; I.R.] Aspekt der Mensch-Tier-Beziehung neu, nun ohne Käfig [*cage*; I.R.], oder besser gesagt: der Käfig wird nun die neue kreative Einschränkung – wie Alain Badiou sagen würde, er wird die „Kraft des Außen" –, die das Denken hervorbringt und Handeln ermög-

Das Außen des Außen: *Life of Pi* und die Film-Philosophie 225

Abb. 6 *Life of Pi*, Ang Lee, USA 2012

licht. Dadurch etabliert Pi zwischen sich und dem Tier eine asymmetrische Art von Gegenseitigkeit, in einer Art Herr-Sklave-, Parasit-Wirt-Beziehung, die dennoch zum Nutzen beider funktioniert – auch wenn diese so beruhigende „soziale" oder „ökologische" Ordnung schließlich zerstört wird, als Richard Parker ins Unterholz verschwindet, ohne sich als Zeichen seiner Anerkennung umzudrehen. Pis Verstörung fungiert als Maß dafür, wie viel „Liebe" er in den Tat in der Tiger investiert hat, fühlt er sich doch so beraubt wie ein jeder, der vom Objekt seiner Liebe verlassen wird, ohne dass dieses sich nochmals an der Tür umdreht (Abb. 6).

7 Das mathematische Sublime

Doch *Life of Pi* stellt letztlich eine größere Herausforderung für meine Argumentation dar, wenn ich darlegen kann, dass hier das Genre des Tierfilms auf den ersten Blick nicht als Gedankenexperiment in Bezug auf die *animal studies* eingesetzt wird, sondern vielmehr als Gedankenexperiment zum digitalen Kino, oder präzisiert, zur „Kraft" und zum „Außen", die das digitale Kino manifest macht.

Dafür müssen wir unseren Blick auf das Leben von *Life of Pi* im Internet richten, wo der Film eine zweite Existenz als Gegenstand intensiver Diskussionen und Spekulationen hat. Einer der markantesten Punkte dieser Diskussionen, der bereits im Vorfeld der Veröffentlichung thematisiert wurde, war die technische Meisterleistung des Tigers als vollständig digitale Kreatur. Seit dem flüssigen Metall des Shapeshifters in James Camerons *Terminator 2: Judgement Day* (1991) hat es nicht mehr so viel Aufregung über einen bestimmten Spezialeffekt gegeben. Die CGI-Ingenieure, so scheint es, sind ein Teil der Begeisterung: „There are some shots", so einer der kreativen Direktoren von Rhythm & Hues, „that even blow my mind when I see them and realize that they are 100 per cent computer generated". Der Blogger fährt fort: „This ongoing reconstruction of cinematic reality in the digital age calls for a radical reconsideration of where the soul of the moving image lies, and its relationship to the ultimate creature being formatted and programmed by these films: the human viewer" (Lee 2012). Der gleiche Blog bildet eine aufwändige Grafik ab, welche die Millionen von einzelnen digitalen Haaren, die für jedes der Tiere in *Life of Pi* generiert werden mussten, ausweist und aufführt.

Ohne zu sehr zu übertreiben, kann man hier von einem kantianischen mathematischen Sublimen sprechen, hervorgerufen, um das dynamische Sublime zu ergänzen (oder davor zu schützen), welches in der unwiderstehlichen und unerträglichen Koexistenz von Schönheit und Schrecken im bengalischen Tiger liegt. In diesem Sinne entfernt das Digitale, auf einer ontologischen Ebene, den Käfig und lässt uns eine andere Gefahr nicht erkennen, selbst wenn wir im Kinositz zusammenzucken, wenn der digitale Tiger noch einen Ausfallschritt auf den hilflosen Pi zu macht. Diese andere Gefahr ist, die immaterielle Materialität des Digitalen als selbstverständlich hin zu nehmen, auch wenn wir selbst formatiert und programmiert werden, anstatt den digitalen Tiger als eine Art *Außen des Außen* (eine doppelte Gewalt) zu begreifen, dessen ontologische Lücke weder von der „Vernunft" noch von der „Vorstellung" (Kants Begriffe, die die Lücke definieren, welche das Erhabene eröffnet) überbrückt werden kann (Abb. 7).

Wie signalisiert uns der Film die Möglichkeit eines Außen des Außen? Zunächst einmal haben wir mit dem Titel „Life" und „Pi" eine zweite Schicht, die uns auf die mathematische Grundlage des Lebens selbst verweist, welche das Digitale

Das Außen des Außen: *Life of Pi* und die Film-Philosophie 227

Abb. 7 *Life of Pi*, Ang Lee, USA 2012

uns so viel näher gebracht hat. Ausschlaggebender jedoch beleuchtet er einen bisher verborgenen Zweck des kognitiv-ontologischen Wechsels, der im Film durch die alternative Erzählung eingebaut ist. Mit der Aufdeckung einer beunruhigenden Möglichkeit ist *Life of Pi* – trotz der Vorwürfe von Kritikern, der Film würde eine „Glückskeks-Philosophie" oder New-Age-Religion vermitteln – einer der überraschendsten Mind-Game-Filme der letzten Jahre. Die alternative Erzählung, die Pi sowohl den beiden japanischen Beamten und seinem Gesprächspartner, dem Schriftsteller, bietet, ist so unglaublich brutal, so außerhalb des Bereichs des Darstellbaren, aber dennoch so nah an sowohl dem animalischen Anteil der menschlichen Natur als auch an der Wahrscheinlichkeit eines Vorkommens solcher Ereignisse „in der Realität", dass man schockiert erkennt, was es für Pi und den Tiger bedeutet, dieselbe „Person" zu sein. Beide als externalisierter Teil eines Anderen, das nur durch das Digitale zu benennen oder darzustellen ist; ein Digitales, das, wie Deleuze bemerkt hat, von nun an die Möglichkeit von Leben durch Silizium [*silicon*; I.R.] anstatt durch Kohlenstoff [*carbon*; I.R.] kanalisieren könnte (Abb. 8).

Dieser Aspekt bringt uns wieder zurück zur Frage, welche neuen Definitionen von „Leben" noch im Spiel sind, wenn die Kategorien des Belebten und Unbelebten, des Tierischen, Pflanzlichen und Mineralischen, des Vorstellbaren und des Darstellbaren wieder für Neuanordnung, Umverteilung – oder für „Partition" und „Verteilung", um die Begriffe von Jacques Rancière zu verwenden – aufgestellt werden. Diese Frage wird in Hollywoodfilmen, die so ausufernd digital sind wie *Life of Pi*, paradigmatisch. Ich glaube, dass solche Filme uns helfen zu verstehen, warum das digitale Kino zum einen eine nahtlose Fortsetzung des klassischen Kinos darstellt, zum anderen aber auch einen Bruch; einen Bruch nicht nur mit den technologischen Mitteln der Produktion, sondern ebenfalls – so versuchte ich

Abb. 8 *Life of Pi*, Ang Lee, USA 2012

aufzuzeigen – mit der Grundorientierung (und damit auch der Desorientiertheit) unserer *Beziehung zu* und unserem *Sein in* der Welt. So müssen wir vorsichtig sein, wenn wir das ontologische Denken der Kontinentalphilosophie auf das zeitgenössische amerikanische Kino anwenden, um nicht den nahezu programmatischen Anti-Humanismus der europäischen Philosophen auf Hollywoods Gedankenexperimente in Sachen Post-Humanismus zu projizieren. Auf der anderen Seite würde dies nur das Paradigma bestätigen, mit dem ich eingeleitet habe, sprich, dass wir Europäer es – wie so oft in der Geschichte der anglo-europäischen Filmbeziehungen – schaffen, amerikanische Filme und ihre Regisseure zu überhöhen und in Beschlag zu nehmen, nur um dann die Institutionen zu verunglimpfen und jene Ideologie zu kritisieren, die Hollywood möglich gemacht hat.

Übersetzung: Ivo Ritzer, Barbara Werner

Literatur

Badiou, Alain. 2000. *Deleuze: The clamor of being*. Minneapolis: University of Minnesota Press.
Bazin, André. 2004. *Was ist Film?* Berlin: Alexander.
Bennett, Jane. 2004. The force of things: Steps toward an ecology of matter. *Political Theory* 32 (3): 347–372.
Deleuze, Gilles. 1989. *Das Bewegungs-Bild: Kino 1*. Frankfurt a. M.: Suhrkamp.
Deleuze, Gilles. 1991. *Das Zeit-Bild: Kino 2*. Frankfurt a. M.: Suhrkamp.
Doane, Mary Ann. 2002. *The emergence of cinematic time: Modernity, contingency, the archive*. Cambridge: Harvard University Press.
Flückiger, Barbara. 2012. *Material properties of film*, NECS 2. http://www.necsus-ejms.org/material-properties-of-historical-film-in-the-digital-age. Zugegriffen: 1. März 2014.

Jameson, Fredric. 2005. *Archeologies of the future*. London: Verso.
King, Robert. 2011. Radical atheism and „The Arche-Materiality of Time". http://www.martinhagglund.se/files/InterviewHagglund.pdf. Zugegriffen: 1. März 2014.
Kittler, Friedrich A. 1985. *Aufschreibesysteme 1800/1900*. München: Fink.
Kittler, Friedrich A. 1986. *Grammophon Film Typewriter*. Berlin: Brinkmann & Bose.
Kretzschmar, Laurent. 2002. Is cinema renewing itself? *Film-Philosophy* 6 (15). http://www.film-philosophy.com/vol6-2002/n15kretzschmar. Zugegriffen: 1. März 2014.
Lee, Kevin B. 2012. The animal menagerie of rhythm and hues. http://filmindustrynewsspot.blogspot.de/2013/03/video-essay-animal-menagerie-of-rhythm.html. Zugegriffen: 1. März 2014.
Nancy, Jean-Luc. 1998. *The sense of the world*. Minneapolis: University of Minnesota Press.
Rancière, Jacques. 2006. *Film fables*. Oxford: Berg.
Sinnerbrink, Robert. 2011. *New philosophies of film: Thinking images*. New York: Continuum.

Thomas Elsaesser Emeritus Professor an der Fakultät Medien und Kultur der Universität von Amsterdam. 2006–2012 Gastprofessor an der Yale University, seitdem an der Columbia University, New York. Zahlreiche wegweisende Bücher und Aufsätze zur Filmgeschichte, Filmästhetik, zum europäischen Kino, Hollywood, den Neuen Medien und der Videokunst. Übersetzungen in mehr als 15 Sprachen. Deutsche Buch-Veröffentlichungen u. a.: *Das Weimarer Kino: Aufgeklärt und doppelbödig* (1999), *Metropolis* (2001), *R.W. Fassbinder* (2001), *Filmgeschichte und Frühes Kino* (2002), *Terror und Trauma: Über die Gewalt des Vergangenen in der BRD* (2007), *Filmtheorie: Zur Einführung* (2007, mit Malte Hagener) und *Hollywood Heute* (2009).

The manufacturer's authorised representative in the EU is Springer Nature Customer Service Centre GmbH, Europaplatz 3, 69115 Heidelberg, Germany. If you have any concerns regarding our products, please contact ProductSafety@springernature.com

Printed and bound by CPI Group (UK) Ltd, Croydon, CR0 4YY
25/03/2026
02078189-0004